EMPODERAMIENTO PSICOLÓGICO
BASADO EN ACT Y MINDFULNESS

Juan José Ruiz Sánchez

Inmaculada Ruiz Miñarro

Pilar Andújar Rodríguez

2016

Foto de la portada: Manuel Pérez Cámara

Recurriendo a la mitología griega, nada mejor como metáfora de empoderamiento que los trabajos de Hércules, uno de los cuales se encuentra representado en la fachada de la Iglesia del Salvador de Úbeda (Jaén). Es la lucha de Hércules contra los toros de Gerión.

Foto de la portada interior: Manuel Pérez Cámara

Lucha del Hércules contra el Centauro Neso. Iglesia del Salvador de Úbeda.

INDICE:

Introducción: Los objetivos de este libro y cómo usarlo

Los principales objetivos de este libro son:

-Pone atención en el análisis funcional de la conducta y no en los diagnósticos mentales. Es decir, antepone cómo estás actuando en tu situación personal y a qué te lleva, si eso te acerca o aleja a lo que a ti te importa y deseas en tu vida y no en buscar supuestas enfermedades mentales internas en tu cabeza.

-Te proporciona una serie de herramientas psicológicas para que valores (evalúes) con que dificultades emocionales te estas enfrentando en la actualidad y actúes en función de lo que a ti te importa a pesar del malestar que estés experimentado.

-Es un libro dirigido tanto al público general como a potenciales terapeutas o consejeros, por lo que a veces se mueve entre lo más técnico y otras en lo más divulgativo, no siendo siempre de fácil lectura, aunque los capítulos con metáforas y ejercicios son los más asequibles para todos/as. El objetivo último es empoderar tanto a los profesionales como a los clientes y recordar a los primeros que la vida nos sitúa con frecuencia al lado de los segundos

¿Y cómo lo uso?:

-Puedes usarlo como quieras que a ti te funcione en relación a lo que te importa en tu vida y la haga valiosa.

-No lo uses como una guía rígida a seguir al pie de la letra. Es preferible que solo la sigas en función de lo que te diga tu experiencia que a ti te funciona.

1. Los problemas psicológicos como enfermedades o como problemas de la vida. Implicaciones

En general son dos los grandes modelos explicativos de las causas y tratamiento de los problemas psicológicos que engloban a muchos enfoques de tratamiento y ayuda psicológica. Cada uno de ellos tiene importantes implicaciones o efectos en la vida de las personas cuando se tratan sus dificultades psicológicas. Estos modelos son el médico y el contextual.

¿Y qué es un problema psicológico?:

Básicamente consiste en un sufrimiento para sí mismo y/u otros que aparece en las relaciones humanas en forma de pensamientos, sentimientos y acciones, es decir en formas de conductas que limitan el funcionamiento de la persona en su vida.

¿Y qué plantea el modelo médico de los problemas psicológicos?:

El modelo medico de los problemas psicológicos es el modelo imperante en la psiquiatría y la psicología clínica a nivel mundial en la actualidad. Parte de que los problemas psicológicos son causados por fallos/enfermedades que suceden dentro de las cabezas de las personas de tipo biológico (del cuerpo, del cerebro...) y/ o mentales (estructuras, esquemas, actitudes, creencias, conflictos...).

En los últimos años el modelo médico tiende a basarse en las investigaciones de las llamadas neurociencias: conjunto de disciplinas científicas que estudian la estructura, la función, el desarrollo de la bioquímica, la farmacología, y la patología del sistema nervioso y de cómo sus diferentes elementos interactúan, dando lugar a las bases biológicas de la conducta.

Incluso los modelos psicológicos que parten de fallos mentales internos de las cabezas de la gente se hermanan con las neurociencias y buscan correspondencia entre las estructuras psicológicas y sus supuestas bases cerebrales. Esos fallos se entienden como enfermedades ya sea del cerebro o de "la mente".

Este es el modelo más extendido en nuestra cultura y a él nos referimos habitualmente cuando hablamos de "salud y enfermedad mental". Incluso los medios de comunicación cuando exponen en las noticias hechos cometidos por personas que chocan con lo razonable y esperable socialmente rápidamente buscan al experto que nos explique que pudo pasar en la cabeza de esas personas.

Parte de una "avería interna" que puede ser un desequilibrio neuroquímico en el cerebro (por ejemplo de serotonina en la depresión o de dopamina en la esquizofrenia) o mental (por ejemplo de esquemas o creencias en la depresión y en otros trastornos emocionales). La intervención terapéutica trata de corregir esas supuestas deficiencias mediante la prescripción de medicación (por ejemplo antidepresivo, ansiolítico, antipsicótico, etc.) o de modificar los esquemas o creencias erróneas (por ejemplo mediante la terapia cognitiva usando el diálogo socrático, el contraste de hipótesis o los experimentos personales).

La descripción, clasificación y teorías explicativas de las causas de las llamadas enfermedades mentales se denomina psicopatología, y está dominado a nivel mundial por la Asociación Americana de Psiquiatría (APA, 2013) y tiene su expresión clasificatoria en el sistema DSM-V y por parte de la Organización Mundial de la Salud en el CIE-10.

Estos sistemas entienden que un "Trastorno mental" se manifiesta mediante "síntomas" que expresan un alteración cognitiva (mental), de la regulación emocional o del comportamiento que reflejan una disfunción (avería, enfermedad interna) de los procesos psicológicos (mentales), biológicos o del desarrollo de la persona que se relaciona con estrés significativo o discapacidades en el funcionamiento social, laboral y de otras facetas de la vida.

Sin embargo, el modelo medico psicopatológico dominante ha sido cuestionado seriamente por generar una serie de problemas que pueden resumirse en el siguiente cuadro (Adaptado del Instituto de Terapia Contextual de México, 2015):

1º	*Los puntos de corte y criterios para clasificar y ordenar los llamados trastornos mentales son totalmente arbitrarios y derivan de acuerdos entre los clínicos y no de realidades objetivas*
2º	*Son poco claros en sus descripciones*
3º	*Su validez científica no está demostrada. El supuesto de que se trata de enfermedades de la mente o el cerebro está indemostrado y solo son un conjunto de teorías e hipótesis que no se verifican suficientemente salvo para las llamadas enfermedades neurológicas*
4º	*Son de poca utilidad para el tratamiento*
5º	*Son indiferentes a las causas (etiología) de los trastornos*
6º	*Genera una serie de problemas adicionales: la llamada comorbilidad (en la realidad muchos problemas se dan juntos más allá de las clasificaciones al uso), el problema del diagnóstico residual (cajón de sastre para aquellos trastornos que no se clasifican en otros lugares); la subjetividad diagnóstica (los profesionales a menudo les cuesta ponerse de acuerdo sobre de que trastorno se trata) y el conflicto de interés (se crítica que las casas de psicofármacos están interesadas en la creación de nuevos trastornos mentales para incrementar la venta de sus productos)*

Como nueva alternativa, y siguiendo el criterio de las nuevas neurociencias se propone, dentro del mismo modelo médico, que se abandone los criterios DSM-CIE de la psicopatología y se cambie por el llamado sistema RDoC (Dominio de iniciativa de criterios de investigación). La idea de esta alternativa es entender los trastornos mentales como trastornos biológicos de los circuitos cerebrales que producen problemas de pensamiento, emoción y conducta. Buscan reunir evidencia de la relación entre los trastornos de los circuitos cerebrales y los trastornos de la conducta. Está apoyado por el NIMH (Instituto Nacional de Salud Mental de los Estados Unidos) y es un modelo muy influyente entre muchos jóvenes psiquiatras y psicólogos atraídos por la "moda de la investigación del cerebro y las neurociencias"

Sin embargo el sistema RDoC también ha recibido duras críticas que pueden agruparse en el siguiente cuadro:

1º	*Durante muchas décadas no se han encontrado marcadores biológicos fiables y específicos para los trastornos de la conducta. Es decir no se han encontrado problemas en los circuitos cerebrales que correspondan de manera fiable con los problemas de la conducta*
2º	*El punto de corte o distinción entre normalidad y anormalidad continua siendo arbitrario*
3º	*La utilidad clínica de los llamados "biomarcadores" es muy limitada en la actualidad*
4º	*En el caso de que se demostrara que el origen de los problemas psicológicos fueran cerebrales quedaría aún por explicar cómo se inician y como se mantienen en el tiempo*
5º	*Y aún quedaría por explicar qué relación existe entre el funcionamiento cerebral y los llamados problemas "subclínicos" como los problemas de pareja, familiares, del aprendizaje, etc.*

¿Y qué plantea el modelo contextual de los problemas psicológicos?:

Plantea que los problemas psicológicos son problemas que están hechos de circunstancias de la vida y acciones de las personas ante esas circunstancias que tienen unas consecuencias para sus vidas. Esto habitualmente se presenta como modelo funcional-contextual A-B-C, donde A son las circunstancias o contextos de la vida, B las acciones ante las mismas y C sus consecuencias.

La persona completa está dentro de la vida con sus circunstancias, sus acciones y consecuencias y no dentro de un mundo mental o cerebral. Es más la actividad mental de la persona (su pensar, recordar, imaginar, percibir, soñar, etc.) y su funcionamiento cerebral está dentro y conectado directamente con las contingencias de su vida. Es en esas situaciones (contextos) donde los problemas psicológicos adquieren su sentido y significado y donde hay que buscarlos.

Los seres humanos aprenden a relacionar que sus acciones tienen unas consecuencias en las circunstancias de sus vidas y mantienen o cambian sus acciones en función de esas consecuencias. Gran parte de ese aprendizaje está relacionado con la convivencia social, las reglas y normas que se aprenden en ellas no solamente por las relaciones directas, sino también y mucho a través del aprendizaje de las funciones (finalidades, efectos) del lenguaje.

A través del lenguaje las personas aprenden a relacionar y explicar los acontecimientos de la vida y las cosas que le pasan a ella misma y los demás, a través de las llamadas "reglas verbales". Esto le permite solucionar una serie de problemas sin tener que enfrentarse directamente a ellos pero como contrapartida le suele meter en "enredos mentales" que hace que tenga problemas psicológicos de distinto tipo.

Otro punto importante es que las acciones de las personas cumplen funciones, es decir tienen un para qué (fines) y no solo un por qué. Se percate o no la persona de las consecuencias de sus acciones (sean estas catalogadas como "normales o anormales" socialmente), estas tienen un papel en su vida relacionado con la historia de sus experiencias personales y las circunstancias que vive. Esas funciones o fines de las acciones de la persona, en general, consisten en aproximaciones o evitaciones hacia aquello que es importante para ella. Lo que es importante para ella a su vez deriva de su historia de experiencias, las circunstancias que ha vivido y vive en la actualidad, las acciones y las consecuencias de las mismas.

Por lo tanto ante cualquier problema psicológico nos preguntamos qué función o finalidad cumple para esta persona (pareja, familia, grupo...), qué papel tiene en su vida, en qué circunstancias aparece, que acciones conlleva y a qué consecuencias conduce. Todo ese análisis y preguntas conforman el llamado "análisis funcional de la conducta".

La conducta problemática o "normal" es aprendida en las experiencias de la vida y mayormente en las relaciones sociales. Esas formas de aprendizaje suelen conllevar relaciones de acontecimientos (mediante el llamado "condicionamiento clásico o respondiente") de modo que nos afectan las cosas que nos pasan y relaciones entre nuestras acciones y las consecuencias de las mismas (mediante el llamado "condicionamiento operante") de modo que nuestras obras tienen huella en la vida. Además de las experiencias directas, el aprendizaje del lenguaje social ("condicionamiento operante relacional") conlleva que las personas relacionen acontecimientos y palabras de manera arbitraria (sin que en la naturaleza de la vida se relacionen necesariamente) de modo que las palabras adquieren papeles, funciones o fines en sus vidas en determinadas circunstancias y con determinadas consecuencia o efectos.

Entre los efectos o funciones perjudiciales que adquieren las palabras o el lenguaje humano está como principal protagonista la "inflexibilidad psicológica" que está relacionada con el sufrimiento humano y los llamados problemas psicológicos (trastornos mentales en el modelo socialmente dominante). Sobre este punto nos detendremos en otro capítulo de este libro. Aquí resumidamente diremos que la inflexibilidad psicológica consiste en aplicar acciones que conllevan intentos de control y eliminación del malestar emocional a la larga infructuosos y que aleja a la persona de una vida valiosa y con sentido.

Desde esta perspectiva los llamados trastornos mentales son formas de conducta aprendidas en las experiencias de las personas que tienen una función o finalidad en sus vidas y que son catalogados y atribuidos a fallos internos por la mayoría de los profesionales de la salud mental y aún por el entorno social y los poderes sociales dominantes.

El cómo se relaciona   socialmente determinadas conductas con supuestos fallos internos (mentales o cerebrales) a su vez tiene efectos de cómo las personas, los profesionales y la sociedad misma tratará de arreglar tales averías de la mente o el cerebro deficitario o dañado, produciendo una serie de prácticas, ritos y formas que a su vez da pie a mantener la inflexibilidad psicológica anteriormente apuntada.

Los sistemas diagnósticos de la salud mental vigentes (DSM, CIE...) potencian las relaciones arbitrarias de las palabras y los acontecimientos relacionadas con ellas (la actividad mental molesta, las emociones desagradables, los supuestos déficits neuroquímicos) como supuestas causas de las conductas problemáticas que hay que corregir o controlar. Todo esto tiene sus consecuencias, a veces dramáticas.

-Puntos básicos del modelo funcional-contextual

1º	Los problemas psicológicos son problemas de la vida que adquieren funciones o fines mediante experiencias de aprendizaje de la persona
2º	Las principales experiencias de aprendizaje que dan lugar a esas funciones del comportamiento humano (y los problemas psicológicos como comportamiento humano) son como nos afectan las cosas que nos pasan (condicionamiento clásico o respondiente) y las consecuencias de nuestras obras o acciones (condicionamiento operante)
3º	Mediante el aprendizaje del lenguaje relacionamos eventos y consecuencias de manera arbitraria de modo que nos permite la solución de problemas humanos sin tener que contactar necesariamente con ciertas cosas pero nos suele meter en serios problemas psicológicos (inflexibilidad psicológica derivada del condicionamiento operante relacional del lenguaje)
4º	El papel de las consecuencias en la conducta es esencial para comprenderla y cambiarla. Las consecuencias siempre están relacionadas con las situaciones y las acciones de las personas
5º	Con nuestras acciones hacemos que cambie el mundo y el mundo nos va cambiando a su vez. Los cambios de las personas, incluido los de sus cerebros y cuerpo se deben a esa relación entre la persona total y global con las circunstancias de la vida del mundo que ella vive

¿Y qué implica cada modelo a la hora de manejar un problema psicológico?:

Si somos de la opinión de que los problemas psicológicos tienen una causa en un fallo o avería de la cabeza de la persona trataremos de buscar primero de qué tipo de fallo se trata, "diagnosticando" por los síntomas o conductas visibles más frecuentes de que trastorno o avería parece tratarse y después corrigiendo esos fallos mediante medidas médicas o psicológicas. Si atribuimos los problemas o síntomas presentados a una causa biológica como por ejemplo, las alteraciones bioquímicas del cerebro o una alteración de los circuitos cerebrales, las medidas correctoras conllevaran la prescripción de una medicación (en régimen ambulatorio si la persona colabora o en régimen de internamiento si no lo hace o corre peligro grave para ella misma y sus allegados) y a veces de procedimientos que se suponen corrigen las alteraciones de esos circuitos (por ejemplo la "estimulación transcraneal"). Las medidas psicológicas desde esta perspectiva también es una forma de alterar la plasticidad del cerebro y su neuro-desarrollo mediante las acciones y las palabras del tratamiento psicológico, por lo que suelen ser complementarias o principales intervenciones en el tratamiento global, según de qué tipo de trastorno mental se trate.

Si somos de la opinión de que los problemas psicológicos derivan de un problema mental (entendiendo la mente como una estructura y procesos internos del sujeto derivado de sus experiencias de la vida) trataremos de modificar los procesos y estructuras mentales afectadas mediante la relación del paciente con el clínico y la práctica de diversos métodos psicológicos (por ejemplo análisis de sus conflictos, reestructuración de sus pensamientos y creencias, práctica de habilidades, resolución de problemas, etc.). Habitualmente estas intervenciones son precedidas de una evaluación psicológica, combinada con la diagnóstica de la psiquiatría dominante, por lo que es habitual en bastantes casos la combinación de tratamiento psicológico y psiquiátrico, al menos en la salud mental pública.

El principal efecto o consecuencia del modelo médico (incluyendo al psicológico descrito antes) es el de "producir pacientes con enfermedades mentales que requieren tratamiento". Así en las consultas se busca diagnosticar acertadamente el malestar presentado, centrándose más en clasificar el problema que en la persona en sí y sus circunstancias, y de recetar el producto o la intervención adecuada para ese trastorno que se sitúa principalmente en las cabezas de los mismos más que en sus vidas propiamente dichas. Esto tiene a su vez otra serie de consecuencias para todos los implicados. Por ejemplo es el profesional quién debe asumir la mayor parte de la dirección de la terapia, dando al "paciente" un papel más o menos activo según de qué tipo de tratamiento se trate. Si es medicación su papel se limita a cumplir las prescripciones y a esperar de qué hagan el efecto esperado y si es tratamiento psicológico a colaborar en la búsqueda del fallo interior y seguir las recomendaciones indicadas para su solución que puede adoptar fórmulas más o menos directivas.

Las dificultades del modelo médico-psicológico de avería interna suele presentarse cuando el "paciente" no colabora con las indicaciones dadas y que suelen atribuirse a "falta de colaboración" o "falta de conciencia de enfermedad", por lo que los intentos del clínico buscan aumentar esa colaboración o la psicoeducación para que los pacientes acepten su modelo o forma de entender los problemas psicológicos. Aparece aquí el rol de experto a acatar sus prescripciones y a creer en ellas incuestionablemente. En esta perspectiva los problemas de la vida de las personas suelen tener un papel secundario y como mucho son precipitantes o agravantes de las averías internas, donde supuestamente estarían las verdaderas causas de los problemas psicológicos.

Desde el modelo contextual se ayuda a la persona a ser el protagonista de su propia historia de vida y de que esta tenga el poder de producir cambios que para ella sean valiosos o importantes (empoderamiento). No es el clínico quién determina lo que ella debe cambiar o la dirección de la vida que debe llevar. Es la persona quién determina en qué dirección quiere poner su vida y el profesional le ayuda con sus conocimientos y habilidades a que ella la ponga en esa dirección.

En esta perspectiva se proporciona herramientas y habilidades para que la persona se empodere. Un punto importante en el trabajo de empoderamiento es trabajar con la flexibilidad psicológica para que la persona siga el camino de lo que le importa a pesar del sufrimiento emocional que conlleva muchas veces seguir en esa senda.

Evidentemente las personas pueden presentar problemas médicos en sus vidas (por ejemplo, neurológicos, enfermedades crónicas, terminales etc.) que requieren tratamiento médico especializado; incluyendo problemas psicológicos graves y urgentes que pueden requerir internamientos involuntarios o el uso de psicofármacos alteradores del comportamiento (más que focalizados en supuestos fallos cerebrales); pero aún en esos casos, estas personas están circunstanciadas por sus vidas y aquello que para ellas es importante y valioso, por lo que aún en estos casos, y quizás más en estos casos límites, el modelo contextual busca resituarlas en el horizonte de sus vidas y sus valores a pesar de todo el sufrimiento evidente. De esto derivan intervenciones centradas en potenciar acciones comprometidas que son valiosas en personas diagnosticadas, por ejemplo de psicosis, a pesar de todo el sufrimiento que presentan.

Gran parte de las intervenciones contextuales-funcionales se centran en la aceptación activa de las experiencias de sufrimiento fomentando que la persona se active hacia aquello que le importa y valora.

Aquí entendemos "empoderamiento" como el proceso mediante el que las personas desarrollan repertorios de conductas para mejorar su propia vida.

1.Modelos	Modelo médico de síntoma de fallo biológico-cerebral interno	Modelo médico de síntoma de fallo mental interno	Modelo contextual de problemas de y en la vida
2.Explicación	Explicación neurobiológica (estructuras cerebrales, mecanismos neuroquímicos)	Explicación psicológica intrapsíquica (estructuras y procesos mentales internos)	Explicación psicológica interactiva y funcional
3.Mecanismo causal	"Avería interna". Desequilibrio neuroquímico (p.e de serotonina)	"Avería interna". Por ejemplo disfunción cognitiva (esquema depresogeno) o conflicto inconsciente	No mecanismos sino experiencias vitales con funciones y fines en esa circunstancias
4.Tratamiento	Medicación (antidepresiva, antipsicótica...)	Técnica específica (p.e reestructuración cognitiva, focalización en el conflicto, etc.)	Principios generales: Aceptación y activación

¿Problemas en la cabeza o problemas en la vida cotidiana?

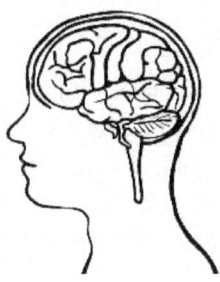

2. Cómo un problema de la vida se convierte en un problema psicológico: pérdida del contacto con las experiencias de la vida e inflexibilidad psicológica

La conducta se aprende. La conducta problemática también:

El principal presupuesto para comprender y abordar los problemas psicológicos desde la perspectiva contextual-funcional (la forma más actualizada del conductismo radical) es que toda conducta es aprendida en base de la experiencia de la persona. Por supuesto que existen conductas "reflejas" innatas, propias de la especie humana producto de la evolución y de la genética (por ejemplo los reflejos de succión en el bebé privado de alimento al acercarle el pecho, y otros reflejos similares; pero la llamada conducta "voluntaria" deriva de las experiencias de aprendizaje en la vida de la persona; y esto vale también para los llamados problemas emocionales o trastornos mentales que no son sino grupos o patrones de conductas (pensar, sentir, hacer...) que aparecen en determinadas circunstancias y que tiene una "finalidad" o función para la persona, sea esta advertida (consciente) o inadvertida (inconsciente) para esta.

Desde el contextualismo funcional no se niega que pueda haber ciertas "predisposiciones biológicas" que hagan más probable ciertas conductas en determinadas situaciones y que esas "tendencias" deriven de la filogenia (desarrollo de las especies) y de la ontogenia (desarrollo de un organismo), pero insistiendo en la línea darwiniana, que suele ignorar con frecuencia la moda neurocientífica actual, que son las contingencias ambientales (a la postre las experiencias de la vida) las que determinan que ciertas especies, comportamientos y disposiciones se seleccionen o no y salgan adelante. De hecho la llamada "epigenética" está más acorde con esta línea en el sentido que pone en relación la influencia y afectación mutua entre la conducta y los genes; de modo que las experiencias y sucesos ambientales de la vida pueden modificar los genes hasta cierto punto.

Todo ello es crucial para comprender la conducta normal y anormal. No se rechaza ni mucho menos la influencia genética y epigenética (filogenia y ontogénica) pero se insiste, que es el ambiente a través de las experiencias de aprendizaje el factor capital para comprender, predecir y controlar (cambiar, modificar...) el comportamiento humano. De nuevo se evita reducir la psicología a biología y a neurología, tomando de estas sus importantes aportaciones en curso.

Esto tiene importantes implicaciones, ya que supone la esperanza del cambio en base al aprendizaje, más que el fatalismo de los genes. Claro, que el aprendizaje de alternativas no siempre es fácil, ni mucho menos, y no solo por la dificultad para cambiar ciertas conductas, sino también por la "presión" cultural, institucional y social que asume como verdades absolutas e incuestionables la concepción predominante de "problemas de la cabeza". De esa postura derivan reglas e indicaciones de cómo actuar con los trastornos emocionales o mentales que a menudo desembocan en una lucha encarnizada para controlarlos, reducirlos o eliminarlos con consecuencias muchas veces adversas como veremos.

En general se entiende que cualquier conducta es aprendida (con las excepciones señaladas) y que cumple una función adaptativa para la persona ante las circunstancias de su vida, "por muy extraña y anormal" que aparezca a la vista ajena. Que ese intento de adaptación sea perjudicial o contraproducente en muchos casos, no depende solo del tipo de comportamiento en cuestión, sino también de las normas, valores y expectativas sociales. De hecho por ejemplo, hasta no hace tantos años la "homosexualidad" aparecía en la clasificación de los trastornos mentales, al menos hasta 1973. Esto quiere decir que los comportamientos llamados anormales no solo lo son por la disfuncionalidad (perjuicios o sufrimientos) para el propio sujeto o terceros, sino también porque están inmersos en un ambiente sociocultural que los cataloga como adecuados o inadecuados según qué momentos, fuerzas y dinámicas de poder social.

¿Y cuál es el papel del cerebro en la conducta?:

Evidentemente sin el cerebro y sin partes esenciales del cuerpo no hay conducta porque sencillamente no habría vida. Se argumenta que muchas investigaciones neurocientíficas redundan en que la estimulación de ciertas regiones cerebrales y ciertas lesiones o intervenciones quirúrgicas del cerebro alteran la conducta de diferentes maneras y las llamadas funciones cognitivas (memorizar, recordar, etc.). Incluso en la actualidad el desarrollo de técnicas no invasivas (p.e las neuroimágenes) destacan la relación entre determinados tipos de actividad cerebral y ciertas conductas. Los defensores de esta línea afirman que la actividad mental, y la misma mente, es igual a la actividad del cerebro. O sea que la mente es el cerebro y que por lo tanto la conducta y sus alteraciones derivan del funcionamiento del cerebro; esto lleva a la reducción de lo psicológico (la conducta) a lo biológico.

Desde el contextualismo funcional no se niega el papel de lo biológico ni del cerebro como sistema biológico, pero la relación entre lo biológico y lo psicológico es distinta a la que defiende el anterior reduccionismo.

Por lo pronto se entiende que el sujeto (con su biología-cerebro-cuerpo) siempre está en una situación o contexto de la vida, insertado en relaciones sociales y en su medio ambiente, y que en esas interacciones del sujeto-cuerpo y ambiente socio-natural es donde está la raíz de sus conductas, por lo que "su cerebro" participa de ellas y se ve afectado por ellas, e incluso muchas de las llamadas alteraciones cerebrales (además de las de causas genéticas y neurológicas constatadas) están ligadas a esas interacciones. Incluso las llamadas "funciones mentales superiores" (conciencia, memoria, etc.) se generan y varían en esas interacciones. Por supuesto que tener cerebro es un requisito para las mismas, como lo es el requisito de tener experiencias sociales para tener esas "funciones", pero no se reduce a este sino a la interacción del sujeto total (con su cuerpo-cerebro) con su medio ambiente sociocultural y natural.

Otro aspecto muy cuestionable del reduccionismo biológico-cerebral es el llamado "cerebrocentrismo" que consiste en reducir los asuntos humanos a cosas del cerebro, incluyendo los problemas psicológicos.

Desde esta perspectiva cualquier asunto humano (el amor, las relaciones de pareja, los llamados trastornos mentales, etc.) es producto del cerebro, por lo que estudiarlo y estimularlo daría lugar a grandes avances en la educación, las relaciones humanas y hasta la felicidad. Este argumento reduccionista olvida la misma plasticidad cerebral y su relación con el medio sociocultural por un lado y por otro al tomarlo como "un objeto de entrenamiento" olvida nuevamente, que la modificación del cerebro conlleva cambiar las actividades de la persona, o sea modificar su conducta; sin esto poca o ninguna "huella" de cambio se va a producir en el cerebro y el organismo del sujeto. Y esto es válido nuevamente para todo tipo de conducta, incluidas los trastornos mentales-problemas psicológicos-conductas anormales, etc.

Las causas de la conducta "normal" y "anormal o problemática". Las experiencias de la vida que nos pasan y las consecuencias de nuestros actos voluntarios en la vida:

Desde la perspectiva contextual-funcional la conducta es el resultado de la relación de la persona con las circunstancias de su vida. El que se conviertan o no en problemáticas, además de las normas y expectativas sociales tiene que ver con las cosas que nos pasan y las consecuencias de nuestros actos.

Respecto a las cosas que nos pasan y se convierten en problemáticas, tiene mucho que decir el llamado "condicionamiento clásico o respondiente" descubierto por el fisiólogo ruso Iván Pavlov.

Muchas cosas que nos pasan nos llegan a afectar emocionalmente y corporalmente de manera intensa y otras nos resultan indiferentes. La explicación habitual para esto es que depende de cómo la percibamos subjetivamente. Esa explicación es correcta, pero insuficiente. Es correcta en el sentido de que cada cual vive las cosas a su modo, pero es insuficiente porque no nos dice como llega cada cuál a vivir las cosas a su modo.

Por ejemplo hay personas que nos caen bien o mal en una primera impresión, aún sin tratarlas de cerca, a otras las tormentas les aterroriza, o la visión de una jeringa. Esto se debe principalmente al condicionamiento clásico que explica muchas de nuestras reacciones "involuntarias y automáticas", inclusive no solo muchas emociones (no todas, ya que también hay un emocionarse y un pensar voluntario), sino también muchos de los pensamientos e imágenes automáticas que se nos pasan por la cabeza.

Este tipo de condicionamiento o aprendizaje involuntario consiste en el emparejamiento temporal o secuencial de un estímulo o circunstancia inicialmente neutra (que de por si no da lugar a una reacción involuntaria) a un estímulo o circunstancia que de por sí, de manera natural, si da lugar a esa reacción involuntaria y automática (refleja). Por ejemplo Pavlov descubrió accidentalmente por cierto, como un estímulo neutro (EN) inicialmente como hacer tocar una campanilla (EC) producía salivación (RC) en un perro hambriento si lo presentaba poco antes de presentarle la comida (EI) que de por sí de manera natural ya producía esa salivación (RI). Es decir un estímulo neutro inicial (EN) adquiere la función similar al estímulo incondicionado (EI, en este caso el EC), que no necesita aprendizaje previo para producir la salivación (respuesta incondicionada RI), pasando a tener función de producir la respuesta condicionada (la RC) similar a la presencia de la comida en un estado de privación de alimento, y esto aún en el tiempo sin presentar el alimento, aunque puede desaparecer o "des-condicionarse".

Este fenómeno tan aparentemente sencillo está en la base de muchas reacciones y conductas no solo de otras especies, sino también de la especie humana, como en el caso de muchas reacciones emocionales y "mentales" automáticas. Es más, en la especie humana, gracias además a la presencia y funciones del lenguaje se da el condicionamiento clásico o respondiente a las palabras y a los símbolos de manera a veces muy complicada e indirecta al observador/a. Este fenómeno también explica una conexión entre la fisiología (del cuerpo/cerebro) y la aparición de nuevas conductas (psicología) que no estaban en el repertorio de la persona, como por ejemplo emocionarnos, con sus recuerdos e imágenes incluidas (RC) ante una determinada melodía (EC), posiblemente, si conocemos la historia del sujeto, claro, porque fue "asociada" hace ya, quizás mucho tiempo, a una experiencia poderosa en su vida (EI).

Un punto clave del condicionamiento clásico-respondiente es que hace nacer algo nuevo que no existía previamente en el repertorio de ese organismo o persona, debido precisamente a las cosas que le han pasado, a su experiencia.

Cuando en el libro, por ejemplo se habla en el contexto del mindfulness del "piloto automático", es importante que recordemos, que parte de esos automatismos derivan de las experiencias del condicionamiento clásico.

Debajo de manera muy esquemática aparece un cuadro que explica ciertas emociones en relación al condicionamiento clásico (lo que no impide que intervengan otros factores-funciones lingüísticas, etc.)

Tipo de condicionamiento clásico en función del tipo de estímulos EC y EI	Excitatorio (predice la aparición de un EI apetitivo o aversivo)	Inhibitorio (predice la no aparición de un EI apetitivo o aversivo)
Apetitivo (Provocan reacciones apetecibles de alegría)	Esperanza (predice la aparición de un EI apetitivo)	Decepción (predice la no aparición de un EI apetitivo)
Aversivo (Provocan reacciones de sufrimiento o rechazo)	Ansiedad (predice la aparición de un EI aversivo)	Alivio (predice la no aparición de un EI aversivo)

Respecto a las consecuencias de nuestros actos voluntarios nos remitimos al condicionamiento operante desarrollado por Skinner que abarca no solo a las conductas visibles voluntarias sino también al lenguaje y la cognición (pensar, recordar, atender, percibir, hablar, imaginar, motivar...). En este aspecto importa mucho más la "función" (finalidad, consecuencias) que la "topografía" (forma) de la conducta. Es decir distintas conductas pueden tener la misma función o finalidad aunque varíen en su forma, por lo que cuando esto sucede se habla de que pertenecen a la misma "clase funcional". Por ejemplo casi todos de los llamados trastornos mentales tienen en común una clase funcional que consiste en evitar experiencias que le resultan desagradables a las personas (es decir intentar controlar o evitar pensamientos, sensaciones y emociones que producen malestar). Esa clase funcional recibe el nombre de "evitación experiencial"; y esto sucede tanto en el llamado "trastorno obsesivo-compulsivo", "la esquizofrenia", o la "anorexia nerviosa" por poner solo unos ejemplos.

El condicionamiento operante (a veces se le llama "instrumental" cuando se estudia en el laboratorio con sofisticados aparatos o instrumentos) se basa en la llamada "ley del efecto" formulada por Thorndike que afirma que cualquier conducta de un organismo (incluido los humanos) que es seguida o acompañada de una consecuencia satisfactoria tenderá a repetirse en el futuro, y cualquier conducta que es seguida de una consecuencia desagradable o insatisfactoria tenderá a reducirse en el futuro. Sin embargo para Thorndike, las consecuencias no tenían un papel central sino que el organismo lo que aprendía era una relación entre la situación y esa respuesta; siendo a lo sumo la consecuencia solamente importante para esa "asociación".

Skinner toma la ley del efecto y la transforma en la "ley empírica del efecto o ley del refuerzo". Para ello evita el mentalismo hipotetizado por Thorndike (lo que es satisfactorio o insatisfactorio) que genera un montón de dificultades (¿Cómo sabemos que algo es satisfactorio o agradable?, ¿Cómo se explica que consecuencias aparentemente desagradables aumenten la conducta?, etc.) y se limita a observar los hechos objetivos; es decir que determinadas conductas son seguidas de determinados efectos (consecuencias o "reforzadores") que hacen esas conductas más o menos probables en el futuro en esas situaciones.

Para la ley empírica del efecto, las situaciones o momento espacio-temporal donde sucede la conducta voluntaria u operante no es determinante sobre esta, sino que solo "indica" que en esas situaciones ciertas consecuencias para la conducta en cuestión son más probables. Por ejemplo podemos aprender que es más probable que atiendan una llamada nuestra de teléfono a un familiar determinada hora o momento que a otra. Otro ejemplo, es que es más probable que un cliente que atendemos en consulta se muestre más receptivo si nos inclinamos levemente hacia él/ella (sin invadir su espacio) y le hacemos preguntas pausadas en un tono amable que si nos reclinamos hacia atrás y usamos un tono más desagradable. En este aspecto esas situaciones o estímulos que preceden o dan contexto a las conductas voluntarias (propias o ajenas) reciben el nombre de "Estímulos discriminativos". Como hemos visto en ese ejemplo de la consulta, en las relaciones interpersonales las acciones dirigidas a otras personas pueden tener "funciones discriminativas" (llamadas también elicitadoras), haciendo más o menos probable determinadas conductas en esos momentos o lugares. Como vimos también en el condicionamiento clásico "las palabras" pueden adquirir funciones de evocar reacciones involuntarias de tipo físico o emocional que "interfieren en la conducta voluntaria", por lo que en una conversación entre personas ciertas palabras generan emociones; en este caso se habla de "función evocativa".

Pero el elemento clave, junto al discriminativo o evocativo antes señalado, son las consecuencias o efectos (llamadas "refuerzos") de la conducta voluntaria u operante. Determinadas consecuencias fortalecen la conducta y hacen que sea más probable en el futuro en esas circunstancias o situaciones y otras la hacen menos probable. Los reforzadores o consecuencias sin embargo no se deben considerar "universales" para todo el mundo, aunque hay muchos reforzadores generalizados socialmente de gran importancia (como el dinero, el poder, la atención, las muestras de afecto), ya que se deben de entender siempre en la historia de experiencias de cada persona; por lo que como sabemos, a unos nos importan y valoramos unas cosas y otros, otras.

En la mayoría de las relaciones humanas se dan esas funciones de intercambio entre unos y otros de tipo elicitador, evocador y reforzante, y esto es válido tanto para la relación terapéutica como para la vida relacional diaria, y esas funciones están presentes tanto en la conducta normal como la llamada anormal.

Cualquier conducta voluntaria que sea seguida de un efecto o consecuencia reforzante aumentará su probabilidad de repetirse en el futuro en ese contexto. Esas consecuencias reforzantes a su vez pueden ser por reforzamiento positivo: el sujeto recibe una consecuencia relacionada con su conducta o contingente de tipo apetitivo (p.e atención a cuando está relatando algo) o por reforzamiento negativo: el sujeto elimina o se aparta de algo que le resulta aversivo (p.e encender la luz en caso de resultar desagradable la oscuridad de la habitación). Lo importante es que tanto el reforzamiento positivo como el negativo hacen que la conducta en cuestión sea más probable en el futuro.

Cuando una conducta voluntaria u operante es seguida de efectos u consecuencias aversivas que hacen que esta decrezca y sea menos probable en el futuro, hablamos de castigo. El castigo como consecuencia puede a su vez ser el llamado "castigo negativo" cuando al sujeto se le retira algo apetecible o se le impide hacer algo apetecible o el "castigo positivo" cuando al sujeto tras hacer algo se le aplica una estimulación aversiva. Aquí también hay que destacar que algo no se convierte en castigo por sí mismo sino por el efecto de disminuir la conducta voluntaria como consecuencia de aplicar una estimulación aversiva (castigo positivo) o retirar una estimulación apetitiva (castigo negativo). La retirada del carnet por puntos es un ejemplo de castigo negativo y la retirada de atención a una persona que nos habla, otro, siempre que tenga el efecto de reducir su conducta voluntaria/operante (hablar con nosotros en esa situación).

Para conocer que es reforzante o castigante para una persona concreta podemos remitirnos a los reforzadores sociales generalizados (sanciones, atención, dinero, etc.) pero solo "averiguaremos" que le resulta reforzante a ella de manera particular, si conocemos su historia personal de experiencias y/o bien observamos su conducta en el presente (incluida lo que ella dice pensar, sentir, etc.) en determinadas situaciones y contextos y las consecuencias de las mismas. Precisamente en eso consiste el llamado "Análisis funcional de la conducta" que veremos en otro capítulo del libro.

Respecto a los llamados trastornos emocionales o mentales muchas de las consecuencias, relacionadas con la "evitación experiencial" antes referida consiste en el efecto del "reforzamiento negativo de la evitación o escape". Es decir las personas aprenden que mediante determinadas conductas que a veces toman formas o topografías dramáticas (como alucinar, delirar, deprimirse, obsesionarse, intoxicarse, restringir la ingesta de alimentos, autolesionarse, aislarse en casa, etc.) consiguen apartar, aunque sea temporalmente determinadas consecuencias aversivas o desagradables, aunque a largo plazo sus propias conductas le enreden en múltiples problemas y hagan sus vidas más restringidas y más alejadas de sus proyectos y valores.

-Las consecuencias de la ley empírica del efecto de Skinner-

Efectos sobre la conducta voluntaria ↓	Consecuencia de estímulos positivos (presentación-retirada)	Consecuencia de estímulos aversivos (presentación-retirada)
La conducta se incrementa y se hace más probable en el futuro en esas situaciones	**REFORZAMIENTO POSITIVO** (Se aplica contingentemente estimulación apetitiva)	**REFORZAMIENTO NEGATIVO** (Se interrumpe o impide la estimulación aversiva. Escape o Evitación)
La conducta disminuye y se hace menos probable en el futuro en esas situaciones	**CASTIGO NEGATIVO** (Se retira o impide la estimulación apetitiva)	**CASTIGO POSITIVO** (Se aplica estimulación aversiva)

El lenguaje humano tiene también funciones aversivas y reforzantes cuando se usa en las relaciones, incluyendo las del sujeto consigo mismo (autorrefuerzos y auto-castigos). Los desarrollos de la investigación de la ley empírica del efecto aplicada al lenguaje (pensar, hablar-conversar...) toma un impulso novedoso con las investigaciones postskinnerianas dentro del contextualismo funcional en la llamada teoría de los marcos relacionales a la que nos referimos en un punto próximo.

Hablar, pensar, conversar con otros y con nosotros mismos tiene funciones-fines-consecuencias importantes en la vida para bien y para mal, y tiene funciones muy importantes en los problemas emocionales y en el desarrollo de una vida valiosa y con sentido. La terapia de aceptación y compromiso (ACT) y el mindfulness se dirigen precisamente a esos aspectos de la vida y las funciones que tienen para la persona.

Preguntas y reflexiones típicas de un terapeuta según el modelo médico o contextual

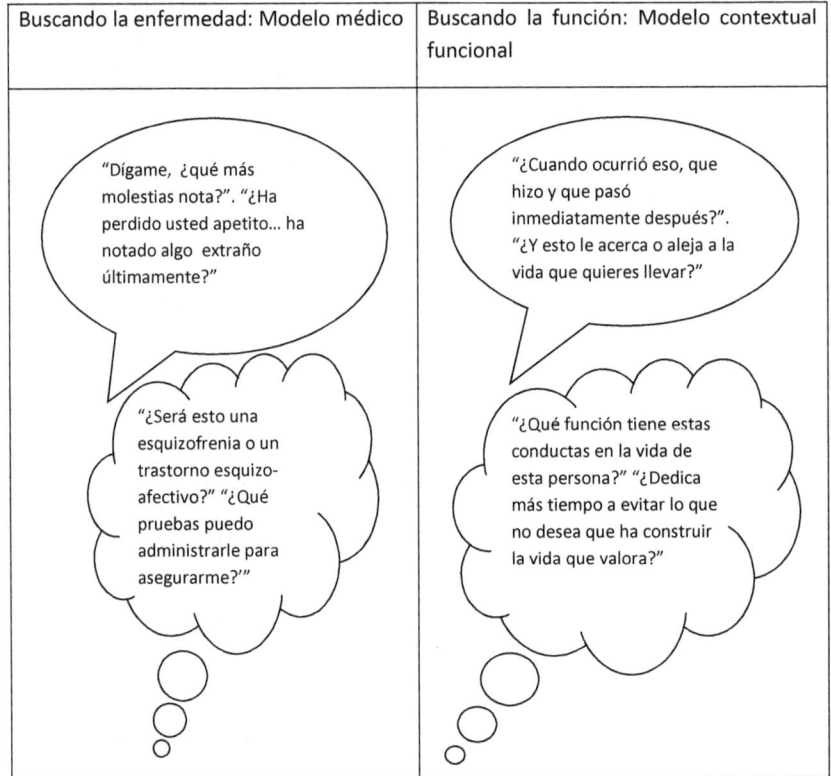

Buscando la enfermedad: Modelo médico	Buscando la función: Modelo contextual funcional
"Dígame, ¿qué más molestias nota?". "¿Ha perdido usted apetito... ha notado algo extraño últimamente?"	"¿Cuando ocurrió eso, que hizo y que pasó inmediatamente después?". "¿Y esto le acerca o aleja a la vida que quieres llevar?"
"¿Será esto una esquizofrenia o un trastorno esquizo-afectivo?" "¿Qué pruebas puedo administrarle para asegurarme?'"	"¿Qué función tiene estas conductas en la vida de esta persona?" "¿Dedica más tiempo a evitar lo que no desea que ha construir la vida que valora?"

¿Por qué remontarnos a las cuatro causas de Aristóteles?: Porque da respuesta a como se fabrica un problema psicológico.

Remontarnos a este filósofo griego viene a cuento de buscar las funciones que tienen los problemas psicológicos. Aristóteles presenta una explicación de las cuatro causas del ser de las cosas y del individuo que al basarnos en sus contribuciones filosóficas nos ayuda a comprender y conocer las principales características de los trastornos emocionales y como se "fabrican" los mismos. Marino Pérez Álvarez, psicólogo español (ver bibliografía) es quién más ha desarrollado este punto dentro del contextualismo funcional.

Estas cuatro causas son:

(1) La causa material-¿De qué están hechos los trastornos psicológicos?: Cada escuela de psicología y psiquiatría encuentra un contenido distinto sobre el material de qué están hecho los trastornos psicológicos; así para algunos son enfermedades del cerebro, para otras expresiones de conflictos inconscientes, para otras conductas como intentos de adaptación fallidos, etc. Desde la perspectiva contextual funcional que se presenta en este libro *la conducta (hacer, sentir, pesar) se vuelve problemática para el propio sujeto en un esfuerzo adaptativo ante situaciones conflictivas o de fracaso.* Es decir el trastorno psicológico está hecho de esos esfuerzos por adaptarse a esas situaciones conflictivas o de fracaso.

(2) La causa formal- ¿Cómo se forma y adopta una forma concreta cada trastorno psicológico?: En este punto son centrales *las modas y modos sociales* que influyen y usa el clínico, como el caso de los sistemas DSM o CIE que dan formato y clasificación a las quejas de la vida de la gente. También los cambios e intereses sociales, paralelamente dan lugar a cambios en las quejas y problemas de la gente, desde las épocas de la mayoría de las "histerias", a épocas y momentos de abundancia de anorexias, depresiones o TDAH y otras *transformaciones clínicas de los problemas de la vida de la gente.* Por ejemplo, ¿puede ser el TDAH un intento de los niños de adaptarse a ambientes con múltiples demandas y padres excesivamente ocupados? A esto además contribuye paralelamente los cambios sociales ocurridos en las sociedades capitalistas, que entre otras consecuencias relevantes, tiene a *la hiperreflexividad* (preocupación excesiva por aspectos subjetivos) y *el individualismo insolidario.*

(3) La causa eficiente-¿Quién hace el trastorno psicológico?: Se trata de la participación de *varios actores* en el drama del problema psicológico. Entre ellos está el *paciente o cliente* que pone la queja o material sobre el que trabaja el otro actor, o sea *el clínico.* En nuestra sociedad hiper-psicologizada tanto el paciente-y sus *allegados* como el clínico *fabrican el trastorno psicológico.*

(4) La causa final-¿Para qué sirve un trastorno psicológico, cuál es su finalidad?: Aquí se trata de responder a la función a la que sirve el problema en los *intentos de adaptación de la persona ante las circunstancias que se ha vuelto difíciles para ella.* Todo problema o trastorno cumple una finalidad (percatada o no por el sujeto y el propio clínico) *aunque sea bajo la forma de "disfuncionalidad"* o trastorno. Incluso los problemas psicológicos pueden adoptar una forma de vida permanente y aparecer como los llamados "trastornos de la personalidad" o "trastornos mentales graves".

¿Qué es la teoría de los marcos relacionales y que nos dice de los problemas psicológicos?: Cómo el lenguaje puede embrollar aún más los problemas psicológicos.

La teoría de los marcos relacionales (denominada en inglés con las siglas RFT-*Relational Frame Theory*) es una teoría derivada del *conductismo radical* (contextual-funcional) que trata de explicar el lenguaje y la cognición (pensamiento y otras conductas humanas complejas) en base a la *investigación experimental* de *"la derivación y transformación de funciones"* y con un intenso interés en sus *aplicaciones prácticas* en las llamadas *terapias cognitivas-conductuales de tercera generación.*

Se llama *"derivación de funciones"* a la presentación de nuevos efectos en una relación entre estímulos (acontecimientos, situaciones, experiencias) con afectan al comportamiento, que no han sido previamente entrenadas o provocadas mediante condicionamiento clásico u operante. El caso concreto, es que cuando *se entrenaba dos tipos de relaciones directas entre estímulos,* por ejemplo A-B y B-C se derivaban (aparecían) *cuatro nuevas relaciones sin entrenamiento concreto previo,* es decir las relaciones B-A y C-B (relaciones derivadas de equivalencia *simétricas*) , A-C (relación derivada de equivalencia *transitiva* A-C) y C-A (relaciones derivadas de equivalencia de *combinación simétrica y transitiva*) de modo que se formaba una clase de equivalencia funcional entre los estímulos A, B y C de modo que son funcionalmente intercambiables (es decir pueden producir efectos o consecuencias similares sobre los comportamientos), conformando lo que se llama un *"marco relacional"*

-Representación gráfica de relaciones directamente entrenadas (flechas finas) y de relaciones derivadas (flechas gruesas) de un marco relacional prototípico de equivalencia-

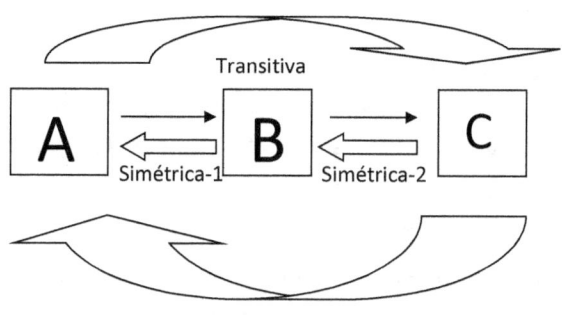

Combinación simétrica-transitiva

Se llama *"transformación de funciones"* a la aplicación de un estímulo de una clase funcional (por ejemplo uno de los A,B,C anteriores) a otra marco relacional (supongamos D,F,G) transforma ese nuevo marco relacional dependiendo del tipo de relación entre ese estímulo y el resto de los estímulos del nuevo marco relacional, que no solamente son las del anterior ejemplo, ya que pueden darse no solo relaciones de equivalencia (las más frecuentes), sino también de oposición, comparación, distinción, etc.

¿Y todo esto que implica? Implica que *a través de las funciones del lenguaje se pueden relacionar de múltiples formas y de manera arbitraria (no por la naturaleza de las cosas) sino por convencionalismos y prácticas sociales cualquier cosa o evento con otro, generando complejidad al comportamiento humano para bien y para mal. Y también implica que el/la terapeuta contextual-funcional hace uso de sus conocimientos de la RFT para derivar y transformar funciones a través de sus actos y palabras que produzcan una mayor flexibilidad psicológica* (ya veremos qué es esto). La diferencia de este modelo contextual respecto a otros modelos mentalistas y cognitivos previos es que *aquí sí se pueden observar y manipular directamente los estímulos (variables) y comprobar sus efectos sin hacer alusión a constructos internos inventados.*

Desde la RFT *se considera al lenguaje y la cognición una operante relacional entre estímulos (ver condicionamiento operante)* pero de mayor complejidad que en el caso de las contingencias directas; complejidad que añade el lenguaje humano.

La RFT también postula 4 causas que hacen que las personas se enreden y tengan problemas (inflexibilidad psicológica) debidos a los efectos perjudiciales del lenguaje aprendido socioculturalmente y que aparece en determinados contextos o momentos de su vida. Estas 4 causas descritas de manera breve, son las siguientes:

(1) *La literalidad del lenguaje:* Los humanos podemos experimentar dolor, sufrimiento y múltiples emociones no solo por el contacto directo con las situaciones y contingencias-efectos directos con las situaciones que la provocaron inicialmente sino también por cualquier tipo de estimulación verbal-lingüística relacionado con la situación original, aunque sea distante en el espacio y el tiempo de aquella. Por ejemplo podemos desconectarnos de las cosas presentes y "comernos el coco" con cosas pasadas o futuras sufriendo de manera similar a como si esa cosa estuviera realmente presente aquí y ahora. También se relaciona con la confusión entre lo que pensamos o nos decimos de nosotros mismos o de los demás como etiquetas generales (por ejemplo "no vales para nada" o "tú eres muy tímido") con el hecho de que toda conducta ocurre en un contexto o situación determinada y no está ocurriendo de continuo, provocando mucha rigidez si se guía por tales etiquetaciones (véase el caso también de las etiquetas psiquiátricas).

(2) *Formación de clases o categorías que divide el mundo de la vida de manera arbitraria, rígida y estática que lleva habitualmente a evaluaciones y comparaciones generalizadas desconectando con la experiencia particular concreta:* Los estereotipos, los prejuicios y las

etiquetas de nuevo está relacionado con esto. En las relaciones personales es habitual también categorizar a los otros con sus personalidades y rasgos, sus formas de ser, obviando los casos concretos, las excepciones y que las conductas de hecho varían más o menos según qué contextos y circunstancias. Las etiquetas "cristalizan" al otro o a uno mismo siendo más complicado el cambio y la flexibilidad según qué circunstancia de la vida.

(3) *La insistencia social en que debemos dar razones y ser coherentes para lo que hacemos o dejamos de hacer de modo que nos vemos forzado a dar sentido y explicación concreta a lo que hacemos y experimentamos dentro de relatos o historia personales coherentes:* Esto en las relaciones personales (p.e amigos, parejas) puede dar lugar a discusiones por llevar la razón a pesar de que la experiencia puede indicar lo contrario, o recibir castigo verbal de otros sino damos una explicación convincente para algo que hemos hecho o experimentado. También conlleva aplicar soluciones a los problemas que se consideran lógicas y socialmente aceptables, porque se supone que es "lo que hay que hacer" a pesar de que los resultados no sean los deseados, y esas soluciones sean arbitrarias, entrando en un bucle repetitivo donde las cosas más que cambiar van de mal en peor. Muchas de esas soluciones pasan además por considerar que para que las cosas cambien primero se ha de cambiar ciertos estados interiores como la forma de pensar, las actitudes o creencias, las percepciones o las emociones, todo ello de manera arbitraria (pero aprendida socialmente), y todo ello obviando que a pesar de esos estados internos displacenteros la persona puede actuar a pesar de ellos e incluso e presencia de ellos sin la imperiosa necesidad de controlarlos o cambiarlos previamente.

(4) *La insistencia cultural (también presente en la psicología y psiquiatría en muchos de sus teorías y modelos) de que para llevar una vida adecuada y feliz hay antes que controlar, reducir o eliminar los pensamientos, sentimientos y sensaciones internas molestas o displacenteras:* Esto suele llevar a una lucha encarnizada contra los

sentimientos y pensamientos molestos (póngase el caso ansiedad, preocupaciones, tristeza, etc.) mediante múltiples métodos caseros (p.e beber, comer, dejar de comer, fumar, ver la tele, etc.) y terapéuticos (tomar medicación, aprender a relajarse, a cambiar los pensamientos y actitudes negativas, ilógicos o no verificables...) que redundan habitualmente en una inefectividad a largo plazo (¿alguien elimino todo tipo de sufrimiento en su vida realmente?) y un costo o consecuencias negativas elevadas como es el caso de la "evitación experiencial" antes referida que aleja a la persona de dirigir su vida hacia aquello que realmente le importa y valora por estar excesivamente ocupada defendiéndose e intentando controlar aquello que le resulta desagradable.

Las principales características de un problema psicológico. Pérdida del contacto con las experiencias de la vida e inflexibilidad psicológica:

La persona como consecuencia de la rigideces que establece ciertos aprendizajes sociales, los referidos en el condicionamiento clásico y operante y las 4 causas aristotélicas y de ciertas *reglas del lenguaje* como las relacionadas con la 4 causas referidas anteriormente, termina actuando de modo rígido, estereotipado e inflexible sin tener en cuenta las circunstancias concretas que vive, las variaciones momento a momento, restringiendo sus posibilidades de cambio y dirección hacia una vida valiosa para ella, desconectando con las posibilidades presentes (la llamada *insensibilidad a las contingencias presentes*) y quedándose pegada y bajo la dirección de esa reglas verbales en exceso (a esto se le llama *fusión cognitiva* en las terapias contextuales funcionales). En suma termina "montando su vida" en torno a evitaciones o defensas de experiencias aversivas (*evitación experiencial*) más que hacia compromisos hacia la vida que para ella es valiosa y vale la pena.

Resumen de como un problema de la vida poder terminar siendo un problema psicológico:

NIVEL 1 DEL APRENDIZAJE DIRECTO DE LA CONDUCTA:

1º Ciertas cosas que nos pasan adquieren funciones aversivas o desagradables de manera accidental e involuntaria (condicionamiento clásico).

2º Lo que hacemos o dejamos de hacer puede tener consecuencias dramáticas para nosotros mismos o los demás (condicionamiento operante).

NIVEL 2 DEL APRENDIZAJE SOCIOCULTURAL Y LAS FUNCIONES INDIRECTAS Y ARBITRARIAS DEL LENGUAJE HUMANO:

3º La literalidad del lenguaje produce a menudo evitación experiencial y una vida alejada de ser valiosa (inflexibilidad psicológica).

4º La formación de categorías, clasificaciones y comparaciones rígidas produce a menudo evitación experiencial y una vida alejada de ser valiosa (inflexibilidad psicológica).

5º La insistencia social y clínica en las explicaciones coherentes y razonables internalistas produce a menudo evitación experiencial y una vida alejada de ser valiosa (inflexibilidad psicológica).

6º La insistencia social y clínica en el control de las experiencia internas molestas o aversivas produce a menudo evitación experiencial y una vida alejada de ser valiosa (inflexibilidad psicológica).

NIVEL 3 DE LAS CAUSAS METAPSICOLÓGICAS:

7º Los problemas psicológicos están hechos de conductas ante diversas circunstancias de la vida (causa material aristotélica).

8º Los problemas psicológicos son problemas de la vida que se transforman en problemas psicológicos mediante los modelos de la psicología y la psiquiatría que dicen lo que es normal y anormal (causa formal aristotélica).

9º Los problemas psicológicos los producen los actores del paciente-cliente y clínico/terapeuta y ciertos cambios y contextos sociales que lo abalan (causa eficiente aristotélica).

10º Los problemas psicológicos tiene una finalidad, un para qué, función o finalidad intencional que consiste en intentos adaptativos ante circunstancias de la vida que generan fracaso o conflicto (causa final aristotélica).

Cosas que nos pasan en la vida y consecuencias de lo que hacemos en la vida:

3. ¿Qué es ACT?

-Principales características que definen y configuran ACT-

1-Es una terapia de tercera generación

2-Se basa en la filosofía del conductismo radical a través del contextualismo-funcional

3-Plantea una forma de conceptualizar el sufrimiento humano en relación al control verbal-cognitivo del lenguaje sobre la experiencia que conlleva la evitación experiencial

4-Se basa en la investigación y elaboración de la Teoría de los Marcos Relacionales (RFT) y en la evidencia de sus resultados

5-Sus dos componentes básicos son la aceptación y el compromiso con valores

6-Su principal objetivo es la flexibilidad psicológica reduciendo la rigidez del cliente en como este se relaciona con su experiencia y se guía por sus valores

7-Cada caso personal se evalúa continuamente a lo largo de toda la terapia mediante el análisis funcional de la conducta

8-Tiene en cuenta la agenda con la que suele llegar el cliente a terapia (reducir su malestar a toda costa y conocer los últimos motivos de este) y le propone ante ello la desesperanza creativa

9-La ACT técnicamente consiste en derivar y transformar nuevas funciones en el contexto verbal antecedente y consecuente de modo que el cliente aumente sus conductas dirigidas a sus valores y disminuya sus evitaciones experienciales

ACT (*Acceptance and Commitment Therapy*), que se pronuncia "ACT" sin deletrear su contenido, aparece formalmente en 1991 en un primer manual de Hayes, Stroshal y Wilson y desde entonces continua desarrollándose. Supone una seria alternativa a las terapias cognitivas-conductuales previas que tienen como premisas que los pensamientos y sentimientos son la causa del sufrimiento y problemas en la vida, y que para que la persona viva feliz necesita aprender a controlar, manejar o modificar sus pensamientos, sentimientos y actitudes negativas o disfuncionales.

Más extensamente se basa en los siguientes puntos:

1-Es una terapia de tercera generación:

Las terapias psicológicas más científicas, por sus fundamentos en la investigación experimental, a lo largo de la historia de la psicología se han englobado en las llamadas "modificación de conducta o terapias de conducta", aunque actualmente de manera genérica se les llama "terapias cognitivo-conductuales".

Hemos de anotar aquí que la adscripción de los terapeutas a la investigación científica de base ha sido muy variable, siendo los llamados "conductistas" los más fieles a ellas y los "cognitivos y constructivistas" lo más laxos y alejados de la misma por su tendencia a la elucubración teórica personal.

La modificación de conducta, hasta el presente, ha tenido tres momentos o fases, dependiendo del predominio teórico-investigador del momento, y de los métodos terapéuticos derivados de ellos. Esto ha conformado tres generaciones de terapias, aunque en realidad las tres conviven en la actualidad:

-La primera generación, con un doble predominio (décadas de los 50-70), por un lado del análisis aplicado de la conducta derivado del conductismo radical de Skinner y el condicionamiento operante, y por otro de las llamadas terapias de conducta con fundamentos en elaboraciones teóricas sobre el condicionamiento clásico (Wolpe, Eysenck..). Ambos enfoques combinados resultaron muy útiles en presentar una alternativa poderosa y efectiva a los modelos médicos e intrapsíquicos (psicodinámicos) en el tratamiento de muchos problemas relacionados con la ansiedad, la depresión (las llamadas "neurosis") y personas institucionalizadas (psicosis, retraso mental, autismo, etc.). Aunque tenían en cuenta lo verbal-cognitivo, el desarrollo de este aspecto quedó bastante de lado ante la insistencia del control ambiental como vía de cambio.

-La segunda generación se caracteriza por el predominio de las teorías cognitivas (décadas de los 70 a los 90) con una guerra interna entre las posturas racionalistas Ellis, Beck...), las combinatorias cognitivas-conductuales (Bandura, Lázarus, Meichenbaum...) y las constructivistas (Mahoney, Guidano, Gonsalves...). Básicamente coincide con el desarrollo y predominio de la psicología cognitiva tanto en su versión del modelo de procesamiento de información (metáfora del ordenador) como de la psicología social-cognitiva con su insistencia en las estructuras de significados. De ella derivan las nuevas terapias cognitivas (aunque muchas veces más de elaboraciones personales de sus autores que de los modelos cognitivos referidos), como la Terapia Racional Emotiva Conductual de Ellis y la Terapia Cognitiva de Beck. Ponen el acento en identificar y modificar las creencias, esquemas o actitudes que subyacen a los problemas emocionales a través de procedimientos verbales y conductuales (hablar-pensar-hacer). La terapia cognitiva de Beck y adaptaciones de esta, reúne bastante evidencia de su efectividad en las depresiones y en los trastornos de ansiedad. Otra línea cognitiva la engloba las terapias constructivistas y narrativas que buscan una especie de equilibrio entre las estructuras mentales emocionales y las racionales como formas de construir la experiencia subjetiva; aunque en una línea habitualmente más especulativa que científica. Toda la segunda generación conlleva principios "híbridos" entre el mentalismo cognitivo y los principios del aprendizaje conductuales.

-La tercera generación, en la que se sitúa ACT, se caracteriza por una serie de cuestionamientos a la segunda generación y una postura radicalmente distinta respecto al sufrimiento psicológico. Por un lado reúne evidencia de que los componentes más efectivos en las terapias anteriores son los conductuales frente a los verbales (por ejemplo la activación conductual frente a la reestructuración de cogniciones), cuestiona los paquetes estandarizados de terapia cognitiva-conductual de segunda generación centrados en un modelo médico-diagnóstico de fondo (ver capítulo 1 y 2) y como principal alternativa proponen un acercamiento individualizado a cada caso/persona centrado en principios conductuales derivados del análisis funcional de la conducta y de entender los problemas psicológicos desde el contextualismo funcional.

2-Se basa en la filosofía del conductismo radical a través del contextualismo-funcional:

El contextualismo funcional que es una versión actualizada del conductismo radical, se basa en la interacción de la persona con su contexto de vida a través de su conducta. Se entiende que los llamados procesos mentales y emocionales (pensar, recordar, sentir, percibir, imaginar, etc.) son clases de conducta que se dan en esas interacciones, que tienen lugar en momentos-lugares ante determinados eventos y consecuencias específicas (contextos) y que tienen unas funciones o fines concretos.

En esas interacciones en contexto es central comprender la conducta verbal y sus funciones, ya que nos permite entender el papel de las cogniciones-pensamientos, las emociones y las acciones manifiestas de las personas y su relación con aquello que le genera malestar y posibilidades de una vida valiosa.

En la conducta verbal es muy importante lo que la persona se dice a sí misma y los demás en sus narraciones y peticiones, y no tanto por sus contenidos, sino por las funciones que tiene, siendo importante en este aspecto las "funciones de tacto" (cuando describen cosas con un fin o función), las "funciones de mando" (cuando piden algo con un fin o función), y los "mandos disfrazados" (cuando piden algo aunque parezca que solo están describiendo o contado algo). Todas estas funciones de la conducta verbal se relacionan con los enredos emocionales personales, problemas en las relaciones con otras personas y dificultades para construir una vida valiosa para ellas.

3-Plantea una forma de conceptualizar el sufrimiento humano en relación al control verbal-cognitivo del lenguaje sobre la experiencia que conlleva evitación experiencial:

La comunidad social genera reglas verbales que las personas aprenden y utilizan, aun de manera inconsciente (sin percatarse de sus funciones) en determinados contextos situacionales, y que consisten en relacionar verbalmente situaciones-conductas-consecuencias y guiarse por ellas. Esto produce en las personas el llamado "seguimiento de reglas" que puede tener consecuencias dramáticas al "insensibilizar" a la persona a las consecuencias de sus experiencias directas, perdiendo el "contacto" con esa experiencia.

Entre estas reglas están las llamadas "Reglas Pliances" (de complacer a otros) que consiste en hacer o evitar determinadas cosas porque así lo manda la ley, la autoridad, los progenitores, o una instancia de autoridad y poder sobre el sujeto, de modo que este actúa en esas situaciones guiados por esa regla para obtener o evitar la aprobación/desaprobación de esa instancia, aunque esta solo se presente de manera simbólica (presente solo en el pensar o sentir del sujeto y no físicamente). Su formulación general es algo así: *"Haz/evita lo que se te dice y obtendrás o evitarás X porque yo/nosotros lo disponemos así"*. Estas reglas pueden conllevar que el sujeto actúe movido por la costumbre, las normas y lo que supuestamente hay que hacer que por los resultados o consecuencias de su experiencia, enredándose en continuos círculos viciosos de intentos de solución a la larga improductivos, y dedicando más tiempo a las obligaciones que a sus deseos y horizontes personales sobre la vida que a él/ella le gustaría llevar y merece la pena.

Otro tipo de reglas son las "Reglas Tracking" (rastreo o seguimiento de huellas). En este caso se establece una relación entre la regla y cómo funciona y está hecho el mundo. Ayudan a que la persona ponga su conducta en relación a las experiencias directas y naturales de la vida.

Suelen relacionarse con las reglas pliances en el desarrollo del niño, de modo que inicialmente se le enseña a seguir las instrucciones de los progenitores para que progresivamente se ponga en contacto con la experiencia directa de la vida y así regule su conducta. La regla se suele formular en una forma similar a *"Si hago tal cosa, seguramente sucederá como consecuencia esta otra cosa"*. El éxito de la regla conlleva que la comunidad social establezca condiciones para que el sujeto obtenga resultados naturales con sus conductas en ciertos contextos y espacios, ya que si no es así, esas conductas se extinguirán. También se relacionan con los tracking las demoras entre las conductas del sujeto y las consecuencias; de modo que si este ha aprendido a evitar el malestar de manera inmediata sin percibir la ganancia a más largo plazo de ciertas acciones, pondrá su vida bajo un mayor control de evitaciones inmediatas que de aproximaciones a sendas potencialmente valiosas.

Y un tercer tipo de reglas importantes son las "Reglas aumenting" (formar y alterar la motivación del sujeto). Se relaciona con la capacidad de la regla para dar valor reforzante o aversivo de aproximación o evitación a algo previamente neutro, o bien cambiar o alterar ese valor (función) previo. Los "aumentalgs formativos" crean contextos verbales donde la persona aprende a relacionar cosas previamente con efectos neutros para ella en cosas importantes, casi siempre en interacción con reglas pliances y tracking. Por ejemplo si alguien relevante para un sujeto (pongamos un/a psicóloga en formación) afirma que "pensar y reflexionar en modo de terapia ACT y los marcos relacionales le hará un terapeuta más cercano y efectivo", posiblemente cuando este sujeto comience a leer, practicar y pensar sobre ACT y los marcos relacionales, esas acciones y contextos relacionados con ellas adquirirán nuevas propiedades reforzantes o motivadoras. Igualmente en el caso de "aumentalgs alteradores" se cambian las propiedades reforzantes o aversivas previas de un contexto o actividad durante un mayor o menor tiempo. Los anuncios publicitarios pueden llegar a tener estas funciones temporalmente, así como muchas de las intervenciones psicológicas de la propia ACT que se buscan sean a largo plazo para el bien del cliente en función de lo que para este es valioso en su vida y no por criterios externos o normativos.

4-Se basa en la investigación y elaboración de la Teoría de los Marcos Relacionales (RFT) y en la evidencia de sus resultados:

Ya expusimos en el capítulo 2 los aspectos principales de la RFT. ACT está a nivel teórico directamente conectada con la investigación experimental del lenguaje que propone la RFT y a nivel clínico de los tratamientos psicológicos con la tradición de las terapias basadas en las evidencias (pruebas de que son efectivas y eficientes en tiempo y recursos). ACT también se ha aplicado con buenos resultados al campo educativo, el entrenamiento de deportistas, la mejora de la eficiencia empresarial y el manejo de los prejuicios sociales.

5-Sus dos componentes básicos son la aceptación y el compromiso con valores:

Aceptación no significa resignarse a las situaciones adversas que generan sufrimiento a la persona. Significa *estar dispuesto/a* para ir en dirección de lo que nos importa a pesar de experimentar pensamientos y sentimientos molestos. Por ello ACT no se enreda en luchar por cambiar los pensamientos y estados emocionales negativos sino por permitirlos y darle cabida mientras la persona "actúa" en la dirección de lo que le importa. La persona ha aprendido una serie de reglas verbales encaminadas a la eliminación del malestar que le suele enredar en frecuentes luchas para deshacerse del mismo que conduce a alivios pasajeros (reforzamiento negativo de la evitación experiencial) y a montar su vida en torno a esta prioridad, alejándole de contactar con aquello que haría su vida más valiosa y rica en sentido e importancia para ella. Por ello el otro aspecto principal de ACT es trabajar con y para el cliente, buscando y practicando en acciones comprometidas sus valores. Los valores del/la cliente (pareja, familia, grupo, etc.) no son las metas u objetivos de logro (tener cosas determinadas) sino sendas de actividades que son reforzantes en determinadas direcciones de la vida y que dan sentido a esta. En función de cada caso se trabajará más escorado a la aceptación o al compromiso con valores. De hecho en los últimos años del desarrollo de la ACT comienzan a haber estudios que comparan la eficacia de centrarse más en uno u otro foco, con resultados ajustados en función de lo que sea importante en cada caso.

6-Su principal objetivo es la flexibilidad psicológica reduciendo la rigidez del cliente en como este se relaciona con su experiencia y se guía por sus valores:

Los clientes habitualmente están envueltos en una lucha permanente por deshacerse de sus pensamientos y sentimientos molestos (evitación experiencial) que va haciendo su vida más estrecha y rígida y le va alejando cada vez más de aquello que puede darle sentido y valor. Trabajar con ACT es una manera de empoderar al cliente cambiando y disminuyendo las funciones contraloras del lenguaje sobre su conducta de evitaciones de sensaciones y pensamientos adversos y aumentado su compromiso gradual con aquello que realmente son sus valores en la vida. Para ello ACT se centra en evaluar en cada caso diversas funciones de control verbal sobre la conducta del cliente en seis dimensiones que se representan gráficamente mediante un hexágono *(hexaflex)*: (1) atención al presente vs desconexión al presente; defusión versus apego excesivo a las cogniciones o fusión cognitiva (3) guía por el yo contexto/observador versus guía por el yo contenido; (4) aceptación versus evitación experiencial; (5) Claridad de valores versus no claridad de valores y (6) Acciones comprometidas vs acciones por evitación o impulsos. Estos seis procesos funcionales y sus implicaciones para el empoderamiento personal se exponen detenidamente a partir del capítulo 6 y siguientes de este libro.

7-Cada caso personal se evalúa continuamente a lo largo de toda la terapia mediante el análisis funcional de la conducta:

De manera distinta al modelo médico y las terapias cognitivas-conductuales previas en ACT no se hace un momento o fase de evaluación o diagnóstico y otro diferenciado de intervención o terapia. En todo momento y de manera continua se está realizando una serie de análisis funcionales (ver capítulos 5, 6 y 7) para conocer en qué punto se encuentra la persona mediante el análisis de la situación que enfrenta, que viene haciendo con ella y si las consecuencias de sus actos (incluyendo mucho su conducta verbal-cognitiva) le acerca o aleja a largo plazo y le pone en dirección, o le retira de la vida valiosa que quiere para sí misma. Preguntas habituales del terapeuta ACT en este sentido es: ¿"Y *esto te acerca o te aleja a lo que a ti te importa y valoras de verdad?"* y *"¿Esto te funciona por ratos o a largo plazo?".*

8-Tiene en cuenta la agenda con la que suele llegar el cliente a terapia (reducir su malestar a toda costa y conocer los últimos motivos de este) y le propone ante ello la desesperanza creativa:

Habitualmente la gente acude a terapia o al consejo psicoeducativo (asesoramiento o consejo) con una agenda de intereses personales centrados en reducir o controlar su malestar y saber que lo origina para poder remediarlo o "curarlo", y todo ello suponiendo en muchos casos que ese origen está en algún lugar de su cerebro o sus pensamientos o sentimientos más recónditos, ocultos o pasados.

Esto no es de extrañar debido a los mensajes culturales dominado por el modelo medico e intrapsíquico que pone el acento y origen de los problemas emocionales dentro de la cabeza de las personas.

Al trabajar con ACT aceptamos que la mayoría de la gente va a solicitar ayuda desde esa perspectiva, y no discutimos ni nos peleamos con los clientes por esto. En lugar de ello, evitando la literalidad del lenguaje y otras trampas verbales (capítulo 2) usaremos la "desesperanza creativa", que es un procedimiento verbal que utiliza la alteración de las reglas verbales que conducen a reiterar esa agenda que a la larga conduce al cliente a más de lo mismo; siendo la prueba más evidente, que a pesar de todos sus esfuerzos está aquí otra vez con sus quejas habituales.

La desesperanza creativa se vale del análisis funcional, las metáforas y los ejercicios experienciales para acercar al paciente más a sus valores y retirarlo de su insistencia improductiva hacia la evitación experiencial. Con ella tratamos de que el cliente se dé cuenta de las estrategias que ha venido usando para salir o resolver su situación que a la larga se han mostrado ineficaces, listando en lo posible con él/ella todo lo que ha intentado hasta el momento y a donde le conduce a la larga (ver preguntas anteriores del punto 7 de este capítulo). Con ayuda de algunas metáforas y ejercicios adicionales se busca cambiar esa agenda de la evitación experiencial hacia una más centrada en compromisos de acciones valiosas. La metáfora del jardín o el dique con agujeros u otras similares puede usarse en este contexto (capítulo 10), si es posible no solo relatándolas sino representándolas con el cliente para hacerlas más vivas y experienciales, y usando algunos ejercicios experienciales parecidos o similares en su función a los de "estar dispuesto" partiendo siempre de la propia historia personal del cliente y sus momentos de aceptación previos.

9-La ACT técnicamente consiste en derivar y transformar nuevas funciones en el contexto verbal antecedente y consecuente de modo que el cliente aumente sus conductas dirigidas a sus valores y disminuya sus evitaciones experienciales:

A nivel más técnico trabajar con ACT supone trabajar con las funciones antecedentes y consecuentes de la conducta verbal y provocar un ambiente de cambio que aumente la flexibilidad psicológica; para ello en ACT como venimos insistiendo, se hace un uso extensivo e intensivo del análisis funcional de la conducta y de la RFT. De manera amplia generamos nuevos "aumentalgs" que derivan nuevas funciones de acercamiento a los valores, y transformamos el valor apetecible a aversivo de la agenda de evitación experiencial del cliente. Todo ello lo hacemos conversando y empatizando con el cliente y no aplicando metáforas y ejercicios experienciales de manera compulsiva y mecanizada, sino cuando "vengan a cuento y sea el momento adecuado".

Para algunos de los principales exponentes de ACT en lengua española, como Carmen Luciano (ver bibliografía), la evolución e historia de la ACT ha pasado por tres periodos: uno inicial centrado en la construcción de un repertorio para que la persona pudiera actuar de un modo flexible en presencia del malestar, un segundo periodo caracterizado por la importancia del uso del Hexaflex y la Matrix (capítulos 5,6 y 7) como referente de los procesos de flexibilidad psicológica y el más actual, donde ella misma es un referente, más centrado en la utilización directa de la Teoría de los Marcos Relacionales (RFT) en la relación terapéutica y un cuestionamiento interno a los puntos débiles y fuertes de la ACT.

¿Y cómo puede empoderar ACT?:

Puede que tú lector/ra seas un profesional de la salud mental, un orientador cualificado que trabajas en un ámbito educativo o empresarial o una persona que lo está pasando mal por algún problema o circunstancia de la vida y después de leer todo lo anterior te preguntes, *"¿y todo esto que aquí se dice sobre la ACT-Mindfulness cómo puede ayudarme a enfocar mi vida de manera diferente, a trabajar con mis clientes, a darme poder sobre las circunstancias que vivo?"*

Tanto si trabajas para ayudar a otros a ti mismo, te vas a encontrar por lo pronto con una serie de personas sean estos familiares, amigos, conocidos o profesionales y toda una serie de libros, revistas y noticias muy serias o muy banales que van a decirte que *si quieres reducir tu sufrimiento o el de tus clientes tienes que aprender o enseñarles a controlar o reducir sus pensamientos sentimientos y actitudes perjudiciales que están dentro de su/tu cabeza.* El que esto se haga mediante, pongamos medicación, consejo o tratamiento psicológico, va a depender de tus/sus preferencias, preparación y circunstancias de ayuda que toquen.

Ya seas tú el profesional o el cliente, si te mueves en esta órbita, lo más probable es que des o recibas un diagnóstico para tus problemas o lo de tus clientes (o no lo des pero lo sospeches), pongamos por ejemplo "Trastorno por Ansiedad Generalizada", "Esquizofrenia simple", o cualquier otra categoría diagnóstica, según la configuración de síntomas o problemas que se presenten que se relacionan no solo con lo que vienen haciendo estas personas, sino sobre todo con lo que sienten y piensan en su interior en las circunstancias que viven. El mensaje para ti o para tus clientes después de todo esto será similar a este: *"Para que yo/tú seas feliz debes/debo de librarte de todo estos pensamientos y sentimientos internos que producen y son la causa de tu/mi sufrimiento".*

Desde ese momento empezarás a *combatir* con una serie de herramientas médicas, psicológicas y de orientación al *enemigo interior de la cabeza, al fallo interno del cerebro o la mente.* Si se resuelve estupendo, habrás logrado librarte de él, y te dispondrás a continuar tu vida lo mejor que sabes y quieres. Pero es *bastante probable*, que más adelante vuelvas de nuevo a experimentar pensamientos y sentimientos molestos y desagradables ante situaciones adversas o conflictivas de tu vida y que vuelvas de nuevo a utilizar los métodos que ya conoces para arrancar esos malestares, y de nuevo con mayor o menor éxito vuelvas a hacerlo desaparecer de tu vida por un tiempo, *Y así hasta la próxima vez*, porque *ya sabes que en la vida hay sufrimiento quieras o no.*

Además tú y tus clientes tenéis esa hermosa herramienta que solemos llamar *"la mente"* y que *produce pensamientos y sentimientos maravillosos* relacionados con cosas que te proporcionan alegría, satisfacción y capacidad de resolver problemas; pero que muchas veces *te enreda* con preocupaciones, inquietudes, desánimos, y no solo por las cosas que estás viviendo aquí y ahora en el presente, *sino porque tu cerebro, tu mente o tu máquina de producir palabras es capaz de relacionar todo lo que sea aunque esté en el pasado, en el futuro, en la realidad o en las fantasías y sueños; y puede trasladarte "mentalmente" a múltiples escenarios que te hagan sufrir no solo por lo que esté sucediendo aquí y ahora sino también, y mucho, por todo lo que ella imagine y relacione.*

Y puede que llegue un momento en que sigas y sigas combatiendo las experiencias internas de tu mente o con tu cerebro o con el de tus clientes hasta el punto que *montes toda tu vida en relación a arrancar estos malestares interiores;* y aspectos de tu vida que para ti son valiosos, pongamos el cuidado de tu vida familiar, de la pareja, de las amistades o de tus proyectos valiosos vayan quedando de lado y empiecen a ser descuidados. *¿A dónde irá entonces tu vida o la de tus clientes? (leer en este libro las metáforas del jardinero, de los pasajeros del autobús, del dique con agujeros, del túnel).*

Tú sabes perfectamente, aunque seas un profesional o consejero, que te vas a encontrar también en estas circunstancias porque sabes que la vida y "la mente" funcionan así.

¿Y si lo que hubiera que hacer es aprender a viajar en la vida con esas experiencias internas molestas (pensamientos, sentimientos, sensaciones.) mientras nos movemos hacia aquello que es valioso para nosotros? Esta es la manera de empoderar de ACT y la finalidad de este libro.

-Algunas acciones para empoderar a los clientes que utiliza un/a terapeuta ACT (Ruiz, 2016)-

1. Conocer y manejar las aplicaciones de la Teoría de los Marcos Relacionales en el caso concreto de su cliente, evaluando funcionalmente el papel del control verbal que tiene determinadas reglas antecedentes y consecuentes en la conducta de este y trabajando para debilitar ese control si le aparta a este de una vida más significativa.

2. Derivar y transformar funciones apetitivas para producir en el cliente acercamientos hacia direcciones valiosas y alejamientos aversivos hacia las conductas controladas por las evitaciones experienciales y discriminar el control verbal (experiencia mental) del control experiencial directo (experiencias de la vida).

3. Utilizar el refuerzo natural que proporciona la relación con su cliente, haciendo esta relación rica, profunda y transformadora, observando las implicaciones de esto para el progreso de su cliente.

4. Conocer, detectar y usar funcionalmente, en las mismas sesiones, el papel de las conductas clínicamente relevantes de problemas de la vida cotidiana del cliente que están ocurriendo aquí y ahora, las mejorías sobre esto y las interpretaciones de este sobre lo que le pasa también aquí y ahora.

5. Utilizar su conocimiento de la filosofía conductista radical y los principios básicos del aprendizaje y estudiar permanentemente las aportaciones en este campo.

6. Moldear progresivamente los acercamientos apetitivos hacia direcciones valiosas.

7. Aplicar y aplicarse todo lo que conoce y desconoce de manera flexible.

8. Darse cuenta de lo que le funciona y no respecto de la ayuda a su cliente en relación a las direcciones valiosas para este.

9. Practicar con el ejemplo en su vida diaria interesándose por el sufrimiento ajeno y ayudando al respecto, de manera flexible, sin olvidar sus propios valores.

10. Aprender de manera permanente, cribando en lo posible, el grano de la paja.

11. Ampliar y adaptar la ACT al contexto hispano-parlante desde una perspectiva filosófica amplia donde destaca la fenomenología y el planteamiento racio-vitalista de Ortega y Gasset.

¿QUÉ PUEDO APRENDER COMO CLIENTE DE ACT Y ASÍ EMPODERARME EN MI VIDA? (Ruiz, 2016)

1. A no evitar el malestar inevitable que experimento mientras me muevo hacia lo que realmente valoro y me importa de verdad, de modo que soy yo quién está dispuesto a aceptar ese malestar, voluntariamente, si voy en dirección que valoro. (A ESTO SE LE LLAMA: ACEPTACIÓN).

2. A guiarme más por cómo me funciona lo que hago, que por las historias que me cuenta mi mente sobre mí mismo, la vida, los demás y lo que tengo que esperar. (A ESTO SE LE LLAMA: DEFUSIÓN).

3. A estar más conectado con los momentos presentes para así tener más oportunidades de actuar y experimentar en mi vida de manera importante sin engancharme tanto a historias pasadas o futuras (A ESTO SE LE LLAMA: ATENCIÓN AL PRESENTE Y A MENUDO PRACTICAR EL MINDFULNESS).

4. A ser consciente de que todo lo que experimento en mi vida lo puedo observar diferenciándolo de los estados anímicos e ideas que me he hecho de como soy o estoy, de modo que eso me permita tener más posibilidades para enfrentar lo que me pase y moverme hacia lo que valoro (A ESO SE LE LLAMA: YO OBSERVADOR O YO CONTEXTO).

5. A tener más claro que es realmente vale la pena en mi vida y le da sentido e importancia para mí. (A ESO SE LE LLAMA: LOS VALORES).

6. A comprometerme en acciones que hagan mi vida más rica, que merece la pena ser vivida. (A ESO SE LE LLAMA: ACCIONES COMPROMETIDAS).

Aceptar y comprometerse:

4- ¿Qué es Mindfulness?

Mindfulness (en inglés, "mente plena") es el esfuerzo intencional de estar consciente en la experiencia del momento presente, sin cambiar nada, con una actitud de apertura y aceptación de la realidad tal y como es. Su práctica deriva de la meditación budista, aunque actualmente se enseña desprovista de componentes o terminología oriental.

Su fundador moderno es Jon Kabat-Zinn. Su trabajo e investigación llevan desarrollándose desde 1979 y se han enfocado en las interacciones mente-cuerpo para la salud y en las aplicaciones clínicas del entrenamiento en meditación para personas con dolor crónico y problemas o trastornos relacionados con el estrés.

Las bases del mindfulness son:

-Prestar atención sin juzgar
-Prestar atención con intencionalidad
-Prestar atención en el momento presente

a) Prestar atención sin juzgar

Asumir una postura de observador imparcial, sin juicio ni etiquetas que pueden conducirnos a posicionarnos en contra, a favor o de forma indiferente. Podremos ver mejor la realidad si no nos vinculamos tan emocionalmente con ella.

Simplemente aceptamos lo que surja y lo observamos con atención plena. Nos damos cuenta de cómo surge, como pasa por nosotros y como cesa de existir. No importa si es una experiencia placentera o dolorosa; la tratamos del mismo modo.

b) Prestar atención con intencionalidad

En primer lugar, mindfulness consiste en prestar atención con "intencionalidad". El mindfulness requiere una dirección consciente de nuestra consciencia.

Por ejemplo, respirar. Es algo que hacemos mecánicamente y rara vez ponemos atención plena en ello. Normalmente estaremos pensando en muchas cosas al mismo tiempo, o viendo la televisión, leyendo, comiendo, hablando... Por tanto, solo una pequeña parte de nuestra atención va enfocada a respirar y seremos poco conscientes de las sensaciones físicas y aún menos de nuestros pensamientos y emociones que se desprenden en ese proceso.

Cuando somos conscientes de forma intencionada de nuestra respiración, tenemos atención plena en la respiración. Prestar atención a cómo entra el aire por las fosas nasales y llena nuestros pulmones, a cómo expiramos, los pensamientos que emergen mientras lo hacemos, o las sensaciones de nuestro cuerpo mientras respiramos. Nos damos cuenta deliberadamente de las sensaciones y respuestas a esas sensaciones.

Debido a que únicamente somos conscientes de nuestros pensamientos vagamente, no hay intentos de llevar nuestra atención al proceso de respirar, no hay propósito.

Este propósito es una parte muy importante del mindfulness; tener el propósito de vivir nuestra experiencia, ya sea la respiración, una emoción o algo tan simple como comer significa que estamos trabajando activamente la mente.

c) Prestar atención en el momento presente

El momento donde se trabaja la atención plena es en el presente. El pasado ya sucedió y no podemos cambiarlo o meditar desde él; al igual, el futuro aún no ha sucedido.

No significa que no podamos pensar en el pasado o el futuro, pero si lo hacemos con atención plena, siempre será desde el presente, desde el *aquí y ahora*.

1. Orígenes y objetivos del Mindfulness
2. Correlatos neurobiológicos
3. Modelos de psicoterapia basados en Mindfulness
4. Instrumentos de Evaluación de la Conciencia Plena

1. Orígenes y objetivos del Mindfulness

Mindfulness no es algo nuevo, tiene más de 25 siglos de antigüedad. No obstante, hace muy poco tiempo (unos treinta años en los Estados Unidos y actualmente en España) que el mindfulness ha acaparado la atención de la Psicología Clínica y ha sido incluido dentro de una gran variedad de intervenciones y terapias psicológicas (bien integrado como un componente dentro de un tratamiento específico o de forma exclusiva).

Podría decirse que la psicología contemporánea, ha adoptado al mindfulness como una técnica para incrementar la consciencia y para responder más habilidosamente a los procesos mentales que contribuyen al desarrollo de trastornos psicopatológicos y a otro tipo de problemas del comportamiento.

El mindfulness representa las enseñanzas originales de Siddhartha Gautama Sakyamuni, popularmente más conocido como Buda (563 a. C.).por lo que el origen del mindfulness es el Budismo.

Básicamente, el principal objetivo de las enseñanzas de Buda fueron, y continúan siendo, la erradicación o cese del sufrimiento humano. El budismo considera el dolor como algo físico e inevitable, sin embargo, el sufrimiento es causado por nuestra elección, se puede evitar. El sufrimiento es el resultado de dejar el dolor crecer, de no hacerle un sitio, de evitarlo; es causado por nuestros propios pensamientos y acciones. La meditación o mindfulness, constituye una vía para la consecución de ese objetivo, de ir liberando poco a poco la mente del sufrimiento.

2. Correlatos neurobiológicos

En la revisión que hace Simón (2006) es posible encontrar variada evidencia relacionada con los posibles efectos de *mindfulness* a nivel neurobiológico. En términos generales, los hallazgos en este ámbito sugieren que la práctica de *mindfulness* activa y fortalece diversas regiones cerebrales (especialmente de la corteza prefrontal), y que esta práctica sostenida provoca cambios estructurales en la corteza cerebral.

Sil a autoobservación se mantiene durante un tiempo prolongado (como la práctica cotidiana y constante de *mindfulness* permite), llega un momento en que se pueden observar las características de los procesos *bottom down* implicados en la configuración de los procesos perceptivos, emocionales y cognitivos (Simón, 2006). Según este planteamiento se pueden observar, por ejemplo, las tendencias atencionales y mnemónicas de los pacientes depresivos hacia procesos de información ánimo-congruentes, incluyendo palabras tristes, desagradables y negativas, propuestas como "endofenotipos psicopatológicos" de la Depresión Mayor (Hasler *et al.*, 2004).

Se ha encontrado que los meditadores entrenados, en comparación con los no meditadores, experimentan un mayor incremento de la activación cerebral Izquierda en las zonas cerebrales anteriores y medias, un patrón que se asocia a la presencia de una disposición afectiva positiva (Davidson *et al.*, 2003). Estos resultados deben ser interpretados a la luz de la evidencia que sostiene una relación consistente entre los estados emocionales positivos y un predominio de la activación cerebral anterior izquierda, en comparación con los estados afectivos negativos y el predominio de la activación cerebral anterior derecha (Simón, 2006).
Esta relación entre la práctica de *mindfulness* y la asimetría cerebral sirve de puente para abordar otra posible área de influencia de la práctica de la meditación en los correlatos neurobiológicos: los mecanismos inmunitarios. Simón (2006) postula que estos hallazgos no representan más que un comienzo en el estudio de la posibilidad de intervenir en el sistema inmunitario a través de la práctica de meditación. Cabe señalar que la activación excesiva o continuada del sistema de alarma provoca un aumento del cortisol y de sus consiguientes efectos inmunosupresores, y que los estados crónicos de activación y alarma se relacionan con Crisis de Ansiedad, Trastorno de Ansiedad Generalizada y Depresión.

Otra investigación encontró que los sujetos con experiencia meditadora desarrollan oscilaciones de gran amplitud en la banda de frecuencias gamma, sobre
todo en los electrodos laterales fronto-parietales, y que la generación de estas oscilaciones gamma era mucho mayor en los practicantes que en los controles (Lutz *et al.*, 2004). No obstante, la conclusión más importante a la que llegan los investigadores es que los procesos atencionales y afectivos son habilidades que pueden entrenarse, aunque todavía no se comprende claramente el papel funcional que desempeñan en el cerebro estas modificaciones en la banda de frecuencia gamma.

Una interesante relación surge de los mecanismos neurobiológicos postulados para la empatía y el estado mental de *mindfulness*. Simón (2006) establece que la sincronización gamma observada en los meditadores está probablemente relacionada con la actividad de los circuitos neuronales implicados en las respuestas empáticas.

Otro aspecto que destaca este autor es el que sugiere la hipótesis de Siegel (2007) de la "sincronización interna", esto es, que la empatía implica, en el caso de *mindfulness*, una sincronización interna con uno mismo, que facilita la integración de todos los sistemas neuronales para que el sistema nervioso en su conjunto funcione de una manera coherente.

3. Modelos de psicoterapia basados en Mindfulness

En este apartado se describen brevemente los siguientes enfoques psicoterapéuticos que incorporan la conciencia plena: la Reducción de Estrés Basada en la Conciencia Plena, la Terapia Cognitiva Basada en la Conciencia Plena, la Terapia Dialéctica Conductual y la Terapia Breve Relacional.

No se abordará la Terapia de Aceptación y compromiso, ya planteada en anteriores capítulos.

a) Reducción de Estrés Basada en la Conciencia Plena (MBSR)

Es el enfoque pionero en la integración de técnicas de meditación en la medicina y psicología occidentales. Fue desarrollado en 1982 por Jon Kabat-Zinn. Este autor es miembro del consejo de dirección del *Mind &*

Life Institute de Washington, que tiene como objetivo investigar las aplicaciones clínicas de la meditación. Procedía de la biología molecular cuando, después de practicar durante
varios años ejercicios de Yoga y meditación zen, fundó en 1979 la Clínica de Reducción de Estrés dentro de la División de Medicina Preventiva y Conductual de la Universidad de Massachussets.

El actual Centro para la Conciencia Plena en Medicina, Cuidado de la Salud y de la Sociedad (CFM) es la continuación de aquella clínica. Los médicos que tratan patologías susceptibles de generar estrés (soriasis, cáncer, fibromialgia, recuperación post-infarto, etc.) remiten los pacientes al programa MBSR, que se considera un complemento del tratamiento médico. En el centro se realizan también actividades para la integración de las prácticas de meditación de la conciencia plena en la medicina, la psicología y otras áreas sociales que incluyen la educación, el liderazgo corporativo, etc.

De acuerdo con las enseñanzas del Budismo, en el MBSR se considera que el sufrimiento humano es ubicuo y es consecuencia de los apegos (deseos y aversiones) que impiden aceptar la impermanencia y crean la ilusión de que se posee una identidad estática y separada del entorno. Mientras la mente persigue la consecución de sus metas se sitúa fuera del momento presente y la persona actúa con una especie de piloto automático identificándose con sus pensamientos y sentimientos.

Para poder afrontar el sufrimiento y el estrés, el MBSR propone adoptar unas
actitudes concretas durante la práctica de los ejercicios integrados en el programa. Todas ellas provienen del Zen y son las siguientes: no juzgar, tener paciencia, adoptar una "mente de principiante", tener confianza en la propia bondad y sabiduría básicas, no esforzarse por conseguir ningún propósito, aceptar y dejar pasar (no apegarse). La duración del programa es de ocho semanas. Los participantes cumplimentan autorregistros y practican los ejercicios individualmente en sus casas con la ayuda de cintas y vídeos. Se realiza además una reunión semanal de 2 horas y media para la práctica grupal.

Los componentes del programa son cinco: la meditación estática, la atención en la vida cotidiana, la meditación caminando, la revisión atenta del cuerpo (*Body Scan*) y un conjunto de estiramientos suaves procedentes del Hatha Yoga.

Kabat- Zinn adoptó la meditación estática del zen, que se practica normalmente sentado en una silla o en el suelo, con la cabeza, el cuello y la espalda alineados verticalmente. La postura tiene que ser relajada pero se ha de mantener una actitud de alerta. La instrucción básica al principio del programa es observar la respiración y cuando involuntariamente se dirige la atención hacia otro objeto, simplemente volver a la respiración. A medida que se avanza, se pasa a observar el cuerpo, los sonidos, los pensamientos y sentimientos, etc. Se trata de invertir la tendencia natural a "hacer" y permitirse simplemente "ser".

La atención en la vida cotidiana proviene también del Zen y consiste en poner toda la atención en el momento presente, en cualquier lugar y haciendo cualquier cosa: poner la mesa, comer, lavar los platos, hacer la colada, limpiar la casa, etc. Se entiende que, al poner toda la atención en la experiencia inmediata, ésta se convierte en más vívida, más brillante y más real. El objetivo es convertir la calma, el equilibrio y la visión clara en parte de la vida cotidiana.

Esta práctica incrementa la habilidad para encontrarse con la totalidad de la vida prestando atención al *aquí* y *ahora*. Si se pierde el presente porque la mente está en otro lugar cualquiera, de alguna manera se acorta la propia vida.

El último ejercicio proveniente del Zen es la meditación caminando. Consiste
en prestar atención a la experiencia de caminar. Se puede avanzar en círculos o en línea recta girando sobre los propios pasos. Se camina lentamente sin ningún propósito aprovechando cualquier ocasión en la que se deba caminar, siempre que sea posible adoptar una actitud consciente. Se observan las sensaciones de los pies, de las piernas o de todo el cuerpo. Se puede integrar también la atención en la respiración. Lo importante es "estar" en cada paso.
La revisión atenta del cuerpo (Body Scan) se plantea como otra forma de meditación que tiene como objetivo restablecer el contacto con el propio cuerpo.

Su práctica desarrolla la capacidad de concentrar la atención, pero también la flexibilidad para enfocarla. La persona ha de concentrarse secuencialmente en diversas partes del cuerpo mientras permanece echada con los ojos cerrados.

Empieza por los dedos de los pies y acaba en la parte superior de la cabeza. Se trata de observar cuidadosamente las sensaciones, de "sintonizar" con cada zona. No hay sensaciones buenas ni malas. Simplemente hay que observar la propia experiencia en cada momento, incluyendo, no sólo las sensaciones, sino también los pensamientos y sentimientos que emergen, aceptándolos y siguiendo adelante.

En el MBSR "Yoga *es* Meditación" (Kabat-Zinn, 1990). El Hatha Yoga consciente se considera la tercera técnica formal de meditación del MBSR, junto con la meditación estática y la revisión atenta del cuerpo.

El desuso de determinados grupos musculares conduce a su atrofia. La técnica incluye diversas posturas sencillas, al alcance de todo el mundo, con objeto de obtener mayor conciencia de las sensaciones corporales. En ningún caso se trata de forzar los límites del propio cuerpo. Se instruye a los pacientes para que avancen lentamente en los estiramientos respirando justo en el límite de sus posibilidades, pero sin enfatizar la idea de "progreso". Cuando se consigue realizar los estiramientos "siendo" más que "haciendo", es cuando el ejercicio se transforma en meditación. Es entonces cuando la persona puede disfrutar de la actividad física.

b) Terapia Cognitiva Basada en la Conciencia Plena (MBCT)

Las técnicas y las actitudes del MBSR han sido incorporadas también al MBCT, que ha sido desarrollado por Segal, Williams y Teasdale (2002) para prevenir las recaídas en la depresión crónica.

En el modelo teórico propuesto por estos autores, las recaídas se deben a la reactivación de los patrones de pensamiento negativos cuando surgen estados de ánimo disfóricos. Además de las técnicas provenientes del MBSR, el MBCT incluye técnicas cognitivo-conductuales (colocarse "detrás de la cascada" de los pensamientos, escribirlos, ponerles una etiqueta, no huir de los pensamientos negativos, etc.).

A diferencia de las terapias cognitivas clásicas que se centraban en cambiar el *contenido* de los pensamientos de los clientes, los creadores del MBCT enfatizan la importancia de la *relación* de los pacientes con sus pensamientos.

La recomendación fundamental es que dejen de considerarlos como necesariamente verdaderos. Han denominado a esta actitud "descentramiento".

c) Terapia Dialéctica Conductual (DBT)

Fue desarrollada por Linehan (1993) y, en opinión de esta autora, lo que distingue a la DBT de las terapias cognitivo-conductuales clásicas es que busca el equilibrio entre la aceptación y el cambio. Por ello, el objetivo central de la DBT es que los clientes se acepten a sí mismos tal como son, mientras se trabaja en cambiar sus conductas y entornos de acuerdo con sus objetivos.

Partiendo de la descripción del Trastorno Límite de Personalidad que aparece en el DSM-IV, Linehan formula una teoría biopsicosocial que alude a una cadena de factores que se inicia en un ambiente invalidante que incapacita al sujeto para regular sus emociones, desarrollar su identidad y relacionarse con los demás.

Basándose en esta teoría, en la DBT se entrenan los cuatro tipos de habilidades siguientes: interpersonales, de regulación de emociones, de tolerancia al malestar y de conciencia plena. Ésta última, junto con la validación, el análisis de objetivos y la dialéctica entre aceptación y cambio, constituye uno de los mecanismos de acción del tratamiento.

Es de destacar que, en la DBT, la meditación se enseña a los pacientes dentro del módulo de entrenamiento en habilidades de tolerancia al malestar. Los ejercicios de conciencia de este módulo son: conciencia de las posiciones del cuerpo mientras se camina con o sin un propósito, conciencia mientras se prepara un té o un café, haciendo cada movimiento despacio, conciencia mientras se realiza cualquier actividad como lavar los platos, lavar la ropa, limpiar la casa, ducharse o bañarse y conciencia durante la meditación.

A diferencia del MBSR, la DBT no prescribe ni la frecuencia ni la duración de la práctica meditativa porque se acepta que algunas personas no pueden o no quieren meditar de forma intensiva.

Otro ejercicio propuesto por la DBT es la conciencia de la conexión con el universo, que consiste en concentrar la atención en aquella parte del cuerpo que está en contacto con un objeto (el suelo, el aire, una silla, las sábanas, la ropa, etc.), pensando con amabilidad en ese objeto hasta que aparezca una sensación de estar en conexión, ser amado o querido.

d) Terapia Breve Relacional (BRT)

Es un enfoque psicodinámico que incorpora el entrenamiento en conciencia plena para los pacientes y los terapeutas. Ha sido desarrollado por Safran y Muran (2005).

A diferencia de los anteriores, no es un enfoque multicomponente, sino una forma particular de abordar las sesiones de psicoterapia.

Se basa en el constructivismo dialéctico, que es una postura intermedia entre el constructivismo radical y el realismo ingenuo, y en la perspectiva hermenéutica de Gadamer, según la cual la realidad es, tanto construida, como descubierta.

La percepción de la realidad está siempre limitada por las propias preconcepciones y prejuicios. La teoría relacional de la que parten estos autores sostiene que el terapeuta y el paciente participan continuamente en una configuración relacional que no pueden ver y cuestiona el punto de vista tradicional de que el terapeuta tiene una comprensión privilegiada de la realidad.

El proceso que facilita la comprensión y desenredo de esta configuración es el mecanismo central del cambio en psicoterapia.

Siguiendo a Bowlby, Safran ha desarrollado el modelo de los esquemas relacionales o interpersonales. Un esquema relacional es una representación de las relaciones *self*-otros. Se adquiere a partir de la relación con las figuras de vínculo y permite al individuo predecir las interacciones de un modo que aumente la probabilidad de mantener la afiliación.

Los esquemas se mantienen a lo largo del tiempo por varios motivos. Uno de ellos es que las personas actúan de acuerdo con una auto-definición rígida con objeto de mantener la afiliación con los otros. Otro motivo es que las personas también actúan de un modo característico para prevenir los fracasos que anticipan o elicitan en los otros.

La salud psicológica es, para Safran y Muran, sinónimo de la capacidad de *prescindir* de una auto-imagen rígida y simplemente *ser,* sin luchar por ser algo en particular. Sin embargo, para que las personas cambien su modo habitual de comportarse, no basta con que comprendan conceptualmente este principio. El concepto tradicional de *insight,* entendido como la reflexión retrospectiva, no es suficiente, sino que se requieren nuevas experiencias que cuestionen los esquemas relacionales. La relación terapéutica puede cumplir esa función.

La importancia de la alianza terapéutica en el proceso de la psicoterapia ha sido confirmada por diversos hallazgos empíricos y, según Safran y Muran, es el mejor predictor del éxito del tratamiento. El proceso terapéutico requiere una negociación continua entre el paciente y el terapeuta sobre las tareas y objetivos de la terapia. Safran y Muran señalan el rol adaptativo de las emociones. La causa por la que las personas disocian algunas de ellas es que las experimentan como amenazantes para la afiliación. La consecuencia de la disociación emocional es que pierden información importante acerca de sí mismas. Además, puesto que la emoción también se expresa hacia el exterior, la disociación implica que tanto la emisión como la recepción de la información emocional se producen parcialmente fuera de la conciencia.

El objetivo de la psicoterapia es enseñar a los pacientes a integrar en la conciencia el nivel de experiencia orgánicamente percibida. Este objetivo sólo puede conseguirse a través del aprendizaje experiencial y requiere para su generalización mantener la atención en el presente. La conciencia plena puede ayudar también a desautomatizar el funcionamiento cognitivo para dejar de adherirse a los propios pensamientos y sentimientos. La conciencia plena puede practicarse mediante la meditación y ejercitando la atención en la vida cotidiana.

Respecto a los terapeutas, Safran y Muran señalan que las habilidades terapéuticas están vinculadas a su crecimiento personal y al desarrollo de la conciencia sobre ellos mismos. Por ello, consideran que el entrenamiento en conciencia plena es una de las precondiciones para el aprendizaje de la psicoterapia.

La BRT no tiene un formato fijo ni una duración predeterminada sino que se define por una forma particular de abordar las sesiones individuales de psicoterapia y por el uso de estrategias de resolución de las rupturas de la alianza terapéutica. La recomendación fundamental de la BRT es atender de forma intensiva el aquí y ahora de la relación terapéutica, examinando continuamente las contribuciones del paciente y del terapeuta a la interacción.

La BRT proporciona estrategias específicas que pueden ser adoptadas en cada tipo de ruptura y modelos de estadio-proceso para su resolución. Entre las estrategias recomendadas por la BRT para la resolución de las rupturas de la alianza se encuentran: la justificación terapéutica, el reencuadre o la modificación de las tareas y objetivos, el micro-procesamiento o atención consciente propuesto por Linehan (1993), el examen de temas relacionales nucleares del paciente, la clarificación de los malentendidos, prestar atención a las transiciones de los estados del *self* en el sistema paciente-terapeuta y la forma en que se articulan, etc.

4. *Instrumentos de Evaluación de la Conciencia Plena*

Autores	Factores	Instrumento
Buchheld *et al.* (2001)	No identificación con los pensamientos y sentimientos. Aceptación, apertura, postura no reactiva. Comprensión Observación del momento presente	FMI-Inventario de Conciencia Plena de Friburgo
Lau *et al.* (2006)	Curiosidad Descentramiento	TMS- Escala de Conciencia Plena de Toronto
Brown y Ryan (2003)	Presencia, prestar atención al momento presente	MAAS-Escala de Conciencia Plena
Cardaciotto (2005)	Darse cuenta Aceptación	PHLMS-Escala de Conciencia plena de Filadelfia
Baer *et al.* (2004)	Observar Describir Aceptar Actuar con conciencia	KIMS-Inventario de Habilidades de Conciencia Plena de Kentucky

Mª Antonia Pérez y Luis Botella (2006) Instrumentos de Evaluación de la Conciencia Plena. REVISTA DE PSIQUIATRIA Y PSICOLOGIA HUMANISTA 66, 84

5. Cómo evaluar los problemas: Análisis Funcional de la Conducta

Esta es la principal herramienta que puedes utilizar para valorar tus dificultades emocionales y la dirección que deseas tomar en tu vida. Se emplea a lo largo de todo el proceso de empoderamiento de ACT-Mindfulness y con ella sabes en qué punto te encuentras de tu vida, que estás haciendo al respecto y a donde te conduce eso. Las otras herramientas de evaluación que se presentan en el libro (Escala de Flexibilidad, Matrix, Hexaflex) son *complementarias del AFC* (Análisis Funcional de Conducta) o bien *versiones más rápidas y breves* de este que se utilizan en contextos muy masificados donde se atienden a muchas personas con escaso tiempo.

¿En qué consiste lo esencial del AFC?:

El AFC considera que *los problemas psicológicos son problemas de la vida* que se convierten en dificultades emocionales cuando la persona se ve atascada o en conflicto ante determinados asuntos de su vida. *Busca relacionar y conectar las dificultades de la persona con el mundo en que esta vive y sus circunstancias* y no con un mundo mental o cerebral hipotético ajeno a este.

¿Para qué se utiliza el AFC?:

-Para establecer relaciones funcionales, es decir *relacionar los problemas con sus causas*. Estas relaciones son específicas para cada persona y momento de su vida y conocerlas es de utilidad para diseñar un plan de tratamiento o cambio.

-Para buscar *beneficios para el cliente* al cambiar las causas de sus dificultades

-Se centra en las *causas o variables controlables* y que se pueden modificar o cambiar; o en el caso de que se trate de hechos pasados traumáticos al menos aliviar las secuelas o consecuencias de estos

-Son *ajustado a cada persona* y no deriva de un paquete de tratamiento prediseñado basado en un diagnóstico.

-Puede ser *aplicado a múltiples formas de tratamiento* y contextos; no solo a las terapias contextuales-funcionales, aunque en estas alcanza su máxima potencia.

-Se aplica *a múltiples tipos de problemas humanos* desde los clínicos (problemas relacionados con la ansiedad, la depresión, las psicosis, problemas emocionales y conductuales de los niños, etc.); a formatos de terapia de pareja, terapia familiar, de grupo; e incluso al análisis institucional y social en términos de "macro-contingencias" (causas generalizadas que controlan en general amplios comportamientos sociales).

¿Qué preguntamos y observamos al hacer un AFC?:

Cuando queremos comprender que causas o variables controlan una serie de conductas que son problemáticas para una persona es clave conocer los contextos de la misma. Esto lleva a conocer en que situaciones o momentos ocurre esto y qué consecuencias tiene.

La mayoría de las personas y muchos clínicos suelen comenzar, y quedarse con frecuencia solo en este primer momento en hacer un listado descriptivos de los comportamientos problemáticos sin atender al contexto y la función que tienen (sus causas y efectos). Si decimos que una persona "se obsesiona", "discute" o "limita su alimentación" y si además a esas clases de conductas la etiquetamos por ejemplo como "trastorno obsesivo", "problemas del control de los impulsos" o "anorexia", pareciera que hemos explicado algo, haciendo brotar esas conductas de los supuestos trastornos etiquetados (ver capítulo 1). En realidad solo estaremos describiendo y clasificando esas conductas. A esto en el análisis funcional de la conducta se le llama *"análisis topográfico"* porque describe la forma de la conducta que se presenta como problemática (al igual que describiríamos un terreno que estamos viendo, su topografía).

De hecho el modelo medico de las enfermedades se basa en los signos visibles y en los síntomas, su categorización, su diferenciación y su clasificación en relación a distintas enfermedades (la nosología en términos médicos). Esto en problemas médicos sin duda es muy útil, pero bastante ineficaz y problemático a la hora de actuar con problemas psicológicos (de la conducta de pensar, sentir, hacer).

El análisis topográfico si es útil para *listar los problemas* y para hacernos una idea de qué *objetivos de cambio* queremos con ellos.

Es habitual que en el AFC esos listados de problemas sean categorizados como *excesos o déficits conductuales.* Se consideran déficits a las carencias en habilidades en los repertorios de conductas necesarios para una función o finalidad (por ejemplo a la falta de contacto ocular en una conversación). Los excesos conductuales se consideran a las conductas que se dan con una frecuencia o intensidad excesivas que interfieren en una función o finalidad (por ejemplo elevar el tono de voz y gesticular en exceso cuando mantenemos una conversación).

Es importante recordarnos que la clasificación topográfica en términos de excesos y déficits conductuales no es algo absoluto, sino que está en función de los objetivos que nos marquemos en cada caso, y que no solo incluye a las conductas visibles para otros, sino también a las conductas subjetivas y privadas de tipo cognitivo (pensar, imaginar, percibir, etc.), emocional (sentir) y fisiológica (sensaciones y reacciones del cuerpo).

Pero el AFC no se queda en este punto inicial porque *busca comprender la persona en sus situaciones de la vida, como actúa ante ellas y con qué consecuencias.* De nuevo recordamos que actuar aquí es pensar, sentir, hacer, hablar; o sea cualquier actividad o conducta humana que pueda ser descrita con un verbo (el AFC *es una psicología del verbo no del nombre* o clasificación). En resumen *hacer un AFC es conocer la conexión entre la conducta de la persona con el mundo en que vive esta, su contexto de vida.*

Realizar un AFC de una persona concreta que presenta uno o varios problemas *conlleva realizar un despliegue del llamado ABC funcional o análisis de la triple contingencia. Explicar el ABC de la conducta de una persona es comprender los motivos de por qué (o para qué) una persona hace lo que hace o deja de hacer algo.*

¿Y en qué consiste eso de desplegar el ABC funcional de la triple contingencia?:

1º-Comenzaremos por B (B de *behavior*, conducta en inglés. La conducta problemática, una o varias) y el análisis topográfico antes comentado. Aquí la pregunta y/o la observación clave para nosotros es: *"¿Qué hace la persona que es un problema para ella u otros? o ¿qué hago yo que es un problema para mí u otros?".* Este es el punto B del ABC. Por ahí comenzamos.

2º-Seguiremos con A (Antecedente). Aquí una pregunta y/o observación clave es: *"¿Cuando esa persona hace eso? ¿Cuándo yo hago eso?".* Aquí buscamos la circunstancia espacio-temporal en que se da la conducta problemática (lugar, personas, momento temporal...). Y otras preguntas claves se relaciona con detectar los acontecimientos concretos externos e internos que preceden (van antes) de manera inmediata a esa conducta problemática. Preguntas relacionadas con estos antecedentes podrían ser: *"¿Qué ocurrió inmediatamente antes en esa ocasión de hacer o reaccionar así?, ¿Dónde estaba en ese momento y si había otras personas que dijeron o hicieron momentos antes?, ¿Qué pensaba sentía poco antes de esa reacción?".* Recuerde que los antecedentes pueden ser externos de su ambiente social o físico o internos (sensaciones, pensamientos, emociones).

También recuerde que los *antecedentes no son las causas de las conductas problemáticas salvo cuando se trate de respuestas condicionadas o incondicionadas e involuntarias* (capítulo 2) como es el caso de muchas sensaciones, emociones y pensamientos involuntarios. En el caso de las conductas voluntarias los antecedentes tienen la llamada función *discriminativa* (y no evocativa del condicionamiento respondiente) que se relaciona con "indicar o señalar" en que momentos una conducta tiene más probabilidades de producir ciertos efectos.

Tanto el propio pensar, sentir o emocionarse de una persona puede tener esta función discriminativa como los consejos e instrucciones de otras personas que nos hablan. Incluso, y esto es muy importante, nos formamos reglas mentales para conducirnos como repertorios de conducta (capítulo 2) que funcionan como antecedentes discriminativos.

El hecho de que alguien y nosotros mismos sigamos en mayor o menor grado los consejos, prescripciones médicas y reglas propias y ajenas dependerá en parte del poder del control de esos momentos como antecedentes contextuales o de estímulo discriminativo, de la historia personal de experiencias y sobretodo del grado en que esas instrucciones, consejos o indicaciones hayan producido determinadas consecuencias en el pasado.

3º-Y terminaremos con C (Las consecuencias). En este punto la pregunta y/o observación clave es: *"¿Qué sucede inmediatamente después de la conducta problemática o de cambio que queremos fomentar?".* En determinados casos puede ser importante valorar las *consecuencias a largo plazo* (por ejemplo al hablar de valores de la persona), pero en general se busca detectar las *consecuencias inmediatas* que tienen control sobre la conducta de la persona (las relacionadas con la evitación son muy frecuentes en muchos problemas psicológicos). De nuevo, las consecuencias, igual que los antecedentes, pueden ser externas o internas a la persona. Entre las consecuencias externas tienen un papel central las reacciones inmediatas de otras personas a las conductas problemáticas (a las que se suele aludir al hablar del efecto de las relaciones), es decir que hacen o dicen cuando esta ocurre. Y respecto a las consecuencias internas de nuevo estas abarcan lo que las personas se dicen a sí mismas, al pensar, tras presentar la conducta problema-u objetivo, o como se sienten tras esas acciones.

El análisis de las consecuencias de la conducta operante (voluntaria) es lo que tiene más peso en el corazón del AFC (sin excluir los antecedentes y la conducta).

Ese análisis conlleva valorar las funciones o efectos de esas consecuencias, que básicamente, recordemos, son (1) el *reforzamiento positivo* (cuando la presentación de determinadas consecuencias apetitivas o deseables hace más probable esa conducta en el futuro), (2) *el reforzamiento negativo* (cuando la retirada o evitación de una consecuencia aversiva o no deseada hace más probable esa conducta en el futuro), (3) *el castigo positivo* (cuando la presentación de una consecuencia o estimulo aversivo o no deseado hace menos probable esa conducta en el futuro), (4) el *castigo negativo* (cuando la retirada de una consecuencia o estímulo apetitivo o deseable hace menos probable esa conducta en el futuro), (5) *la extinción* (cuando una conducta no es seguía de sus consecuencias apetitivas o aversivas habituales y termina por desaparecer en un intervalo de tiempo) y (6) la *recuperación espontánea* (reaparición de la conducta extinguida previamente cuando se introducen de nuevo los antecedentes y consecuencias con ella previamente relacionados).

Respecto a las consecuencias otra pregunta clave es: *"¿Para qué hace eso, a qué propósito sirve?"*, y eso *independientemente de que la persona sea o no consciente o se percate de ello, ya que las consecuencias hacen su efecto sin depender de esto.*

El esquema del AFC del ABC quedaría de la siguiente forma: (se puede usar como auto-registro si observamos nuestra propia conducta)

A-Antecedente	B-Conducta	C-Consecuencia
¿En presencia de qué?	*¿Qué hace?*	*¿Qué sucede inmediatamente después?*

Incluso el/la terapeuta puede observar estas secuencias funcionales en la misma consulta. Por ejemplo: cuando pregunta por ciertos temas "delicados" (A), el cliente suele evitar contestar cambiando de tema, despistándose de la conversación (B) produciendo la consecuencia (C) de que se pare de hablar de eso, con un alivio momentáneo del cliente, de modo que en el futuro se repita esa consecuencia (reforzamiento negativo en este caso). Esto puede servir al terapeuta o al cliente para cambiar la secuencia que mantiene esa evitación, por ejemplo reiterando el tema (A) y señalando al cliente como intenta de nuevo escapar, cambiar de tema, etc., impidiendo que escape a esto y al mismo tiempo reforzando positivamente que contacte con estas cosas. Claro que todo ello ha de ser comprobado observando de nuevo que sucede tras introducir estos cambios.

Aquí es fundamental *"moldear la conducta por aproximaciones sucesivas"* y en cierto modo *cualquier intervención psicológica o educativa consiste en esto; solo que aquí se parte explícitamente y de modo consciente de ello.* Derivar funciones y transformar funciones desde el lenguaje y las acciones en las *conversaciones terapéuticas* en las relaciones consejeros-terapeutas y clientes se relaciona con esto.

Aunque *suene aversivo para muchos consejeros y terapeutas,* cuando hacemos un AFC *es para controlar funciones de su conducta o ayudar al cliente a que controle de modo alternativo y para su beneficio su conducta.* No puede haber terapia o consejo sin control, o sea sin influencia, se "vista" como se quiera al asunto. Claro que al mismo tiempo *el tema ético es central,* si se hace realmente para el beneficio del cliente o para el de la institución. En el caso del AFC en ACT *se hace sobre los valores del propio cliente.* Otra cuestión con esto, es que muchos clientes no tendrán nada claro sus valores, por lo que nos costará trabajar con ellos (capítulo 13).

Una advertencia también es que la linealidad con la que se presenta en este apartado los ABCs distan y mucho de la *complejidad* en que se da en muchas circunstancias de la vida de modo continuo e ininterrumpido. Aquí buscamos *secuencias útiles para modificar conductas* no esquemas para encerrar o encasillar de manera cristalizada a las personas.

¿Cómo suele hacer el AFC que se utiliza en ACT y en otras terapias contextuales-funcionales?:

En las primeras entrevistas con el/los clientes se suele seguir un guion, flexible y no siempre de la misma forma que recoge tres aspectos:

(1) *El motivo de la consulta (Los B del ABC)*: Aquí no es tan importante recoger el listado de quejas sino determinar *cuál sería la condición del alta*. Lo que se quiere conseguir con la consulta es lo que buscaremos sobre todo. Para ello haremos preguntas y observaciones encaminadas a usar verbos que describan acciones *de pensar, sentir, hacer; o de dejar de pensar, sentir, hacer sobre* eventos observables o privados-subjetivos. Esto se relaciona con el análisis topográfico descrito antes. *"¿Qué desea conseguir viniendo a terapia o pidiendo consejo?"* (recordar en esto también la típica agenda de los clientes de eliminar y saber las causas de su malestar).

(2) *Los antecedentes (Los A del ABC)*: Nos interesan más los acontecimientos inmediatos a la conducta objetivo o las conductas problemas que los acontecimientos históricos o alejados en el tiempo (aunque escucharemos estos si nos lo relatan); y en el caso de relato de eventos pasados, preguntaremos por su presentación actual como antecedentes *("¿Cuándo y cómo recuerda eso en la actualidad?")*. Recordemos de nuevo que los antecedentes pueden ser externos o internos y se refieren a cualquier evento que se presente de manera inmediata y previa a la conducta objeto de evaluación y que pueden provenir de uno/a mismo o el ambiente externo (incluyendo acciones de otros). Una secuencia global de estos antecedentes podría ser: *"Me siento muy triste (B) cuando estoy en casa solo sobre las 6-7 de la tarde, después de llegar del trabajo, pensando en lo desgraciado que soy, con sensaciones de ansiedad y tensión interna y con impulsos de hacerme daño (A)".*

(3) *Las conductas problemáticas (los B del ABC)*: En ACT el foco está centrado en *las experiencias internas de malestar que el/la cliente experimenta y no quiere tener, es decir la evitación experiencial,*

más que en la conducta externa, aunque muchas veces también eso es importante cuando los problemas que el cliente refiere se presentan en la misma consulta (las llamadas *conductas clínicamente relevantes*) y el terapeuta aprovecha para actuar sobre ellas para que el cambio conseguido en consulta se extienda, si es posible a la vida diaria del cliente. En el caso, específico de la ACT (sin perjuicio de las conductas clínicamente relevantes), esas conductas consisten en pensamientos, sensaciones y emociones que la persona no acepta y quiere eliminar de su vida como es el caso de *"quitarme la tristeza, quitarme la ansiedad, o el pensamiento de que quiero quitarme la vida, las preocupaciones por que pueda pasar algo malo, el miedo a perder el control y hacerme daño o dejar de oír las voces que me dicen que me haga daño; y un largo etcétera".* Todas esas conductas (B) suelen estar relacionadas con un *fuerte control aversivo y de evitación* por reforzamiento negativo (funciones A y C). Aquí preguntas y observaciones (oír y ver) típicas son: *"¿Y qué quiere usted dejar de pensar o sentir?".* O *"Escucho que usted quiere dejar de pensar o sentir tal; u "Observo que cuando hablamos de X usted parece evitar que ocurra tal" (aquí se relaciona con las conductas clínicamente relevantes si eso ocurre también en la vida diaria del cliente, lo que suele ser un caso muy habitual)"*

(4) *Las propias conductas o respuestas del sujeto como consecuencias que conllevan evitaciones (Los C del ABC):* Es lo que hace el cliente justamente después de experimentar aquello que no desea. En la mayoría de los casos es mantenida por evitación con función de reforzamiento negativo a corto o medio plazo. Así por ejemplo, beber alcohol, tomar ansiolíticos puede tener un efecto de alivio temporal sobre las experiencias no deseadas y pasar a tener un papel central o exagerado en la vida de los clientes. Tanto es ese papel de la evitación que puede llevar a la persona a desconectar y perder el rumbo de aquello que es valioso en su vida, hasta el punto que pueden vivir para no tener determinadas experiencias más que para construir una vida valiosa, e incluso estando confusos o con poca claridad sobre aquello que quieren para sus vidas que les

merece la pena, más allá de controlar o reducir el malestar. Las preguntas y observaciones típicas en este punto son del estilo: *"¿Y qué haces cuando no quieres notar o tener eso?" "¿Y hacer eso te funciona durante mucho tiempo?". "¿Y qué vida te gustaría llevar sobre lo que a ti te importa?", "¿Y qué impedimentos ves para encaminarte hacia eso?".*

El AFC no se acaba en la primera consulta, ya que es un proceso continuo que se mantiene a lo largo de la terapia o el consejo y nos sirve de referencia para saber cómo está llevando el/la cliente su vida en relación a lo que evita y valora y lo lejos o cerca que se encuentra de lo que desea en la terapia o consejo.

¿Y todo esto del AFC cómo hacerlo de manera vivencial y próxima al cliente y no solo como algo que parece demasiado técnico?:

Recientemente la familia Villate y el mismo Steven Hayes (ver bibliografía) creador de la ACT, valiéndose de la Teoría de los Marcos Relacionales (RFT) proponen *como usar las conversaciones en los encuentros de consejeros/terapeutas y clientes para que el uso que hacen los primeros del lenguaje sea de ayuda para los segundos.* Respecto a cómo usar las conversaciones para la evaluación de las dificultades de los clientes y que estas sean cercanas y posibilitadoras de cambios *proponen que el/la terapeuta haga un uso del lenguaje en esos encuentros lo que conlleva que como terapeutas/consejeros <u>usemos tres conjuntos de habilidades con las que nos empoderamos como terapeutas/consejeros y a nuestros clientes, ya que al conectar los problemas de los clientes con las condiciones de su vida se abren posibilidades de hacer cambios en esa condiciones vitales:</u>*

Sobre este punto hay que decir que las condiciones o contextos antecedentes (A) y consecuentes (C) de las conductas del cliente (B) se rigen o controlan tanto por la *condiciones naturales de su vida* como por la mediación verbal de otros mediante el *seguimiento de reglas* que el cliente puede tener aprendidas en sus repertorios de conducta y que pueden reducir la flexibilidad en su vida de modo que el control de su vida es tomado por reglas relacionadas y acciones encaminadas a reducir y controlar el malestar a toda costa (la agenda típica de los clientes) que le alejan de una vida valiosa *alternativa* para él/ella misma. *Detectar esas condiciones, acciones y reglas que restringen su vida se vuelve esencial en las terapias contextuales-funcionales de tercera generación.*

Cuando en el listado de habilidades que se apuntan a continuación aparece el término derivado de la RFT con el nombre de *"encuadre tal"* (también se le llama *enmarcar*) se refiere a las relaciones arbitrarias que podemos establecer entre diferentes estímulos-contextos mediante el lenguaje (ver capítulo 2), en este caso para explorar que situaciones, consecuencias directas y verbales en formas de reglas, están controlando y reduciendo las posibilidades de cambios del cliente y el rango o espacio de flexibilidad presente en ese caso.

1. HABILIDAD DE CREAR UN CONTEXTO EXPERIENCIAL PARA LA EVALUACION DE NUESTRO CLIENTE: Centrándonos en la experiencia del cliente y ayudándole a conectar el proceso terapéutico de la sesión con su vida cotidiana.

1.1. *¿Cómo nos centramos en la experiencia del cliente?*:

1.1.1. Por un lado *animándolo a que haga sus propias observaciones y descripciones* de lo que está experimentando aquí ahora en la consulta al relatarnos sus dificultades y progresos. Para ello (1) usaremos varias *preguntas que evoquen descripciones y observaciones* (por ejemplo, "¿Cómo se sentía en ese momento? "; "¿Cómo respondió a esa situación?"; "¿Qué te apetece hacer ahora?"); (2) a continuación *le devolveremos nuestras propias reformulaciones como terapeutas de las observaciones y descripciones que ha hecho el cliente* (por ejemplo, "Por lo tanto, usted está diciendo que.... ¿Es eso cierto?"); (3) y también *permanecerá claramente abierto a la experiencia del cliente, compartiendo sus propias observaciones como terapeuta* (por ejemplo, ". Estoy viendo mucha ansiedad en este momento, ¿es lo que está experimentando?"; "Me doy cuenta de que nunca habla de su esposa, y me pregunto si se trata de un tema que preferiría evitar, ¿es el caso?").

1.1.2. Por otro _fomentando la comprensión mutua con nuestro cliente._ Para ello nos valdremos de dos recursos: (1) _Hacer reflexiones tentativas en voz alta ante el cliente_ (por ejemplo, "Parece que lo que está diciendo es.... ¿Es eso lo que quiere decir? "; "Me gustaría estar seguro de entender lo que está diciendo. ¿Puedo resumirle lo que acaba de decir? ") y (2) _Utilizar la toma de perspectivas_ (por ejemplo, "Si yo estuviera en tu lugar, me sentiría bastante ansioso. ¿Es así como se siente? "; "Me gustaría ver esta situación desde su perspectiva. ¿Me puede ayudar a imaginar lo que es para usted? ").

1.2. _¿Cómo ayudamos al cliente a conectar lo que sucede aquí y ahora en el despacho de la consulta con su vida cotidiana?:_

1.2.1. _Utilizando el llamado encuadre de coordinación para llamar la atención sobre experiencias similares_ (por ejemplo, "¿Lo que está sintiendo ahora es similar a lo que experimentó en la situación que se ha descrito anteriormente?"; ". Me di cuenta de que cambió el tema de nuestra conversación un par de veces ¿Es eso lo también hace cuando habla con sus amigos acerca de su vida personal?").

1.2.2. _Utilizando el encuadre analógico para llamar la atención sobre funciones similares_ (por ejemplo, "Por lo tanto, si evita mirarme, entonces está menos preocupado por lo yo que podría pensar. ¿Podría ser que el consumo de alcohol tiene un efecto similar en su preocupación por el trabajo?").

1.2.3. _Utilizando la toma de perspectiva para traer diferentes situaciones de la sala de terapia usando los siguientes encuadres:_ Aquí se entiende que los encuadres o marcos deícticos son preguntas o indicaciones verbales que ayudan a los clientes a ampliar sus perspectivas o puntos de vista.

-_Encuadre deíctico interpersonal_ (por ejemplo, "Imagine que soy su pareja y tenemos una charla informal. ¿Cómo sería el tono de su voz?, ¿cómo ahora? ¿Me lo puede usted mostrar?").

-_Encuadre deíctico espacial_ (por ejemplo, "Imagínese que usted está solo en su apartamento ahora mismo. ¿Cómo se siente ahora?").

-*Encuadre deíctico temporal* (por ejemplo, "Imagine que viaja en el tiempo y está hace 2 horas antes de llegar aquí. ¿Qué pensamientos están en su mente ahora? ").

2. HABILIDAD DE EVALUAR LA SENSIBILIDAD DEL CLIENTE AL CONTEXTO O CONDICIONES DE SU VIDA: Evaluando su sensibilidad a los antecedentes y las consecuencias.

2.1. *¿Cómo evaluamos la sensibilidad de nuestro cliente a los antecedentes?:*

2.1.1. Utilizando el encuadre temporal para identificar lo que sucede antes de una respuesta (por ejemplo, "¿Qué ocurrió justo antes de empezar a sentirse de esta manera?", "¿Qué notó en su cuerpo antes de salir de la habitación?"; "¿Cuándo tiende a tener estas reacciones? ").

2.1.2. Utilizando el encuadre espacial para identificar situaciones (por ejemplo, "¿Dónde tiene este tipo de impulsos?"; "¿En qué lugares tiende a sentirse de esta manera?").

2.1.3. Utilizando el encuadre condicional para identificar los factores desencadenantes de una respuesta (por ejemplo, "¿Qué sientes si alguien te crítica?", "¿Cómo responde usted a su esposa si ella dice que no le ama?").

2.2. *¿Cómo evaluamos la sensibilidad de nuestro cliente a las consecuencias?:*

2.2.1. Utilizando el encuadre temporal para identificar lo que sucede después de una respuesta (por ejemplo, "Y entonces, ¿qué pasó?", "¿Qué notó después de hacer eso?").

2.2.2. Utilizando el encuadre condicional para identificar las consecuencias de una respuesta (por ejemplo, "¿Qué ocurre como resultado de evitar hablar de recuerdos dolorosos?", "¿Qué impacto tuvo la cancelar ese evento en esa fecha?").

2.2.3. Utilizando la distinción o encuadre de comparación para identificar los cambios que resultan de acciones (por ejemplo, "¿Qué es diferente después de beber alcohol?"; "¿Se siente más o menos deprimido después de ver la televisión?").

2.2.4. <u>Utilizando el encuadre temporal para explorar consecuencias a corto plazo ya largo plazo</u> (por ejemplo, "Y entonces, ¿qué pasó?", "¿Qué pasa a largo plazo?").

2.2.5. <u>Utilizando el encuadre temporal para explorar la variabilidad de las consecuencias</u> (por ejemplo, "¿Con qué frecuencia tiene ese resultado al hacer eso?", "¿Usted diría que lo que sucede después de hacer esto sucede....siempre, a menudo, o de vez en cuando?").

2.2.6. <u>Utilizando el encuadre espacial para explorar consecuencias en diferentes dominios</u> (por ejemplo, "Por lo tanto, no confiar en otras personas le impide ser herido en el trabajo ¿Qué pasa en sus relaciones íntimas?"; "¿Usted está diciendo que hacer estos rituales disminuye su ansiedad cuando está en casa? ¿Lo hace cuando está en el trabajo?").

3. HABILIDAD DE EVALUAR LA COHERENCIA DEL CLIENTE: Evaluar los repertorios de flexibilidad-fluidez del cliente en su contexto de vida, su repertorio para tomar diferentes perspectivas (los llamados marcos deícticos) y el papel-función de reglas y cómo las sigue.

3.1. *¿Cómo evaluamos sus repertorios de flexibilidad y fluidez? (es decir de cambiar sus acciones según las circunstancias que vive):*

3.1.1. Evaluando el encuadre de coordinación (por ejemplo, "¿Qué más está ocurriendo en este momento?"; "¿Podrían estas dos cosas juntas?"; "¿Ve alguna semejanza entre lo que se siente aquí y lo que se siente cuando está con extraños? ").

3.1.2. Evaluando el <u>encuadre distinción</u> (por ejemplo, "¿Notas alguna diferencia?", "¿Qué no está ahí?", "¿Cómo sabes cuando no estás feliz?").

3.1.3. Evaluando el <u>encuadre de oposición</u> (por ejemplo, "¿Qué es lo contrario de ser aburrido para usted?", "¿Qué podría hacer en vez de salir?").

3.1.4. Evaluando el <u>encuadre de comparación</u> (por ejemplo, "¿Hay momentos en los que tienen menos confianza?", "¿Se siente más o menos ansioso ahora?").

3.1.5. Evaluando el encuadre temporal y espacial (por ejemplo, "¿Dónde siente esa sensación?", "¿Cuándo tiene estos impulsos?").

3.1.6. Evaluando el encuadre condicional (por ejemplo, "¿Qué pasaría si permite pasar tiempo con sus amigos?", "¿Qué haría usted si tuviera todo el tiempo del mundo?").

3.1.7 Evaluando el encuadre deíctico (por ejemplo, "Si fueras yo, ¿cómo responderías a esta pregunta?", "¿Si pasaran 10 años a partir de ahora, cómo sería su vida?").

3.1.8. Evaluando el encuadre jerárquico (por ejemplo, "¿Hay algo más grande que incluya este objetivo?", "¿Qué parte de sí mismo dice eso?").

3.1.9. Evaluando el encuadre analógico (por ejemplo, "¿Si este trabajo conllevara hacer un viaje, desearía viajar solo o con un compañero?", "Parece que están en una encrucijada ¿Qué dirección quieres tomar?"; "¿Hay una imagen que podría representar cómo se siente ahora? ").

3.2. *¿Cómo evaluar las reglas que sigue nuestro cliente y reducen su flexibilidad psicológica?:*

3.2.1. Primero exploraremos esas reglas: las reglas pueden funcionar como antecedentes o consecuentes (A y C)

Preguntando lo que el cliente está pensando antes / durante / después de un comportamiento (por ejemplo, "¿Qué es lo que tiene en mente cuando estás a punto de salir de la habitación?", "¿Qué estás pensando ahora?"; "¿Qué pensamientos vienen a su mente a medida que reflexionar sobre lo que hiciste?").

Preguntando cómo el cliente explica o justifica un comportamiento (por ejemplo, "¿Por qué quieres que ella sepa cómo te sientes?", "¿Por qué decidió quedarse en la cama en vez de ir a trabajar?"; "Tengo curiosidad por saber más acerca de lo que te llevó a hacer eso. ").

3.2.2. Explorando la presencia y control de las Reglas Pliances en la conducta del cliente que pueden reducir su flexibilidad psicológica:

Usaremos la distinción entramado / oposición para eliminar la influencia social (por ejemplo, "Si a nadie le importara lo que hicieras, ¿aún tomarías esta decisión?").

Usaremos el encuadre coordinación para hacer influencia no contingente social (por ejemplo, "Si sus padres estuvieran felices, sin importarles lo que hicieras con tu vida, ¿todavía crees que deberías ir a la universidad?").

Usaremos la toma de perspectiva para explorar los contextos con menor influencia social mediante:

-el encuadre deíctico interpersonal (por ejemplo, "Si fueras alguien que no se preocupa por lo que la gente piensa, ¿todavía crees que esto es lo que hay que hacer?").

-el encuadre espacial deíctico (por ejemplo, "Si estuvieras en una comunidad donde la gente no te juzgara, ¿todavía querrías hacer eso?").

-el encuadre deíctico temporal (por ejemplo, "Imagina que han pasado 60 años. No eres un adolescente que escucha a sus padres, pero si un abuelo que escucha a sus hijos. ¿Qué se siente es en este momento?").

3.2.3. Explorando la viabilidad de seguir las reglas:

Usaremos el encuadre condicional para evaluar la viabilidad de seguir la regla (por ejemplo, "Si esto es correcto, entonces, ¿qué debe hacer a continuación?"; "¿Y se puede realmente hacer eso?", "¿Ha tratado de hacer eso"?).

Usaremos el encuadre deíctico interpersonal para distinguir las reglas *que otros* pueden seguir a partir de reglas *que el cliente* puede seguir (por ejemplo, "¿Esto es algo que debe hacer o algo que los demás deben hacer?"; "¿Por lo tanto, si fueras ella, manejaría esta situación de otra manera? ¿Qué desea hacer a continuación? ").

3.2.4. Explorar el seguimiento incorrecto de reglas:

Usaremos el encuadre condicional para identificar las consecuencias de seguir la regla (por ejemplo, "¿Y cuándo se utiliza esta estrategia, que experimenta como consecuencia?", "¿Funciona seguir esta regla"?).

Usaremos el encuadre temporal para identificar las consecuencias de seguir la regla en el tiempo (por ejemplo, "Así que cuando se sigue esta estrategia, parece que funciona en el momento. ¿Qué hay a largo plazo?").

Usaremos el <u>encuadre temporal</u> para explorar consecuencias variables de acuerdo con la regla (por ejemplo, "¿Hay momentos en los que esta estrategia no funciona?").

Usaremos el <u>encuadre espacial</u> para explorar las consecuencias de seguir la regla a través de distintas situaciones (por ejemplo, "Por lo tanto, experimenta que compartir su opinión con sus colegas no es valorado. ¿Qué pasa con sus amigos?").

Usaremos la <u>toma de perspectiva</u> de cambiar el contexto de la regla mediante:

-el encuadre deíctico interpersonal (por ejemplo, "¿Aconsejaría a su mejor amigo seguir la misma estrategia?").

-el encuadre deíctico temporal (por ejemplo, "Si para tomar decisiones en su vida parte de esta creencia, ¿cree que en 10 años, va a mirar hacia atrás y decir que tenía razón?").

3.2.5. Explorar reglas cuyo seguimiento conduce a picos o momentos adaptativos:

Usaremos el <u>encuadre espacial y temporal</u> para explorar el costo de seguir la regla a través de situaciones y el tiempo (por ejemplo, "¿Hay áreas de su vida en las que sufre por vivir de esta manera?"; "Por lo tanto, el uso de drogas ayuda a realizar mejor su trabajo. ¿Qué impacto tendrá sobre su salud a largo plazo? ").

Usaremos el <u>encuadre coordinación</u> para explorar otras fuentes de satisfacción olvidadas siguiendo la regla (por ejemplo, "¿Hay otras cosas que pudiera hacer que le proporcionarían satisfacción en su vida sin vivir de esta manera?").

Usaremos el <u>encuadre de comparación</u> para explorar mayores fuentes de satisfacción olvidadas siguiendo la regla (por ejemplo, "¿Es solo un sueño, o desea que su vida fuera más emocionante?").

El análisis funcional de la conducta: ABC

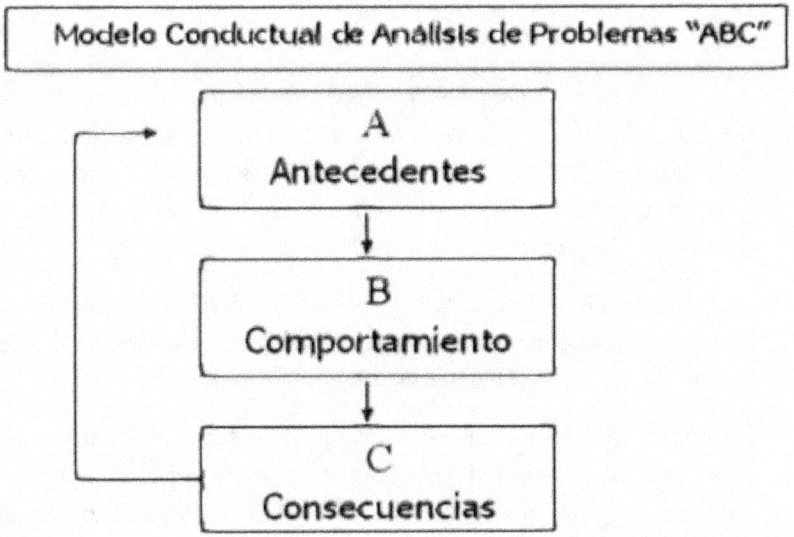

6. Cómo evaluar los problemas: Escala de Flexibilidad Psicológica y Escala Hexaflex

El objetivo de ACT y del Mindfulness como una herramienta de ACT es incrementar la flexibilidad psicológica.

¿Y qué es eso de la flexibilidad psicológica?:

Es un modelo unificado que nos habla de cómo se produce la adaptabilidad y el sufrimiento humano en base a seis procesos psicológicos que se relacionan con la clase de función y efectos (control) que ejerce el lenguaje (de la conducta verbal) sobre las experiencias personales derivadas de los acontecimientos de la vida.

El predominio adaptativo de esos seis procesos se relacionan con la salud, y el predominio desadaptativo o de rigidez en los mismos con la psicopatología (los problemas psicológicos).

Un predominio adaptativo de esos seis procesos permite que la persona *regule y se autorregule su conducta de manera flexible* en función de sus valores y las circunstancias que va viviendo; mientras que un predominio de los procesos desadaptativos hace que la personas se quede más enganchada (fusionada) a determinadas historias, contenidos verbales y emocionales o se guíe por reglas rígidas de cómo manejar su propia experiencia (habitualmente mediante la evitación experiencial), con la consecuencia de producir rigidez e *inflexibilidad psicológica* , restringiendo su vida y alejándola de sus valores y compromisos personales.

Es decir la flexibilidad psicológica supone una regulación y control más adaptativo y orientado hacia los valores de la persona, mientras que la inflexibilidad psicológica supone una mayor restricción de su vida al estar controlado por reglas verbales que le alejan del contacto con las contingencias naturales de la vida (experiencias) y direcciones valiosas en ella, aunque conlleve abrirse al malestar necesario en ese camino.

¿Y cuáles son esos procesos?:

Son seis dimensiones o procesos (formas de regular funcionalmente la conducta): *(1) Aceptación de la experiencia vs evitación de la experiencia, (2) Defusión cognitiva vs fusión cognitiva, (3) Atención al presente vs descentramiento del presente, (4) Yo contexto vs Yo contenido, (5) Claridad de Valores vs no claridad de valores y (6) Acciones comprometidas vs acciones evasivas-impulsivas y no comprometidas.*

Se suelen agrupar en tres dimensiones generales:

Apertura a la experiencia	*1-Aceptación experiencial* *2-Defusión cognitiva*
Contacto con el presente	*3-Atención al presente* *4-Yo contexto*
Compromiso con valores	*5-Claridad de valores* *6-Acciones comprometidas*

¿Y en qué consisten esos procesos de flexibilidad e inflexibilidad?:

De manera breve definimos cada concepto de manera aproximativa, a sabiendas de lo limitado del lenguaje literal (por eso, entre otros fines, usaremos las metáforas en otros capítulos):

-Aceptación experiencial: Consiste en estar dispuesto a tener determinados pensamientos, sentimientos y sensaciones desagradables cuando nos movemos hacia aquello que nos importa y valoramos.

-Evitación experiencial: Consiste en emplear mucha dedicación y tiempo de la vida en tratar de evitar y controlar determinados pensamientos, sentimientos y sensaciones desagradables de modo que perdemos oportunidades de movernos hacia aquello que nos importa y valoramos

-Defusión cognitiva: Consiste en observar los pensamientos, sensaciones y sentimientos como cosas que nos ocurren internamente decidiendo si nos interesa dejarnos influir o no por ellas.

-Fusión cognitiva: Consiste en dejarnos llevar y estar pegados a que nos influya de manera directa e inmediata los pensamientos, sensaciones y sentimientos como cosas que nos ocurren internamente de modo que afectan a nuestras acciones de manera automatizada.

-Atención al presente: Consiste en practicar el contacto con la experiencia interna y externa inmediata que está ocurriendo en el aquí y ahora, observándola con interés y apertura.

-Descentramiento del presente: Consiste en perder el contacto con la experiencia del aquí y ahora al dejarnos llevar por rumiaciones del pasado o inquietudes sobre el futuro.

-Yo Contexto: Consiste en practicar la conciencia de experimentarse en el papel de observador/a detrás de todas las experiencias presentes, pasadas y futuribles y todos los contenidos mentales, historias personales y pensamientos y creencias sobre sí mismo, la vida y los otros, sin confundirse ni dejarse llevar por ninguna de ellas.

-Yo Contenido: Consiste en confundirse y dejarse llevar por las definiciones, pensamientos y creencias que se tiene de uno mismo en función de cómo se encuentra uno en un momento dado y de las opiniones de otras personas sobre nosotros, quedándonos enganchados a porciones de la propia historia personal y otros contenidos mentales.

-Claridad de Valores: Consiste en tener por referencia y principal control de la propia conducta lo que para cada cual realmente merece la pena y tiene valor en su vida.

-No claridad de valores: Consiste en no tener claro realmente para que se vive, qué sentido tiene la existencia de uno/a y verse llevado por el ritmo y vaivenes de la vida sin sentirse uno/a protagonista de ella.

-Acciones comprometidas: A partir de tener claro los valores personales la persona emplea tiempo y esfuerzos en acciones que son valiosas para ella

a pesar de los muchos inconveniente y obstáculos que aparecen en su vida.

-Acciones evasivas-impulsivas y no comprometidas: La persona se deja llevar por las contingencias inmediatas relacionadas con la evitación del malestar a toda costa y conseguir rápidamente lo que desea en un continuo círculo vicioso que le aleja de realizar acciones valiosas a más largo plazo para ella. Sus acciones están reguladas o controladas por los obstáculos de la vida.

Esos procesos se suelen representar mediante un hexágono que recibe el nombre de *Hexaflex.*

El *Hexaflex Adaptativo* quedaría representado de la siguiente manera...

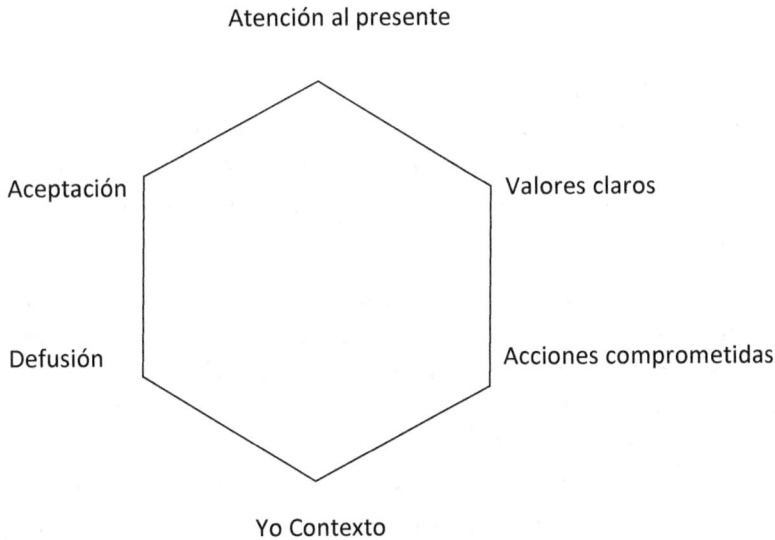

El *Hexaflex Desadaptativo* queda de la siguiente manera...

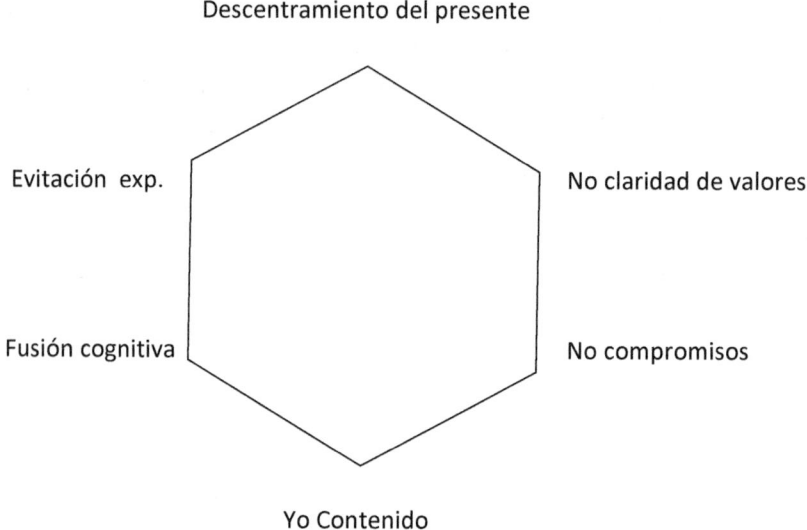

Descentramiento del presente

Evitación exp.

No claridad de valores

Fusión cognitiva

No compromisos

Yo Contenido

Es importante *advertir* que los seis procesos funcionan como un engranaje interrelacionado de modo que cambios en uno de ellos puede afectar al resto y viceversa; aunque en la terapia ACT y el Mindfulness buscamos potenciar los efectos de cambio actuando sobre los procesos más relacionados con la flexibilidad/inflexibilidad psicológica.

Hemos construido una escala, adaptada de otras anteriores, con la que buscamos hacernos una idea general, pero útil para detectar los procesos de inflexibilidad de cada persona en el momento actual de su vida. La podemos utilizar como herramienta complementaria del análisis funcional de la conducta o por si sola (con más precauciones si cabe, si conocemos poco ACT y la RFT) pero que en nuestra experiencia se ha mostrado muy útil para la evaluación y la intervención psicológica aunque aún no este validada.

ESCALA DE FLEXIBILIDAD PSICOLÓGICA V.5 (Ruiz, 2016)

Valora la frecuencia actual en que en tu vida se presentan las siguientes cuestiones, usando la siguiente escala:

0--------1--------3--------4--------5--------6--------7--------8--------9--------10

(Apartados de cuestiones):

1.La mayor parte del tiempo estoy desconcentrado/a de lo que estoy haciendo en el momento por estar pensando en cosas que me pueden ocurrir en el futuro, pensando en que haré o recordando y dándole vueltas a cosas de mi pasado	
2.Dedico mucho tiempo, aunque no lo consiga a la larga, en tratar de apartar y evitar pensar, recordar y sentir ciertas cosas que me resultan muy desagradables, dolorosas o molestas	
3. Me ocurre con frecuencia que me dejo llevar fácilmente por mis preocupaciones, estados de desánimo, desganas o impulsos influyendo mucho en lo que hago o no hago a continuación	
4. Lo que pienso y creo de como soy yo depende mucho del estado anímico en que me encuentre en ese momento y con la gente que trate (p.e "no valgo nada" si estoy decaído, "me gusto a mí mismo si estoy animado", o con personas que me agradan o desagradan, etc.)	
5. A menudo no tengo claro cuál es el sentido de mi vida, para qué vivo y cuáles son las personas o aspectos de mi vida que merecen realmente la pena	
6. Me ocurre con frecuencia que suelo dejar de lado y no llevar a cabo cosas y actividades, teniendo dificultades para comprometerme aún con las cosas y actividades que realmente son importantes para mi	
7. Me suelo criticar a mí mismo/a con mucha dureza, sin ninguna compasión, diciéndome cosas como "no sirves para nada", "todo lo haces mal", "eres un imbécil" o similares	

Las puntuaciones por encima de 5 pueden indicar problemas en ese proceso. De esta manera si puntúas por encima de 5, te recomendamos practiques al menos durante un tiempo las metáforas y ejercicios recomendados en los capítulos siguientes y compruebes después de un tiempo si te han ayudado a moverte en la dirección de lo que a ti te importa.

1-Puntúo más de 5 en el <u>apartado 1 de la escala</u>. Prueba los efectos en tu vida de practicar los ejercicios breves comentados en el capítulo 8 relacionados con el *descentramiento del presente vs la atención al presente del aquí y ahora* y/o los comentados más extensamente en el capítulo 9. También repasar los capítulos relacionados con el mindfulness pueden serte de ayuda (4 y 16).

2-Puntúo más de 5 en el <u>apartado 2 de la escala</u>. Prueba los efectos en tu vida de practicar los ejercicios breves comentados en el capítulo 8 relacionado con *la evitación experiencial vs aceptación experiencial* y/o los comentados más extensamente en el capítulo 10.

3-Puntúo más de 5 en el <u>apartado 3 de la escala</u>. Prueba los efectos en tu vida de practicar los ejercicios breves comentados en el capítulo 8 relacionado con *la fusión cognitiva vs defusión cognitiva* y/o los comentados más extensamente en el capítulo 11.

4-Puntúo más de 5 en <u>el apartado 4 de la escala</u>. Prueba los efectos en tu vida de practicar los ejercicios breves comentados en el capítulo 8 relacionado con *el yo contenido vs yo contexto* y/o los comentados más extensamente en el capítulo 12.

5-Puntúo más de 5 en <u>el apartado 5 de la escala</u>. Prueba los efectos en tu vida de practicar los ejercicios breves comentados en el capítulo 8 relacionado con *la no claridad de valores vs claridad de valores* y/o los comentados más extensamente en el capítulo 13.

6-Puntúo más de 5 en el <u>apartado 6 de la escala</u>. Prueba los efectos en tu vida de practicar los ejercicios breves comentados en el capítulo 8 relacionado con *las dificultades en los compromisos vs acciones comprometidas* y/o los comentados más extensamente en el capítulo 14.

-Puntúo más de 5 en el <u>apartado 7 de la escala</u>. Prueba los efectos en tu vida de practicar los ejercicios breves comentados en el capítulo 8 relacionado con *no autoaceptación vs autoaceptación* y/o los comentados más extensamente en el capítulo 15.

Otra forma de usar la escala es sumar por grupos generales tus puntuaciones en:

A)- Apertura a la experiencia (Sumar puntuaciones del apartado 2 y 3):

.Si tus puntuaciones está por encima de 10 en esa suma practica los ejercicios relacionados breves del capítulo 8 con la evitación experiencial vs aceptación emocional y la fusión cognitiva versus defusión cognitiva o los extensos de los capítulos 10 y 11.

B)- Contacto con el presente (Sumar puntuaciones del apartado 1 y 4):

. Si tus puntuaciones está por encima de 10 en esa suma practica los ejercicios relacionados breves del capítulo 8 con descentramiento al presente del aquí y ahora vs atención al presente del aquí y ahora y del yo contenido versus yo contexto o los extensos de los capítulos 9 y 12.

C)- Compromiso con valores (Sumar puntuaciones del apartado 5 y 6):

. Si tus puntuaciones está por encima de 10 en esa suma practica los ejercicios relacionados breves del capítulo 8 con no claridad de valores vs claridad de valores y dificultades con los compromisos vs acciones comprometidas o los extensos de los capítulos 13 y 14.

Nota: La autoceptación no es un apartado que inicialmente haya sido contemplada directamente ni en la ACT o la Teoría de los Marcos Relacionales (RFT), pero en los últimos años se considera cada vez mayor su importancia en la flexibilidad psicológica, por la que la hemos incluido en el apartado 7 del cuestionario como área de empoderamiento para trabajar si aparecen problemas con la misma (ver capítulo 15).

También, en la medida de lo posible, *es muy importante "ajustar" las intervenciones a cada caso concreto (ver capítulos 5 y 7).*

Otra medida similar, que hemos adaptado de la original de Chantry (2013), es la Escala Hexaflex, que presentamos a continuación, con una serie de indicaciones adicionales que nos pueden ayudar en la tarea de empoderar mediante la flexibilidad psicológica.

HEXAFLEX (David Chantry, 2013. Adaptación J. J. Ruiz, 2016)

Nombre: Fecha:

Paso la mayor parte de mi tiempo prestando atención a lo que sucede en el momento presente (1)	10	9	8	7	6	5	4	3	2	1	Paso la mayor parte de mi tiempo perdido en pensamientos sobre el pasado o el futuro (2)
Acepto voluntariamente mis pensamientos y sentimientos incluso cuando no me gustan (3)	10	9	8	7	6	5	4	3	2	1	Constantemente lucho con mis pensamientos y sentimientos (4)
Veo mis pensamientos sólo como una forma de pensar las cosas y lo que hago a continuación no tiene que ver con ellos (5)	10	9	8	7	6	5	4	3	2	1	Mis pensamientos me dicen como son las cosas realmente y actúo movidos por ellos (6)
Mis pensamientos vienen y van y no cambian lo que soy	10	9	8	7	6	5	4	3	2	1	Lo que soy tiene que ver mucho con lo que pienso y siento (7)
Tengo claro aquello que realmente valoro en la vida (8)	10	9	8	7	6	5	4	3	2	1	No tengo nada claro lo que quiero en la vida (9)
Se lo que tengo que hacer sobre las cosas que me importan en la vida, y las llevo a cabo (10)	10	9	8	7	6	5	4	3	2	1	No soy capaz de comprometerme con mis acciones a la hora de ocuparme de aquello que me importa (11)

(1)Hacer una lista de las cosas que te resultan fáciles de prestar atención tal como suceden.

(2)Hacer una lista de pensamientos sobre el futuro o el pasado en los que te sueles perder.

(3)Hacer una lista de las sensaciones que no te gustan pero vez como parte normal del camino de tu vida, aceptándolas.

(4)Hacer una lista de aquellas sensaciones que no te gustan e intentas deshacerte de ellas como requisito para vivir tu vida.

(5)Hacer una lista de aquellos pensamientos que a pesar de ser desagradables y persistentes no limitan tu vida.

(6)Hacer una lista de los pensamientos que suelen guiar tus acciones actualmente.

(7)Hacer una lista con los adjetivos que definen lo que piensas y sientes de ti mismo/a.

(8)Hacer una lista de las cosas que dan sentido a tu vida.

(9)Hacer una lista con sueños y proyectos de tu pasado, aunque no se realizaran.

(10)Hacer una lista de las cosas que haces diariamente y dan sentido a tu vida.

(11)Hacer una lista con aquellas cosas que tienen que ver con lo que da sentido a tu vida pero te cuesta hacer o no haces directamente.

ESCALA HEXAFLEX PARA TERAPEUTAS SESIÓN X SESIÓN
(Juan J. Ruiz e Inma Ruiz, 2016) (Rellenar al final de las sesiones)

Cliente   Sesión nº: Fecha:

	10	9	8	7	6	5	4	3	2	1	
Cuando me vinieron preocupaciones o sentimientos difíciles en la sesión relacionados con el cliente, mi competencia profesional o la terapia, los acepté como parte del proceso y continué adelante con la sesión de hoy	10	9	8	7	6	5	4	3	2	1	Cuando me vinieron preocupaciones o sentimientos difíciles en la sesión relacionados con el cliente, mi competencia profesional o la terapia, luche para tratar de controlarlos interfiriendo en la sesión de hoy
Percibí mis pensamientos y preocupaciones por este cliente, la terapia o mi competencia profesional como algo normal y no me dejé llevar por ellos en la sesión de hoy	10	9	8	7	6	5	4	3	2	1	Percibí mis pensamientos y preocupaciones por este cliente, la terapia o mi competencia profesional como algo que me controló e interfirió en la sesión de hoy
La mayor parte del tiempo conecté con el cliente prestando atención al momento presente de la sesión y eso fue de ayuda	10	9	8	7	6	5	4	3	2	1	La mayor parte del tiempo desconecté con el cliente prestando atención a preocupaciones futuras y recuerdos pasados interfiriendo en la sesión de hoy
Mis pensamientos como terapeuta pudieron cambiar durante la sesión, pero eso no modificó la idea de cómo yo soy o me percibo	10	9	8	7	6	5	4	3	2	1	Mis pensamientos como terapeuta pudieron cambiar durante la sesión, interfiriendo en ella al cuestionarme como soy o me percibo
En la sesión de hoy tuve muy claro mis valores y los objetivos que quería transmitir al cliente	10	9	8	7	6	5	4	3	2	1	En la sesión de hoy no tuve claro mis valores y los objetivos que quería transmitir al cliente
En la sesión de hoy mantuve mis compromisos con la terapia y el cliente	10	9	8	7	6	5	4	3	2	1	En la sesión de hoy me costó mantener mis compromisos con la terapia y el cliente

¿Cómo nos relacionamos con aquello que nos hace sufrir y nos importa en la vida? : Mediante una serie de clases de acciones-conductas relacionadas entre sí que conforman los seis procesos del Hexaflex

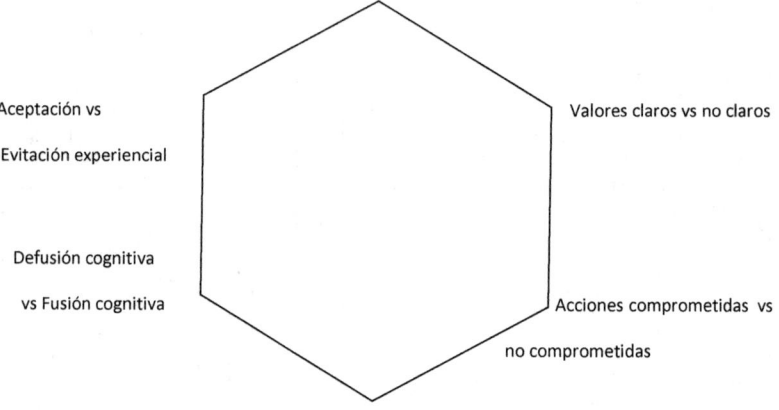

Atención al presente vs Desconexión al presente

Aceptación vs
Evitación experiencial

Valores claros vs no claros

Defusión cognitiva
vs Fusión cognitiva

Acciones comprometidas vs
no comprometidas

Yo contexto vs Yo Contenido

7. Cómo evaluar los problemas: La Matrix

La matrix es un diagrama interactivo usado para aumentar la flexibilidad psicológica en cualquier contexto y momento. Es un diagrama del proceso de la terapia de aceptación y compromiso (ACT), que se refiere a como trabajar la aceptación y la formación de compromisos cuando se trabaja con el público en general.

Se utiliza tanto para evaluar como para derivar y transformar funciones de acercamiento (apetitivas) hacia la aceptación en la dirección de compromisos valorados y de alejamiento (aversivas) hacia la evitación experiencial.

En este capítulo la presentamos como método adicional al análisis funcional de la conducta (AFC) y como herramienta para usar por sí misma para evaluar los problemas psicológicos y su relación con la flexibilidad/inflexibilidad psicológica.

Es muy frecuente que los terapeutas tengan poco tiempo para realizar extensas evaluaciones, como es el caso habitual de los clínicos de la sanidad pública de la salud mental, con agendas cargadas y sesiones de no más de media hora. Estos contextos de trabajo hacen complicado evaluar e intervenir de manera adecuada.

Una alternativa en esos contextos es considerar cada sesión como la terapia completa por sí misma usando herramientas que empoderen en esa misma sesión tanto al terapeuta como a su cliente. *La Matrix* desarrollada por Polk y Schoendorff (ver bibliografía) se utiliza con esta finalidad y además sirve a los clínicos y clientes para que en pocas sesiones tengan la posibilidad de empoderar/se con la ACT.

Nosotros hemos adaptado al castellano la Matrix y ciertas modificaciones de la misma que usamos tanto en la terapia individual como grupal, y que presentamos a continuación:

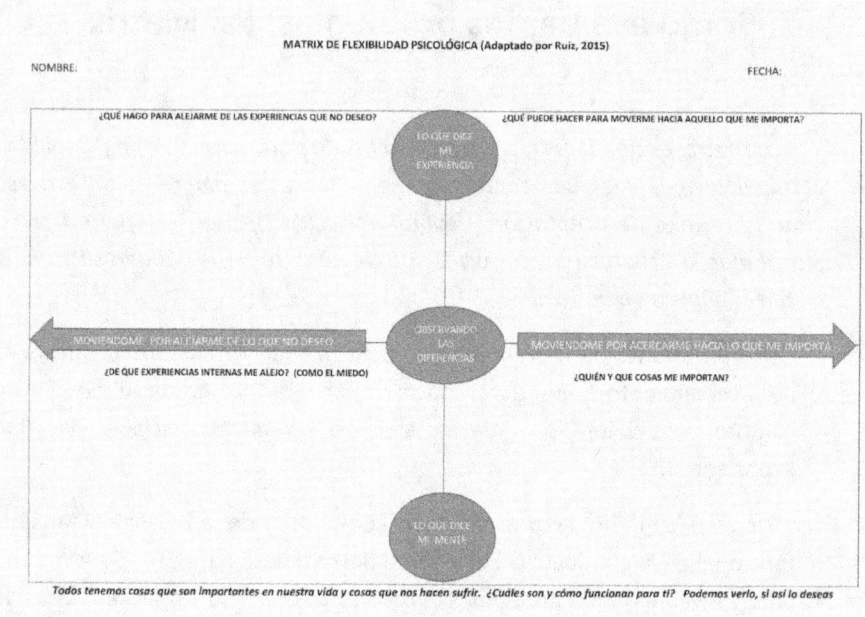

MATRIX DE FLEXIBILIDAD PSICOLÓGICA (Adaptado por Ruiz, 2015)

NOMBRE: FECHA:

¿QUÉ HAGO PARA ALEJARME DE LAS EXPERIENCIAS QUE NO DESEO?   ¿QUÉ PUEDE HACER PARA MOVERME HACIA AQUELLO QUE ME IMPORTA?

LO QUE DICE MI EXPERIENCIA

MOVIENDOME POR ALEJARME DE LO QUE NO DESEO   OBSERVANDO LAS DIFERENCIAS   MOVIENDOME POR ACERCARME HACIA LO QUE ME IMPORTA

¿DE QUE EXPERIENCIAS INTERNAS ME ALEJO? (COMO EL MIEDO)   ¿QUIÉN Y QUE COSAS ME IMPORTAN?

LO QUE DICE MI MENTE

Todos tenemos cosas que son importantes en nuestra vida y cosas que nos hacen sufrir. ¿Cuáles son y cómo funcionan para ti? Podemos verlo, si así lo deseas

La evaluación psicológica desde la perspectiva ACT puede ser guiada y comprendida por el cliente usando esta ficha Matrix creada por Kevin Polk y Banjamin Schoendorff que puede aplicarse en aproximadamente media hora con ejemplos concretos de la regulación evitadora del cliente en cuestión (tanto de las experiencias internas como de las conductas evitadoras) y su proyección hacia valores (definiendo quién/qué le importa y que acciones comprometidas podría llevar a cabo al respecto). Se puede usar igualmente entre sesiones como método de evaluación continua y seguimiento de barreras y objetivos valorados en curso, tanto en formato de seguimientos en terapia individual, pareja, grupal y familiar. Sirve también para recabar en sus cuadrantes no solo las conductas verbales expresadas en consulta sino también las conductas clínicamente relevantes en las mismas (CCRS). En suma una herramienta muy útil y práctica.

Otras adaptaciones de la misma que usamos son las siguientes:

Nombre: **Fecha:**

¿LO QUE HAGO PARA EVITAR LO QUE NO QUIERO PENSAR O SENTIR?	¿LO QUE HAGO PARA APROXIMARME A LO QUE ES/SON IMPORTANTES PARA MI?
- - - - - - -	- - - - - - -
¿LO QUE NO QUIERO PENSAR O SENTIR?	**¿LO QUE ES/SON IMPORTANTES PARA MI?**
- - - - - - -	- - - - - - -

MATRIX: ¿Cómo me relaciono con aquello que me hace sufrir y me importa en mi vida?

LOS CUATRO ESPACIOS DE LA VIDA QUE VAMOS A VER EN ESTA TERAPIA DE GRUPO (Matrix, Ruiz, 2015)

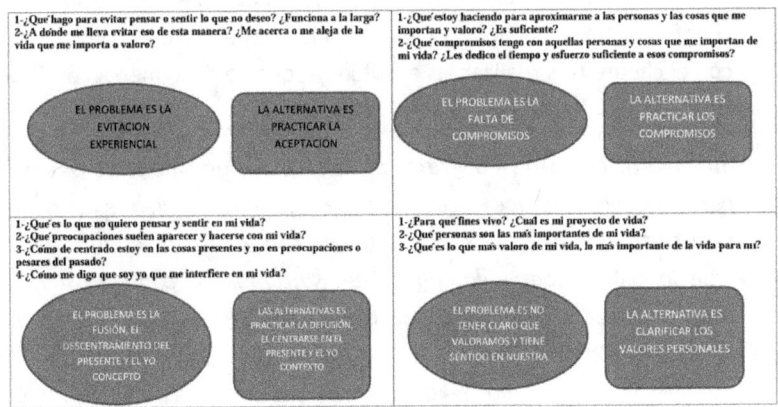

1-¿Qué hago para evitar pensar o sentir lo que no deseo? ¿Funciona a la larga?
2-¿A dónde me lleva evitar eso de esta manera? ¿Me acerca o me aleja de la vida que me importa o valoro?

EL PROBLEMA ES LA EVITACION EXPERIENCIAL

LA ALTERNATIVA ES PRACTICAR LA ACEPTACION

1-¿Qué estoy haciendo para aproximarme a las personas y las cosas que me importan y valoro? ¿Es suficiente?
2-¿Qué compromisos tengo con aquellas personas y cosas que me importan de mi vida? ¿Les dedico el tiempo y esfuerzo suficiente a esos compromisos?

EL PROBLEMA ES LA FALTA DE COMPROMISOS

LA ALTERNATIVA ES PRACTICAR LOS COMPROMISOS

1-¿Qué es lo que no quiero pensar y sentir en mi vida?
2-¿Qué preocupaciones suelen aparecer y hacerse con mi vida?
3-¿Cómo de centrado estoy en las cosas presentes y no en preocupaciones o pesares del pasado?
4-¿Cómo me digo que soy yo que me interfiere en mi vida?

EL PROBLEMA ES LA FUSIÓN, EL DESCENTRAMIENTO DEL PRESENTE Y EL YO CONCEPTO

LAS ALTERNATIVAS ES PRACTICAR LA DEFUSIÓN, EL CENTRARSE EN EL PRESENTE Y EL YO CONTEXTO

1-¿Para qué fines vivo? ¿Cual es mi proyecto de vida?
2-¿Qué personas son las más importantes de mi vida?
3-¿Qué es lo que más valoro de mi vida, lo más importante de la vida para mí?

EL PROBLEMA ES NO TENER CLARO QUE VALORAMOS Y TIENE SENTIDO EN NUESTRA

LA ALTERNATIVA ES CLARIFICAR LOS VALORES PERSONALES

¿Y cómo usamos la Matrix para ayudar/nos?:

Mediante la Matrix podemos recoger información funcional importante para realizar intervenciones terapéuticas que empoderen al cliente en relativamente poco tiempo. Como mínimo nos puede ser de utilidad para iniciar o crear una ocasión o nuevo contexto antecedente (A del ABC) que haga más probable un cambio importante en el cliente (o de nosotros mismos).

Comenzaremos diciéndole a nuestro cliente: *"Todas las personas tenemos en la vida cosas que nos importan y cosas que nos hacen sufrir. ¿Quiere ver cómo funcionan estas cosas para ti?".* Si accede continuamos con lo siguiente.

No servimos de *dibujar en colaboración con el/la cliente, dos ejes.*

1-El eje vertical: Diferenciar lo que dice la experiencia de lo que dice nuestra mente:

Dibujamos el vertical con dos extremos, que diferencian lo que experimenta nuestra experiencia con sus cincos sentidos de lo que dice nuestra mente de como son y funcionan las cosas y pedimos a nuestro cliente colabora en ello. Esta línea con los dos extremos es mejor dibujarla con el cliente tras realizar las actividades que se describen a continuación.

Podemos usar cualquier objeto que tengamos a mano de manera inmediata, como un bolígrafo, un lapicero o una hoja de papel, u otro cualquiera que brinde la ocasión. Le pedimos al cliente (o lo hacemos nosotros mismos) que experimentemos con los cinco sentidos ese objeto. Que lo olamos detenidamente, que sintamos su contacto con nuestra mano y dedos, su peso, textura, temperatura...que lo golpeemos levemente y oigamos el sonido que produce (o si es un boli que se le puede dar al clic de la barra de tinta), que lo miremos detenidamente, percibiendo su color, marcas, detalles, que lo saboreemos (solo si viene al caso) y lo olfateemos detenidamente.

A continuación, le pedimos al cliente que deje de contactar con ese objeto, que cierre los ojos un momento y recuerde lo mejor que pueda la imagen del objeto, sus detalles, sabor, olor, gusto y tacto y que nos lo vaya describiendo en función de todo eso que recuerda. Al terminar de pedirle que abra los ojos le preguntamos qué utilizó ahora para decir todo eso que ha notado...y nos dirá que su memoria, pensamiento, imaginación, etc. Le diremos que por supuesto, eso es así; pero le preguntaremos, ¿y es exactamente lo mismo pensar, imaginar y recordar ese objeto que olerlo, tocarlo, verlo directamente, saborearlo, oírlo? Lo más probable es que nos diga que si puede estar relacionado pero que no es exactamente igual. Ahora podemos dibujar la flecha vertical con sus dos extremos: lo que dice la experiencia de los 5 sentidos y lo que dice la mente. Hacemos notas la diferencia entre ambas cosas y su importancia en su caso

2-El eje horizontal: Diferenciar entre movernos en la vida para evitar y alejarnos de aquello que no deseamos y movernos en la vida hacer aquello que nos importa y valoramos.

Terminaremos, igual que antes, dibujando en colaboración con el/la cliente un línea horizontal con dos flechas contrapuestas entre movernos por alejarnos de lo que no deseamos, que tiene la función de control aversivo en nuestra vida y de evitación experiencial, y movernos hacia lo que nos importa y valoramos, que tiene función de control apetitivo y de acercamiento a actividades comprometidas y valoradas.

Comentamos con el cliente o nos preguntamos a nosotros mismo lo siguiente:

"¿En su vida hay cosas, actividades y personas que te importan mucho, o al menos algo que sería muy importante para ti y daría sentido y valor a tu vida? Esperamos sus respuestas. Una vez recogidas le preguntamos qué hace respecto a algunas de esas cosas o personas y si eso le hace acercarse a ellas.

Continuamos ahora preguntándole. "¿En su vida hay cosas que no quiere sentir, pensar, recordar que le resultan desagradables o molestas? Recogemos sus respuestas y le preguntamos que hace al respecto a algunas de esas cosas y si eso conlleva hacer cosas por evitarlas.

Volvemos a destacar la diferencia entre vivir evitando experiencias que nos molestan y desagradan y vivir haciendo cosas que nos importan y valoramos y dibujamos el eje horizontal de esto.

A continuación mostramos al cliente como en el trazado de los dos ejes, el vertical y el horizontal aparecen en el papel 4 espacios o zonas diferenciadas y le recordamos lo que planteamos al principio: Que esto nos dice "que todos/as en la vida tenemos cosas que son importantes para nosotros y cosas que nos hacen sufrir"; y que ahora podemos ver con más detalle, si quiere, como funciona eso para él o ella.

-Respecto a la zona inferior derecha, lo que dice su mente que a él o ella le importa más en "su interior o lo más profundo de su ser" en su vida, le preguntamos al respecto y le pedimos que rellene ese espacio. Ver ejemplos en las Matrix anteriores, para preguntas adicionales o similares.

-Respecto a la zona inferior izquierda, lo que dice su mente que a él o ella los pensamientos, sentimientos y sensaciones que desea eliminar o evitar en su vida, le preguntamos al respecto y le pedimos que rellene ese espacio. Ver ejemplos en las Matrix anteriores, para preguntas adicionales o similares.

-Respecto a la zona superior derecha, lo que dice su experiencia de los 5 sentidos que viene haciendo y lo podría hacer para acercarse a acciones comprometidas con aquello que le importa y valora , le preguntamos al respecto y le pedimos que rellene ese espacio. Ver ejemplos en las Matrix anteriores, para preguntas adicionales o similares.

-Respecto a la zona superior izquierda, lo que dice su experiencia de los 5 sentidos que viene haciendo para evitar los pensamientos, sensaciones y sentimientos no deseados o desagradables y los resultados a corto y largo plazo, le preguntamos al respecto y le pedimos que rellene ese espacio.

Ver ejemplos en las Matrix anteriores, para preguntas adicionales o similares.

Con todo ello le presentamos gráficamente cómo está su vida ahora y con su colaboración le vamos preguntando al respecto y hacia donde desea orientarla, marcando las diferencias entre lo que dice su mente, la experiencia, las acciones de acercamiento a las acciones comprometidas valiosas y las de alejamiento hacia lo que no desea y destacando y mucho como ambas direccione se oponen y contraponen. Si da tiempo en la sesión o en las siguientes una metáfora adicional como la cultivar el jardín con flores puede ser adecuada en este contexto; así como otros ejercicios experienciales y metáforas que se vean adecuados para los problemas que aparecen en cada uno de los cuatro cuadrantes o espacios.

Lo esencial de la Matrix es que nos ofrece una forma rápida de observar cómo funciona la flexibilidad psicológica en un caso concreto y donde hay que incidir para aumentarla.

En un caso que presentamos a continuación vemos un ejemplo de cómo usar la Matrix para evaluar el caso y reflexionar de dónde y cómo podemos intervenir.

Veamos a continuación una representación de un caso real anónimo:

¿Cómo me relaciono con aquello que me importa y me hace sufrir en mi vida? (se trata de un caso real atendido por uno de los autores)

Lo que hago para no pensar y sentir eso y el resultado a corto-largo plazo:	Lo que hago y podría hacer para aproximarme a lo que me importa:
."Me retiro con múltiples excusas de esos hombre si me piden intimar más y termino aliviada por el momento, pero despúes me siento muy sola y lloro y me deprimo"	.De vez en cuando quedo con amigas, pero podría hacerlo más
."Me digo a mi misma y a mis hijos que no quiero ser una carga para ellos, a pesar de su insistencia, lo que me hace sentir responsable	.Hablo y quedo con hombres que me interesan, pero solo hasta cuando me piden vivir juntos.
	.Mis hijos me insisten en que los visite más,

y que hago lo que debo, pero después me siento muy sola y lloro y me deprimo"	pero solo accedo muy de vez en cuando
	."Podría correr "más riesgos" pero el miedo me atenaza"
."Le cuento a mis amigas mis penas, desgracias y soledades y ellas me consuelan, pero a la larga me pregunto qué sentido tiene eso, me retiro y paso mucho tiempo en casa terminando llorando o deprimida"	
."Me acuesto para no recordar cosas que me desagradan, pero a la larga no consigo que desaparezcan"	
Lo que no quiero pensar o sentir:	***Lo que es importante para mí:***
-Recordar las escenas de pérdida de mi madre cuando era una niña de 12 años	-Hacer una vida en pareja ayudándonos y dándonos cariño
-"No quiero sentirme sola y estar sola"	-Tener amistades con las que compartir
-Recordar los abusos y palizas de mi expareja	-Compartir más con mis hijos
-"Me da miedo que los hombre solo me utilicen para el sexo"	
-"Dejar de pensar que soy una desgraciada"	
-"Dejar de pensar que voy a terminar sola y me voy a quedar paralítica por mis problemas de huesos y morir sola en casa"	

Veamos ahora otro caso y la información que recogió el/la terapeuta del mismo, que aspectos se echan de menos y cómo mejorarlos.

CASO ALICIA

Alicia vive sola con su madre. Con veinte años se independizó y trabajó durante muchos años para una multinacional viajando bastante a menudo. La crisis llegó destruyendo la empresa para la que trabajaba que cerró y tras varios meses de infructuosa búsqueda de un nuevo puesto laboral tuvo que volver a casa de su madre, viuda desde hacía más de diez años. Alicia y Marta, su madre, nunca se llevaron bien. Marta, una mujer muy tradicional, educada como una "señorita de buena familia" y atada permanentemente a las convenciones sociales y "el qué dirán" tenía continuos encontronazos con su hija rompedora y rebelde luchadora a favor de casi todas las causas "perdidas", como solía echarle en cara su madre.

Alicia lleva en casa de su madre 3 años y ha desarrollado una depresión "de libro". Poco a poco se ha ido aislando de amigos y conocidos ("No tengo dinero para salir y ¿para qué voy a ir? ¿Para qué me cuenten sus maravillosas vidas y tener que contarles que sigo sin trabajo y que nunca lo tendré?)

-"Prefiero quedarme en casa, al menos no tengo que soportar que todos me compadezcan. ¡No soporto ver sus caras de pena ni sus consejos vacíos! Y además, sinceramente, nunca me han gustado realmente estos amigos. Mis verdaderos amigos no viven aquí, están lejos y cada uno con su vida. No me apetece contar mis penas y ni siquiera saben que estoy en esta situación".

Alicia ya se siente incapaz de salir de casa, ha engordado 20 kilos y se siente fea y vieja a sus 35 años y no tiene ninguna ilusión. El futuro le atemoriza, piensa que nunca más encontrará trabajo, ni pareja, ni amigos, ni alegría. Llora todos los días y se queja de su mala suerte y se autoinculpa pero también vuelca su amargura en su madre que recibe de ella gritos, reproches y descalificaciones constantes. Cuando pasa la tormenta, Alicia llora y siente que ha sido injusta pero nunca se disculpa. Siente que su situación es la más dura del mundo y que esto de alguna manera justifica que pueda "pasarse de la raya" sin mayores consecuencias.

Es su madre quien lleva ya muchos meses intentando que su hija busque ayuda profesional, pero esta cuestión ha sido causa de desencuentros constantes y cada vez más virulentos. Marta está ya desesperada y también presenta sintomatología ansiosa y depresiva. Se siente culpable "de no haber sabido educarla bien", "de no ser capaz de ayudarla", etc. A la vez juzga durante a su hija a la considera egoísta y una persona sin voluntad que está destrozando su vida y la de su madre.

Guarda una vieja herida desde que su hija se fue de casa rompiendo casi todos los lazos con ella y su padre a los que escasamente veía en navidad. Cuando su padre cayó enfermo Alicia aportó apoyo económico y contrató una enfermera para su cuidado hasta su muerte. Tras el funeral vivió en casa de su madre unas semanas para apoyarla pero sin que se diera buena sintonía entre ellas. Marta albergaba la esperanza de vivir con su hija ya que ambas estaban solas y consideraba que vivir sola era una especie de castigo al que le sometía Alicia sin ningún motivo.

Cuando al cabo de 6 años Alicia se queda en paro y se ve obligada a recurrir a su madre por motivos económicos Marta la acoge con la secreta esperanza de que vivirán juntas al menos mientras Alicia siga sin pareja. La madre de Marta vivió siempre con su hija hasta que murió tras una larga enfermedad cuando Alicia tenía 12 años. Secretamente Alicia recuerda haberse avergonzado de la presencia de su abuela, una anciana postrada en una cama a la que había que alimentar y limpiar ya que padecía Alzheimer. Sus amigas venían a visitarla pero nunca se quedaban a dormir. No era lo más apropiado dada la situación. Creció en una casa que no era tan alegre como las demás.

Tras la muerte de su abuela, su madre entró en una fuerte depresión que fue superando poco a poco. La enfermedad de su padre y su rápido desenlace (apenas nueve meses) fue también un duro golpe a pesar de que el matrimonio en cierto modo nunca funcionó del todo como tal y en varias ocasiones se separaron aunque siempre volvían a retomar la relación y a vivir juntos.

Alicia se siente atrapada y se odia a sí misma por no haber sabido solucionar sus problemas laborales y haber gastado tanto su dinero como sus oportunidades, demasiado segura de sí misma como para prever o pensar en el futuro.

Durante 3 años Alicia vivió con un novio con el que llegaron a plantearse formar una familia, pero la cosa no salió bien debido en parte al carácter fuerte y extremadamente independiente de Alicia. Alicia relata que nunca pudo aceptar a su pareja tal y como era, porque en su fuero interno pensaba que era una persona demasiado blanda y falta de carácter. Ella le gritaba y le hacía continuos reproches y sutiles desprecios tanto a solas como en presencia de amigos y familiares. Un día él sencillamente se cansó y sin demasiadas explicaciones se fue. Poco después Alicia supo que estaba con otra mujer con la que estaba esperando un hijo. Esto afecto a Alicia mucho más de lo que ella podría haber imaginado. Y de alguna manera unida a su situación de paro laboral, fue el detonante de su depresión. Hundida, sin trabajo, sin dinero, y con varios meses de alquiler sin pagar, Alicia llamó a su madre para pedirle "asilo político" durante unos meses, hasta que encontrara trabajo. Tras tres años, Alicia ya ni busca trabajo y su salud física y mental está en continuo deterioro.

Lo que hago para no pensar y sentir eso y el resultado a corto-largo plazo:	Lo que hago y podría hacer para aproximarme a lo que me importa:
-Alicia ya evita /se siente incapaz de salir de casa, ha engordado 20 kilos y se siente fea y vieja a sus 35 años y no tiene ninguna ilusión	¿A buscar? (no hay nada de eso en su relato con su terapeuta, parece que este solo se centró en las funciones aversivas del caso)
-Llora todos los días y se queja de su mala suerte y se autoinculpa pero también vuelca su amargura en su madre que recibe de ella gritos, reproches y descalificaciones constantes. Cuando pasa la tormenta, Alicia llora y siente que ha sido injusta pero nunca se disculpa. Siente que su situación es la más dura del mundo y que esto de alguna manera justifica que pueda "pasarse de la raya" sin mayores consecuencias.	-¿Qué pasos podrían darse en su vida cotidiana en la dirección de lo que a ella le importa y valora? (ocupación, amistades, pareja, relación con su madre, otros aspectos...)
-Es su madre quien lleva ya muchos meses intentando que su hija busque ayuda profesional, pero esta cuestión ha sido causa de desencuentros constantes y cada vez más virulentos. Marta está ya desesperada y también presenta sintomatología ansiosa y depresiva. Se siente culpable "de no haber sabido educarla bien", "de no ser capaz de ayudarla", etc. A la vez juzga durante a su hija a la considera egoísta y una persona sin voluntad que está destrozando su vida y la de su madre (afectos sobre la relación con su madre)	-¿Puede incluirse a la madre de Alicia en la intervención? (en pareja con ella y/o a solas) ******
-Hundida, sin trabajo, sin dinero, y con varios meses de alquiler sin pagar, Alicia llamó a su madre para pedirle "asilo político" durante unos meses, hasta que encontrara trabajo. Tras tres años, Alicia ya ni busca trabajo y su salud física y mental está en continuo deterioro.	

Lo que no quiero pensar o sentir:	Lo que es importante para mí:
-"No tengo dinero para salir y ¿para qué voy a ir? ¿Para qué me cuenten sus maravillosas vidas y tener que contarles que sigo sin trabajo y que nunca lo tendré"	¿A buscar? (no hay nada de eso en su relato con su terapeuta, parece que este solo se centró en las funciones aversivas del caso)
-"Prefiero quedarme en casa, al menos no tengo que soportar que todos me compadezcan. ¡No soporto ver sus caras de pena ni sus consejos vacíos! Y además, sinceramente, nunca han gustado realmente estos amigos. Mis verdaderos amigos no viven aquí, están lejos y cada uno con su vida. No me apetece contar mis penas y ni siquiera saben que estoy en esta situación"	-¿Qué valor tenía su trabajo para ella, que significaba eso para ella?
	-¿Y su vida de pareja antes de la "traición"?
	-¿Y qué relación le gustaría a ella tener con su madre que sería importante?
-El futuro le atemoriza, piensa que nunca más encontrará trabajo, ni pareja, ni amigos, ni alegría.	-¿Y la amistad, etc.?
-Recuerdos de las vivencias con abuela, padre y novio y las sensaciones, pensamientos y emociones molestas que esto le produce	

MATRIX DE ALICIA

¿Básicamente de que va esto de la Matrix?:

De distinguir y responder a cuatro cuestiones a través de dos dimensiones: (1) la de la interna (mental) vs la de la experiencia y (2) la de acercarse a lo que importa y es valorado vs alejarse o evitar de aquellas experiencias internas que nos hacen sufrir

(1) ¿Qué es aquello que a ti te importa y valoras más en tu vida?

(2) ¿Qué estás haciendo o puedes hacer para cultivar aquello que te importa y darle a tu vida más sentido y significado?

(3) ¿De qué experiencias internas dolorosas te quieres librar, evitar o controlar?

(4) ¿Qué haces para librarte de esas experiencias internas dolorosas y cuál es el coste de ese esfuerzo en tu vida y cómo modificar eso si no te compensa a la larga?

¿Qué haces para librarte de esas experiencias internas dolorosas y cuál es el coste de ese esfuerzo en tu vida y cómo modificar eso si no te compensa a la larga?	¿Qué estás haciendo o puedes hacer para cultivar aquello que te importa y darle a tu vida más sentido y significado?
¿De qué experiencias internas dolorosas te quieres librar, evitar o controlar?	¿Qué es aquello que a ti te importa y valoras más en tu vida?

8. Auxilios psicológicos breves iniciales

En este libro se proponen una serie de actividades psicológicas encaminadas a aumentar la flexibilidad psicológica. Lo importante es que tú lo pruebes contigo mismo/a y tus clientes y veas cómo funcionan tras un tiempo.

Para ello, *serán más potentes en empoderar cuanto más tiempo y dedicación hayas dedicado a observar cómo funciona la inflexibilidad psicológica en cada caso.* Aquí proponemos que te sirvas del Análisis Funcional de la Conducta, el Hexaflex con su escala y la Matrix, según la ocasión, tiempo disponible, etc.

De manera muy breve y esquemática (con todas sus limitaciones) proponemos realizar como medidas iniciales, entre semana, los siguientes ejercicios (según las valoraciones que hiciste de esas herramientas y las indicaciones dadas en el capítulo 6). Pero recuerda esto....*NO NOS HAGA DEMASIADO CASO....MEJOR QUE TE FIJES EN LO QUE FUNCIONA PARA TI EN TU EXPERIENCIA Y TE ACERCA A LO QUE TU VALORAS Y TE IMPORTA.*

Recuerda que en caso de que a pesar de todo te atasques con todo esto, ningún libro, puede sustituir la ayuda de un profesional competente (psicólogo o psiquiatra entrenado en ACT/Mindfulness).

Respecto a la hoja que encontrarás a continuación:

1-*Prueba* a usar las metáforas que se ajusten a la evaluación de cada caso y las indicaciones dadas en el capítulo 6.

2- *Prueba* a usar los audios de ACT y Mindfulness que se ajusten a la evaluación de cada caso y las indicaciones dadas en el capítulo 6. Respecto a los audios puedes encontrar para su práctica en español en las siguientes páginas de internet, prestando atención a las recomendaciones que se dan en ellas:

- http://grupoact.com.ar/audios/

http://www.mindfulnessvicentesimon.com/audios

http://www.masterenmindfulness.com/audios-de-mindfulness/

3-Respecto a las indicaciones a llevar a cabo en acciones es muy importante que veas la Matrix de tu cliente (o la tuya) y por donde puede empezar a actuar, pasito a pasito, tanto para aumentar las actividades comprometidas hacia lo que te importa como aquellas para aceptar aquellos pensamientos, sentimientos y sensaciones que a pesar de todos tus esfuerzos no logras eliminar del todo a largo plazo; de modo que vayas moviéndote hacia lo que te importa a pesar de la presencia de esos pensamientos, sensaciones y emociones negativas o molestas.

4-Respecto al listado de ejercicios breves de la hoja, elije aquellos que puntuaste por encima de 5 en la Escala de Flexibilidad Psicológica y las indicaciones del capítulo 6.

Pero sobre todo recuerda guiarte por lo que diga tu experiencia de lo que a ti te funciona hacia lo que te importa.

PRACTICA PSICOLÓGICA ENTRE SESIONES
(Ruiz, 2016)

Te recomiendo que hasta que quedemos en una nueva ocasión practiques y observes si te funcionan según tu propia experiencia las siguientes recomendaciones:

1. Para leer y hacer al menos 2 veces en semana: (Se te dará material sobre ello, si es el caso)

-Metáfora de: (en función del AFC-Hexaflex-Matrix)

2. Ejercicio de audio de: (en función del AFC-Hexaflex-Matrix)

3. Indicación de llevar a cabo acciones en la dirección de: (en función del AFC-Hexaflex-Matrix)

2. Además, haya o no recomendaciones en el apartado anterior, te sugiero que cada día, hasta que nos veamos de nuevo, pares al menos de lo que estés haciendo en ese momento, en tres ocasiones cada día (mañana-tarde-noche) para hacer el ejercicio de meditación que te señalo a continuación (solo el señalado): 3 minutos cada vez...que pares...Guíate a probarlo en los apartados-aspectos de la Escala de Flexibilidad psicológica que puntuaste con más de 5 (capítulo 6). *Cuando tengas más control de estos ejercicios puedes probar a hacerlos en los momentos claves que te indican el análisis funcional de la conducta, si es el caso que lo usaste.*

-1. Con los ojos abiertos o cerrados observo mi respiración aquí y ahora, como mi pecho sube y baja, sin intentar controlar como respiro, me dejo llevar y observo los movimientos de mi respiración en silencio...también puedo observar el contacto de la mano derecha con algo que esté tocando en este mismo instante (sensaciones en cada dedo, palma de la mano) que puede ser una parte de mí mismo/a. ( )

-2.Con los ojos abiertos o cerrados empiezo a recorrer mi cuerpo mentalmente de cabeza a los pies y observo cualquier molestia, sensación o tensión que tengo dentro, dónde se localiza en mi interior, y si me cuesta hago varias respiraciones lentas y profundas...y noto si esas sensaciones se mueven o se paran....imagino que con cada respiración le hago espacio para que estén ahí sin tratar de quitármela, permitiendo que estén...y me doy date cuenta de que soy yo quién las mira...que yo soy más grande que las sensaciones por fuertes que sean estas ( )

-3.Con los ojos abiertos o cerrados imagino que estás sentado debajo de un árbol al lado de un rio. Del árbol van cayendo hojas al rio. Cada hoja que cae se va alejando poco a poco rio abajo. Ahora pongo una imagen como si pegara una foto o un pensamiento como si lo escribiera en cada hoja algo que tengo en el presente sobre alguna preocupación, y observo como se aleja de mi rio abajo, observa donde quedaste tú y la distancia con esto; y que puedes hacer sin quedarte atrapado en esos pensamientos e imágenes y así continuo esos 3 minutos...( )

-4. Imagino que estoy sentado en una butaca de cine...y que en la pantalla están poniendo una película que trata de mí, sale el título sobre lo que dice mi mente de como soy y que no me gusta, y alguna escena reciente relacionada con ello...observo atentamente y me doy cuenta que donde salen las letras y la escena es en un lugar (la pantalla) distinto al que yo estoy sentado/a (la butaca). Observo la distancia entre ambos ( )

-5. Imagino que estoy en mi propio funeral en espíritu y capto los verdaderos sentimientos y pensamientos de la gente que me importa que esté allí. ¿Qué pensarían y sentirían del balance de mi vida? ¿Esa es el legado que me gustaría realmente haber dejado? ¿Qué dice esto de mis valores y a qué debo poner más atención? (   )

-6. Al parar, preguntarme. ¿Lo que estoy haciendo ahora mismo, está en la dirección de mi vida que realmente me importa y deseo para mí? ¿Qué puedo hacer hoy mismo que me ponga en esa dirección, aunque sea un paso muy pequeño? (   )

-7. Busco una foto mía de cuando era un niño/a. Observo su carita dulce, y me pregunto: ¿Cuándo decidí descuidarlo y abandonarlo? ¿Cuándo abandoné a_____(digo mi nombre)? Después a continuación pongo la mano derecha sobre mi corazón y digo muy despacio..."Que yo sea feliz...que sepa tratarme con cariño y respeto...." respirando lenta y profundamente. Puedo también hacer algo para mí misma/o hoy mismo que te guste...porque yo me lo merezco (   )

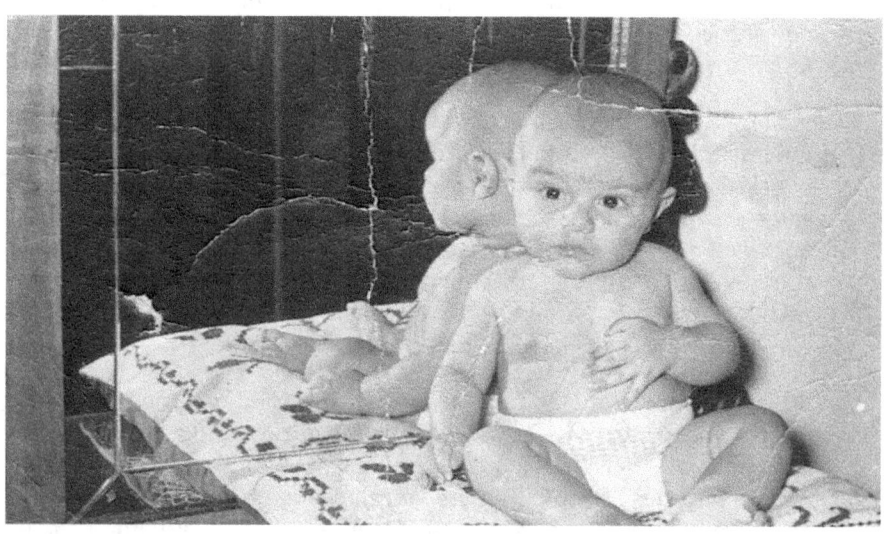

Primeros auxilios psicológicos:

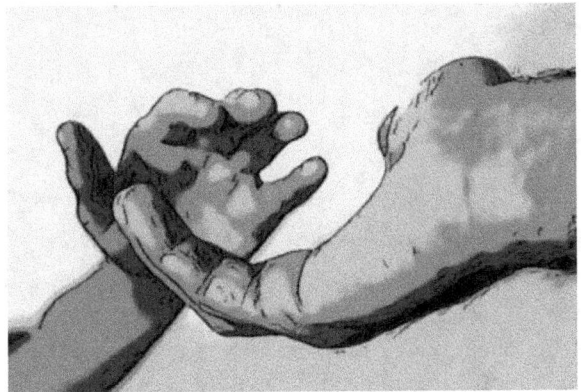

1-Practicar centrarte y conectarte con las experiencias presentes aquí y ahora para enriquecer tu vida.

2-Practicar el estar dispuesto a permitirte y aceptar el malestar sin luchar con él cuando forma parte del camino hacia aquello que a ti te importa.

3-Practicar el despegarte (defusionarte) del control que tienen sobre ti ciertos pensamientos, sentimientos y sensaciones que te alejan de la vida que te importa y quieres construir para ti.

4-Practicar el observar y tomar distintos puntos de vista cuando estas atado/a ciertas historias y opiniones ajenas que te dicen como tú eres y limitan tu vida.

5-Practicar el aclarar aquello que realmente es importante y valioso en tu vida y da sentido a la misma

6-Practicar comprometerte y llevar a cabo acciones en la dirección de lo que a ti te importa y valoras en tu vida

7-Practicar el tratarte a ti mismo y a otros con compasión para dar y darte más posibilidades de continuar en la senda de lo que a ti te importa.

9. Metáforas y ejercicios adicionales para el caso de descentramiento de la experiencia del aquí y ahora

A) METÁFORAS Y RELATOS

1. LA MAQUINA DEL TIEMPO: EL ESTADO HABITUAL DE LA MENTE:

"¿Dónde estás?", nos puede preguntar alguien cercano, sacándonos de nuestro ensimismamiento. Podemos estar en un lugar determinado con otras personas que mente estamos en ese lugar junto a esa persona; mentalmente estamos a miles de kilómetros de ella. Podemos ser "arrastrados" completamente por nuestros pensamientos sobre muy distintas preocupaciones. Esto nos ha pasado a todos en alguna ocasión. De hecho nuestra mente es como una máquina del tiempo que viaja con frecuencia al pasado o al futuro. O estamos revisando nuestras acciones pasadas, nuestros éxitos y fracasos pasados, las tropelías que han cometido con nosotros, lo que sido de nuestra vida; y un largo etcétera, según la historia de cada uno/a; o bien estamos anticipándonos y preocupándonos de lo que puede pasar en el futuro. La mente puede llegar a extremos de revisar los fracasos pasados generando ánimo depresivo, o rencor e ira con las acciones de otros hacia nuestra persona, o ansiedad por los posibles acontecimientos venideros del futuro. Este es el estado habitual de nuestra mente, que los sabios de oriente llaman "la mente de mono", porque está saltando de árbol de problemas en árbol de problemas pasados y presentes.

En esta terapia nosotros llamaremos a ese estado mental de viaje al pasado o futuro, "estar en piloto automático", o simplemente el "**yo pensante**".

El yo pensante siempre está generando pensamientos. Al fin y al cabo ese es su trabajo. Pero con demasiada frecuencia nos distrae de donde estamos y de lo que estamos haciendo en ese preciso momento. Nuestra atención no suele estar en lo que estamos viviendo en el presente, ni en lo que estamos haciendo. Por poner un ejemplo cotidiano y simple: ¿Cuántas veces has comido centrándote en lo que estabas haciendo con exclusión de todo lo demás?.. Para la mayoría de nosotros, la respuesta es que casi nunca. Para esto usamos palabras como que estamos "distraídos", "preocupados" o "perdidos en nuestros pensamientos".

En cambio, cuando nuestra atención está centrada en lo que estamos haciendo y viviendo en el presente, en este mismo instante de ahora, decimos que estamos conectados a nuestro **"yo observante".** El yo pensante suele distraer con frecuencia al yo observante. Supón por ejemplo que alguien que está conversando con otra persona y está centrado en pensamientos del estilo de "No tengo nada que decir",

"¿Qué pensará de mí?", "Seguro que piensa que soy aburrido/a"; ¿Qué estado de su yo predomina, el pensante o el observante?, ¿Y cómo le afectará en su conversación?

Por supuesto que hay problemas y actividades en la vida que requieren de un buen uso de la reflexión y el análisis del yo pensante (el yo pensante no es nuestro enemigo siempre), pero muchas veces eso nos aleja de conectar con nuestra vida presente, las demás personas y las cosas cotidianas que vivimos; nos aleja de la realidad vivida. Es más, incluso cuando el yo pensante se hace extremo, ¡podemos llegar a desconectar de nuestros sentimientos y anhelos más personales!

2. LA MENTE ANIMALADA: MENTE DE MONO, PERRO Y LEÓN

La mente de perro piensa en correr una y otra vez tras una pelota o hueso de plástico. Muchas veces nuestra mente, corre como un perro detrás de cualquier impulso o pensamiento y se queda un rato ensimismada, royendo el objeto compulsivamente. Hemos de estar muy atentos a esos "huesos de plástico" que surgen, para no caer en éste juego de persecución y rumiación.

La mente mono se utiliza para representar, esos estados de la mente en los que salta de un tema a otro sin orden. Es como un mono en mitad de la selva saltando de árbol en árbol de modo errático y frenético. Cuando nos encontremos con nuestra mente en alguno de estos estados, debemos identificarlos, para seguidamente con el poder de la observación atenta ver cómo se extinguen. Al igual que a los animales, si les forzamos, como si de un tirón de correa los apartásemos de su hueso o de sus saltos, pueden irritarse más y hacer de nuestra sentada una auténtica lucha.

Por último, la mente león se usa para hacer referencia a esa cualidad de la mente de permanecer, tranquila y centrada como un león que observa lo que ocurre en la sabana. No corretea de un sitio para otro y corre tras los huesos que puedan lanzarle.

Esta mente puede ser el resultado positivo de la práctica de la meditación, pero no se ha de perseguir o buscar, ha de dejar que surja, como consecuencia del tiempo y la práctica.

3. CUENTO DE BUDA Y SU DISCÍPULO ADANDA: SENTARSE A ORILLA DEL RÍO

Un día Buda caminaba con Ananda, su principal discípulo a través de un bosque. Era un largo día de verano y el calor apretaba cuando se dirigió a Ananda:

"Ananda, cuatro o cinco kilómetros más atrás hemos pasado por un pequeño arroyo, regresa y tráeme un poco de agua. Llévate mi cuenco de mendicante. Tengo mucha sed y estoy cansado."

Ananda volvió hacia atrás... pero cuando llegó al arroyo, acababan de cruzarlo unas carretas tiradas por bueyes que habían enturbiado toda el agua. Las hojas muertas, que estaban reposando en el fondo, habían subido a la superficie, esta agua ya no se podía beber; estaba demasiado sucia.

Regresó con las manos vacías y le dijo al maestro: *"Tendrás que esperar un poco. Iré por delante. He oído que a sólo cuatro o cinco kilómetros de aquí hay un gran río. Traeré el agua de allí."*

Pero Buda insistió:

"Regresa y tráeme el agua de ese arroyo."

Ananda no podía entender la insistencia, pero si el Maestro lo dice, el discípulo tiene que obedecer. A pesar de lo absurdo de la situación (de nuevo tenía que caminar cuatro o cinco kilómetros para recoger esa agua que no merece la pena beber), él va.

Cuando empezaba a irse, Buda le dijo:

"Y no regreses si el agua sigue estando sucia. Si está sucia, siéntate en la orilla en silencio. No hagas nada, no te metas en el arroyo. Siéntate en la orilla en silencio y observa. Antes o después el agua volverá a aclararse, entonces llena el cuenco y regresa."

Ananda volvió hasta allí. El agua estaba casi clara, las hojas se habían desplazado, la tierra se había asentado. Pero todavía no estaba totalmente transparente, de modo que se sentó en la orilla y observó cómo fluía el río.

Poco a poco se volvió cristalina y pudo recoger el agua. Después regresó bailando. Había comprendido por qué Buda había insistido tanto. Le dio el cuenco al Maestro y se postró a sus pies dándole las gracias.

Ananda se explicó:

"Ahora lo puedo entender. Primero me enfadé. No lo mostré, pero estaba enfadado porque me parecía absurdo regresar. Pero he comprendido el mensaje.
Sentado en la orilla de ese pequeño arroyo me hice consciente de que pasa lo mismo con la mente. Si me meto en el arroyo lo volveré a ensuciar. Si me dejo arrastrar por la mente, con sus pensamientos y emociones, provocaré más ruido, empezarán a aparecer más problemas. Sentado a un lado del arroyo he aprendido la técnica.

Ahora me sentaré también al lado de la mente, observándola con todos sus contenidos, problemas, hojas muertas, dolores y heridas, recuerdos y deseos. Me sentaré indiferente en la orilla y esperaré el momento en que todo esté claro."

4. PASOS QUE PUEDES SEGUIR CUANDO TE PILLES ENGANCHADO/A RUMIANDO EN LA MENTE DE MONO CON LAS RADIOS DE LA MAQUINA DEL TIEMPO CON COSAS PASADAS O FUTURAS

PASO 1-ETIQUETAR LA EMISORA: Cuando te des cuenta de que estás dándole vueltas improductivamente a cosas del pasado o del futuro, ponle un nombre a tu emisora, como por ejemplo "Aquí está de nuevo radio tristeza" , "Ya está aquí emitiendo la emisora de radio ansiedad" o "Mira ahora aparece radio autocrítica", etc.

PASO 2-CENTRA DE NUEVO TU ATENCIÓN EN LO QUE ESTES HACIENDO: Las emisoras de rumiar con cosas pasadas o futuras suelen aparecer cuando estás haciendo algo sin prestar demasiada atención como caminar, conducir, descansar tumbada o lavar los platos. Si se da esos casos sigue con lo que estabas haciendo pero prestando y centrándote aún más en esa actividad, como coger y notar el volante entre tus manos mirando la carretera que tienes delante, si estás lavado los platos centra tu atención en las manos y el contacto con el agua, etc. Y si estás meditando por ejemplo con la respiración, la música, las sensaciones de la piel o los sonidos, vuelve a centra suavemente tu atención en esas actividades. Sea lo que sea que estés haciendo vuelca tus sentidos en esa actividad.

PASO 3-ESCOGE UNA NUEVA ACTIVIDAD SI ES POSIBLE: Si te das cuenta de que la emisora que se ha presentado y te desconecta del presente y te lleva a algo improductivo o que realmente no te ayuda a largo plazo, como fumar en exceso, aislarte de los demás, quedarte encerrado en casa, o algo parecido; comienza a hacer algo más constructivo que te pueda ayudar como hacer algo agradable para ti como leer un libro que te interesa (si es el caso), llamar a un amigo/a y quedar con él/ella, o incluso hacer una tarea que te proporcione sentido de terminar algo que te importa (como ordenar algo de casa, salir a comprar o alguna gestión pendiente). Si te encuentras con *la pega de que no te apetece hacer nada y no tienes ganas*, centra aun así tu atención en algo más constructivo que tumbarte o aislarte, como asearte, dar un pequeño paseo, quedar con un conocido, etc.

B) EJERCICIOS EXPERIENCIALES

EJERCICIO Nº 1: CONEXIÓN CON EL ENTORNO:

Ahora mismo observa lo que te rodea, pon tanta atención como puedas en lo que ves, oyes, tocas y hueles. ¿Hace frío o hace calor?, ¿El aire corre o está quieto?, ¿Qué tipo de luz hay y de dónde viene? Fíjate al menos en cinco sonidos que estás oyendo, cinco objetos que estás viendo y cinco cosas que puedes sentir en tu cuerpo (como la camisa que toca tus hombros, el aire o ambiente sobre tu rostro, tus pies en el suelo, tu espalda en la silla). Fíjate simplemente en lo que sucede y permanece en silencio.

EJERCICIO Nº 2: CONSCIENCIA DEL CUERPO:

Ahora en este segundo ejercicio conectas con tu cuerpo aquí y ahora; cierra los ojos y observa donde están tus brazos y tus piernas y la posición de la columna vertebral. Interiormente examina tu cuerpo de la cabeza a los pies. Observa, que sientes en la cabeza, en el pecho, en los brazos, en el abdomen y en las piernas. Fíjate que sucede y permanece en silencio.

EJERCICIO Nº 3: CONSCIENCIA DE LA RESPIRACION:

Ahora, conecta con tu respiración, cerrando los ojos nuevamente. Observa como tu caja torácica sube y baja y cómo el aire entra y sale de las ventanas de tu nariz. Sigue el recorrido del aire por el interior de tu nariz. Fíjate en cómo se expanden tus pulmones. Siente como se hinchan los pulmones. Sigue el aire en su avance hacia el exterior mientras los pulmones se deshinchan. Observa en silencio que sucede.

EJERCICIO Nº 4: CONSCIENCIA DE LOS SONIDOS:

Ahora, nuevamente, cierra los ojos y céntrate solamente en los sonidos que oyes. Fíjate en los sonidos que vienen de ti (de tu respiración y de tus movimientos), en los de la habitación y en los que provienen de fuera de la habitación.

EJERCICIO Nª5: Vamos, ¡ánclate!

Mantén tu atención concentrada en la intersección de la X durante un minuto (pon una alarma).

Cuando tu mente d
         i
          v
            a
             g
              u
             e
                  .   recupera suavemente la atención

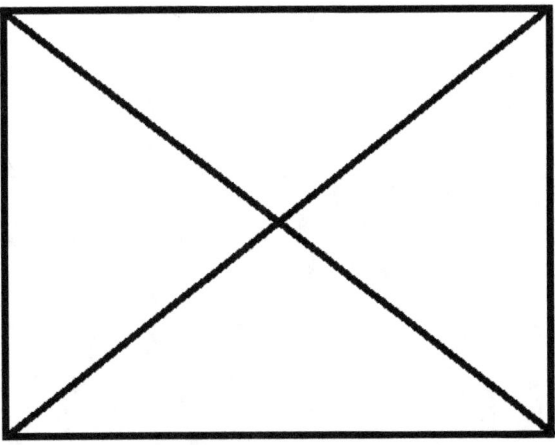

EJERCICIO Nª6: UNE LOS PUNTOS

Conecta lentamente los puntos siguiendo los números.

Una línea con cada inspiración

11
·

9 ·   · 10

7 ·   · 8

5 ·   · 6

3 ·   · 4

1 ·   · 2

EJERCICIO Nº7: EJERCICIO DE SÓLO 5 MINUTOS

1. Este es el ejercicio para esos 5 minutos diarios:

Hay gente que piensa que meditar es sentarse y no hacer nada pero no es así: estamos hablando de un entrenamiento activo.

Existen diferentes formas de meditación pero para empezar lo que debes hacer es poner toda tu atención en tu respiración. Observa cómo entra y cómo sale el aire, sin necesidad de cambiar la forma en que respiras. Es muy posible que unos segundos después de empezar, empieces a pensar en otra cosa. Tu objetivo es no prestar atención a este pensamiento, sensación o emoción.

Imagínate que es como una nube que está en el cielo y que el viento se lo lleva, o visualiza como guardas ese pensamiento, esa emoción o esa sensación en un cajón para prestarle atención más tarde.

Todo lo que tendrás que hacer durante el rato que estés meditando es esto, concentrarte en la respiración y dejar pasar cualquier distracción que aparezca para volver a centrarte en la respiración.

Ten presente que te vas a distraer y muchas veces, no te enfades por ello ni te pienses que el resto del mundo puede hacerlo y tú no. La atención es como un músculo que trabajamos a través de la meditación y no conseguirás que se ponga fuerte en unos pocos días.

2. ¿Y cuánto rato lo tengo que hacer?:

Puedes empezar por 5 minutos al día, con eso será suficiente. Si eres capaz de ser constante, irás experimentando los beneficios de esta práctica.

3. ¿Y qué voy a notar?:

Pues no te imagines que va a pasar algo espectacular. No tengas grandes expectativas de lo que sucederá mientras estás meditando. Después de meditar es muy probable que sientas bienestar, relajación, descanso, la mente despierta...
1. Darte cuenta de cómo es tu realidad en este momento

2. Reducir el piloto automático, si pones tu cabeza en todo lo que haces te despistarás y te desconectarás menos

3. Dejar de juzgarte a ti y a los demás y dejar de preocuparte por cómo deberían ser las cosas en lugar de aceptar como son.

4. No reaccionar, no dejarte dominar por la emociones y así conseguirás frenar la impulsividad.

C) GUÍA PARA TERAPEUTAS

DERIVACION DE FUNCIONES EN ACT-1: HEXAFLEX-CONCIENCIA DEL MOMENTO PRESENTE (MINDFULNESS) (Resumen, Ruiz Sánchez, 2016)

1. EJERCICIOS PARA EXPLICAR SUS FUNDAMENTOS

1.Practicar el darse cuenta	"Una de las cosas que vamos a practicar aquí es el detener a observar lo que estamos experimentando" .
2.Los dos modos mentales: el modo solución de problemas	El modo mental de solución de problemas (enumerar ventajas, p.e coche que se nos viene encima, comprar producto) y pedir in situ un ejemplo al cliente de có funciona ("¿dos más dos?"-pausa, "¿tres menos uno?"-pa con preguntas rápidas.
3.Problema del modo mental automático de solución de problemas	El modo de solución de problemas es rápido y automático lo que a veces se aplica cuando no conviene o antes de tiem
4. El otro modo mental: la observación del momento presente	"Cuando ves un problema lo resuelves, ¿pero qué ha cuando ves una puesta de sol?, ¿o cuando escuchas una bo melodía?".
5. Practicar la observación del momento presente	"El modo mental del atardecer, observador, detecta y apre y lo vamos a practicar en varias sesiones".
6. Sesiones de darse cuenta con la observación del momento presente	Se introduce con la explicación verbal de que vamos ralentizarnos en vez de acelerarnos impulsivamente rápidamente por los automatismos del modo de solución problemas.

7. Recordarle/nos que el observar el darse cuenta del momento presente conlleva lo agradable/desagradable

Lleva adherido lo agradable y lo desagradable y que el modo de solución de problemas va a impulsarnos a deshacernos del malestar rápidamente. Comentar también el precio de esta evitación en cada caso.

2. QUÉ HACER Y NO HACER EN TERAPIA CON LOS EJERCICIOS DE CONSCIENCIA DEL MOMENTO PRESENTE

1. Si hacer...

Destacar que el propósito del darse cuenta u observar el momento presente no es sentirse bien o aliviarse emocionalmente.

2. Si hacer...

Referir que el propósito es no quedarse enganchado al modo automático e impulsivo de solución de problemas automático cuando nos conduce a donde no queremos y nos aleja de lo que valoramos.

3. Si hacer...

Con clientes con prejuicios religiosos o de otro tipo hacia el mindfulness que crean que se les impone una concepción de la vida budista se le replantea que se trata de un entrenamiento de la atención para disminuir la impulsividad cuando no es conveniente y ganar flexibilidad.

4. Si hacer...

Aplicar el darse cuenta a la propia relación terapéutica y al propio terapeuta cuando se ve rápidamente impulsado a solucionar problemas o a evitar temas dolorosos .

5. Si hacer...

Recordar que el darse cuenta es solo el primer paso hacia el compromiso valorado, no un fin en sí mismo.

6. Si hacer...

Observar en situ en la sesión cómo el cliente progresa o no con el darse cuenta (si ralentiza la marcha verbal/no verbal, si se detiene y cambia de dirección, etc.).

10. Metáforas y ejercicios adicionales para el caso de evitación experiencial

A)METÁFORAS:

1. LA METAFORA DE LAS GARGOLAS DE LOS PENSAMIENTOS DEPRESIVOS.

Los pensamientos depresivos vienen de una gárgola que se coloca en nuestro hombro. Estas gárgolas son grandes y de piedra, pesan, Cuando se posa una en nuestro hombro, su peso nos hunde y nos dificulta movernos para realizar cualquier tipo de actividad, es decir, nos deprime. Además habla, y nos está constantemente susurrando al oído. Los mensajes son negativos, humillantes, nos culpabilizan por todo. Nos hace sentirte mal y, cuando nos encontramos mal, la gárgola nos afirma rotundamente que así nos sentiremos siempre. Y lo peor es que actuamos como si no hubiera un mundo sin gárgolas. Aprendamos a darnos cuenta cuando tenemos una gárgola en el hombro y a identificar cuáles son mensajes que manda y sobre todo, aunque nos sintamos fatal, seguir viviendo en función de nuestros valores, de lo que queremos hacer en nuestra vida que vale la pena, aunque la gárgola siga y siga con su parloteo.

2. METAFORA DE LOS PASAJEROS DEL AUTOBUS USADA AQUÍ EN EL CONTEXTO DE LA ACEPTACIÓN

"Imagínese que usted es el conductor de un autobús con muchos pasajeros. Los pasajeros son pensamientos, sentimientos, recuerdos y todas esas cosas que uno tiene en su vida. Es un autobús con una única puerta de entrada, y sólo de entrada.

Algunos de los pasajeros son muy desagradables y con una apariencia peligrosa. Mientras usted conduce el autobús algunos pasajeros comienzan a amenazarle diciéndole lo que tiene que hacer, dónde tiene que ir, ahora gire a la derecha, ahora vaya más rápido, etc., incluso le insultan y desaniman, eres un mal conductor, un fracasado, nadie te quiere... Usted se siente muy mal y hace casi todo lo que le piden para que se callen, se vayan al fondo del autobús durante un rato y así le dejen conducir tranquilo.

Pero algunos días se cansa de sus amenazas, y quiere echarlos del autobús, pero no puede y discute y se enfrenta con ellos. Sin darse cuenta, la primera cosa que ha hecho es parar, ha dejado de conducir y ahora no está yendo a ninguna parte. Y además los pasajeros son muy fuertes, resisten y usted no puede bajarlos del autobús. Así que resignado vuelve a su asiento y conduce por donde ellos mandan para aplacarlos.

De esta forma, para que no le molesten y no sentirse mal usted empieza a hacer todo lo que le dicen y a dirigir el autobús por dónde le dicen para no tener que discutir con ellos ni verlos. Usted hace lo que le ordenan y cada vez lo hace antes, pensando en sacarlos de su vida. Muy pronto, casi sin darse cuenta, ellos ni siquiera tendrán que decirle "gire a la izquierda", sino que usted girará a la izquierda para evitar que los pasajeros se echen sobre usted y le amenacen.

Así, sin tardar mucho, empezará a justificar sus decisiones de modo que casi cree que ellos no están ya en el autobús y convenciéndose de que está llevando el autobús por la única dirección posible. El poder de estos pasajeros se basa en amenazas del tipo "si no haces lo que te decimos, apareceremos y haremos que nos mires, y te sentirás mal". Pero eso es todo lo que pueden hacer. Es verdad que cuando aparecen estos pasajeros, pensamientos y sentimientos muy negativos, parece que pueden hacer mucho daño, y por eso usted acepta el trato y hace lo que le dicen para que le dejen tranquilo y se vayan al final del autobús donde no les pueda ver.

¡Intentando mantener el control de los pasajeros, en realidad ha perdido la dirección del autobús! Ellos no giran el volante, ni manejan el acelerador ni el freno, ni deciden dónde parar. El conductor es usted."

Anota en el dibujo de abajo que te suelen decir algunos de tus pasajeros mentales. Después pregúntate en qué dirección quieres continuar tu vida, y que pasos vas a dar en esa dirección, aunque los pasajeros sigan con sus mensajes

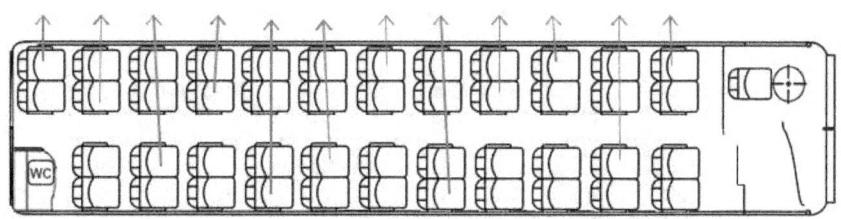

3. METAFORA DEL TUNEL

"Imagina que estas completamente rodeado/a de montañas. Al otro lado de las montañas está aquello que más te importa de tu vida. Para llegar a eso tienes que atravesar las montañas, pero no hay manera de poder hacer eso. El único camino que existe es un túnel muy oscuro. En la puerta del túnel hay un cartel que pone "dirección hacia lo que te importa de verdad". El problema es que en este caso tú le tienes mucho miedo a los túneles, y cuando te acercas a la entrada del mismo tu mente te dice: "Aquí dentro puede haber peligro, no se ve la luz del fondo, no sabes en qué condiciones está el túnel y que peligros acechan en su interior". Por si fuera poco, tu mente que funciona como una radio siempre encendida que no se apaga de ninguna manera, te sigue contando cosas como: "Tú no eres capaz de atravesar el túnel, eres básicamente miedoso/a y eres un perdedor/a".
Además cuando te acercas al túnel te invade la ansiedad y el desánimo, notas como tu corazón se acelera, sudas, la respiración se entrecorta y te

pones en tensión, experimentando un fuerte impulso a huir y apartarte del túnel.

El dilema en que te encuentras es el siguiente: Si sigues lo que dice tu mente, tus sentimientos y las sensaciones de tu cuerpo te alejas del túnel y entonces no caminas hacia aquello que merece la pena en tu vida. Si decides a pesar de lo que diga tu mente, tus emociones, tu cuerpo y tus impulsos; entrar al túnel no te queda más remedio que "estar dispuesto/a" a caminar hacia lo que te importa llevando encima lo que dice tu mente, tus sentimientos, las sensaciones de tu cuerpo y tus impulsos. ¿Qué vas a decidir tú? "

4. METÁFORA DE HOMBRE EN EL HOYO (Dejar de luchar-desesperanza creativa previa a la aceptación)

"Un hombre iba por el campo, llevando una venda en los ojos y una pequeña bolsa de herramientas. Se le había dicho que su tarea consistía en correr por ese campo con los ojos vendados. El hombre no sabía que en la granja había hoyos grandes y muy profundos, lo ignoraba completamente. Así que empezó a correr por el campo y cayó en uno de esos grandes agujeros. Empezó a palpar las paredes del hoyo y se dio cuenta de que no podía saltar fuera y de que tampoco había otras vías de escape. Miro en la bolsa de herramientas que le habían dado, para ver si había algo que pudiera usar para escapar del hoyo, y encontró una pala. Eso es todo lo que tenía. Así que empezó con diligencia, pero muy pronto advirtió que no salía del hoyo. Intento cavar más y más y más y más rápido, pero seguía en el hoyo. Lo intento con grandes paladas y con pequeñas, arrojando lejos la tierra o arrojándola cerca... pero seguía en el agujero. Todo ese esfuerzo y todo ese trabajo, y lo único que conseguía es que el hoyo se hiciese cada vez más y más profundo. Entonces se dio cuenta, que cavar no era la solución, no era la forma de salir del hoyo, al contrario, cavando es como se hacen los hoyos más grande. Entonces empezó a pensar que quizás todo el plan que tenía estaba equivocado y que no tenía solución, ya que cavando no pueda conseguir una escapatoria, lo único que hacía era hundirse más"

5. METÁFORA DE TIRAR DE LA CUERDA DEL MONSTRUO (Dejar de luchar-desesperanza creativa previa a la aceptación)

"Imagina tu problema actual (ansiedad, preocupación, recuerdos, culpabilidad, pensamientos negativos...). Ese problema se parece a una persona que estuviese unida a un monstruo por una cuerda y con un foso entre ambos. Mientras el monstruo está tranquilo, dormido, tumbado, podemos verlo, pero en cuanto despierta se hace insoportable, insufrible, y tiramos de la cuerda para conseguir tirar al monstruo al foso. A veces parece que se calma al tirar de la cuerda, como si se diera por vencido, pero lo que ocurre a la larga es que cuanto más tiramos, más próximos estamos del filo del foso y, por el contrario, más grande, fuerte y amenazante está haciéndose el monstruo. Así la situación es que tienes que estar pendiente constantemente de si el monstruo se levanta para tirar de la cuerda, y además, cuando tú tiras el monstruo también lo hace, lo que a veces lleva a que estés al borde del abismo. Y mientras, tu vida se limita a estar pendiente de la cuerda. Te gustaría no estar atado al monstruo, pero eso no es algo que pueda cambiarse, de manera que te planteas qué puedes hacer basado en tu experiencia. Una posibilidad para hacer tu vida es soltar la cuerda y ver al monstruo. Otra que tu vida se limite a estar pendiente de la cuerda."

6. EJERCICIO DEL CIRCULO DE PASTEL CON EL MALESTAR LIMPIO Y EL MALESTAR SUCIO (Para contactar con el precio de la falta de disposición a aceptar el malestar dejando de luchar con el)

"Usted está experimentando un malestar que posiblemente tenga dos aspectos mezclados y que puede ser interesarte diferenciar. ¿Le interesa que hagamos esa diferencia? Bien, por un lado está lo que llamamos el Dolor limpio, aquel malestar natural que es una respuesta natural a un problema de su vida real. Por otro lo que llamamos el Dolor sucio, un malestar innecesario derivado de pensamientos y esfuerzos dirigidos a controlar el malestar limpio. ¿Podemos usar un pastel de porcentajes para que usted ponga los tanto por ciento de dolor limpio y sucio en su caso?"

7. EVITAR FRENTE A ACEPTAR CON COMPROMISO

"Póngase en el caso de que para usted es muy importante algunas de las siguientes cosas:

-Ayudar a un familiar que tiene problemas con alguna enfermedad grave

-Prepararse para unas pruebas u oposición para un trabajo

-Ayudar a su hijo que tiene problemas con los estudios y sus compañeros

-Conocer a gente nueva y ampliar su círculo social

-Seguir una dieta saludable para estar más sano/a

-Mejorar la relación con su pareja que le importa

-Mejorar la relación con compañeros de trabajo que le importan

Le pregunto: ¿Si se compromete en llevar a cabo algunas de esas cosas se va a encontrar con dificultades? ¿Va a notar momentos de tensión, ansiedad, tristeza, rabia, preocupación, pesimismo y otros pensamientos y sentimientos dolorosos?

¿Y a donde iría usted con esas cosas si no quiere experimentar de ninguna manera esos pensamientos y sentimientos dolorosos que aparecen cuando se pone en el camino de hacer esas cosas? ¿Y a donde va usted si está dispuesto a experimentar ese malestar mientras se mueve en la dirección de las cosas que le importan?"

9. TORMENTAS EN EL CAMINO (Ruiz, 2016)

"Usted está en medio de una tormenta de problemas que le producen malestar con pensamientos y sentimientos que le vienen y le caen encima mojándolo y notando un su cuerpo esa lluvia, aunque trate de luchar y protegerse de ella con un paraguas. Al mismo tiempo usted quiere dirigir su vida en un camino hacia cosas que son importantes en su vida. ¿Puede representar todo esto en el siguiente dibujo? (la tormenta y lo importante del camino) ¿Y está dispuesto a continuar hacia lo que le importa a pesar de la tormenta?

TORMENTA CON LLUVIA:

COSAS IMPORTANTES EN MI CAMINO:

10.   ¿PARA QUE BUSCAS TERAPIA DESDE TU DOLOR O SUFRIMIENTO?

TRATAR DE EVITAR EL DOLOR EMOCIONAL	ABRIRTE AL DOLOR EMOCIONAL

<u>¿Qué suele pasar?:</u>	<u>¿Qué suele pasar?:</u>
1.Que se puede controlar o evitar por un tiempo	1.Que lo desagradable te seguirá siendo desagradable
2.Pero…como el dolor emocional forma parte del camino de cualquier persona en la vida, antes o después va a volver.	2.Pero…al hacerle un hueco al dolor emocional, observarlo y aceptarlo sin pelearte y luchar con él le darás un papel distinto en tu vida
3.Si dedicas mucho tiempo a controlarlo y evitarlo puedes reducir el margen de movimiento y dedicación a asuntos y personas que valoras	3.Ese nuevo papel consiste en estar dispuesto a seguir tu camino hacia lo que te importa y valoras aún con ese dolor emocional
4.Te puedes anclar al seguir reglas del estilo: "Para poder vivir la vida que me importa tengo que encontrarme antes bien y deshacerme de estos pensamientos, sentimientos y sensaciones molestos y desagradables". Esto te lleva a un bucle que suele ser una historia que se repite y repite	4.El dolor forma parte de tu vida por que no puede ser de otra manera tal como funciona realmente la vida, pero tú no diseñas tu vida por ese dolor sino por aquello que a ti realmente te importa y valoras
¿Qué papel estás dando al dolor emocional?	

133

B) EJERCICIOS EXPERIENCIALES:

1. DEJAR LA MENTE FLOTAR DENTRO DEL CORAZÓN

Posiblemente puedes considerar que los ejercicios de meditación son solo ejercicios agradables de relajación. Veremos que la meditación es mucho más que eso con este ejercicio. Puedes experimentar el poder de la meditación con los pensamientos temidos con el siguiente ejercicio:

1º-CONECTA AQUÍ Y AHORA EN EL PRESENTE CON TU RESPIRACION:

Comencemos cerrando los ojos y conectando con nuestra respiración. Observa como tu caja torácica sube y baja y cómo el aire entra y sale de las ventanas de tu nariz.
Sigue el recorrido del aire por el interior de tu nariz. Fíjate en cómo se expanden tus pulmones. Siente como se hinchan los pulmones. Sigue el aire en su avance hacia el exterior mientras los pulmones se deshinchan. Observa en silencio que sucede.

2º-TRAE UN PENSAMIENTO INACEPTABLE O DESAGRADABLE A TU MENTE:

Quiero que traigas un pensamiento inaceptable a tu mente. Algún pensamiento que no quisieras tener y que no quisieras que nadie más sepas que tienes. Sólo déjalo estar allí... nota cuál es tu primera reacción frente a ese pensamiento... siente como la mente se revuelve en torno a ese pensamiento, cómo desearía sacarlo de la existencia... nota lo asustada que está la mente de sí misma... y nota el miedo que genera, examinando la forma que toma ese miedo.

3º-DEJA QUE EL PENSAMIENTO ENTRE Y CIRCULE LIBREMENTE POR TU MENTE:

Y ahora toma ese pensamiento y en lugar de rodearlo con tensión y miedo, en lugar de luchar contra él...déjalo entrar libremente dentro de tu mente y déjalo estar allí...

experimenta ese pensamiento como si fuera una sensación de la mente... sintiendo su forma... sus bordes... su densidad... su tamaño...cualquiera sea el contenido de pensamiento, permite que entre en tu mente, sin intentar expulsarlo... con infinita compasión... y nota qué se siente al dejar de luchar con ese pensamiento... nota qué sucede con las emociones y sensaciones que lo acompañan... cuando sólo notas ese pensamiento y lo dejas estar en tu mente... sólo percibe, una por una, las reacciones que ahora, al aceptarlo, te genera ese pensamiento

2. COMO AFRONTAR LAS EMOCIONES CON LA MEDITACION

Se trata de 7 pasos para agrupar el manejo de emociones; pero advirtiendo que ese número no es mágico ni el orden siempre es el mismo; solo orientativo para que lo practiques y saques tus propias conclusiones.

Paso 1: Pararse

El primer paso es que al notar que en nosotros surge una emoción intensa y desagradable (depresión, ansiedad, vergüenza, ira, etc.) es pararnos de lo que estábamos haciendo, hacer una pausa y concentrar nuestra atención en los sentimientos que acaban de nacer o aparecer; valorar lo que está sucediendo en nuestro interior.

Esto al principio suele costar porque la costumbre, el hábito o condicionamiento hace que la mente trate de repetir las mismas secuencias una y otra vez de manera rápida, impetuosa, impulsiva o irreflexiva. Parar implica detenernos e interrumpir las secuencias repetitivas anteriores. Es posible que nos cueste parar al principio y necesitemos practicarlo bastantes veces. La finalidad es interrumpir nuestras acciones programadas.

Paso 2: Respirar hondo, serenarse

Una vez que nos hemos parado buscamos serenarnos, prestando atención a nuestra respiración y cuerpo. Si estamos muy excitados, es importante rebajar esa activación respirando hondo un par de veces. Después llevaremos la atención a las partes del cuerpo donde más se manifieste esa emoción. En lugar de evitar las sensaciones que aparezcan (por ejemplo tensión en el vientre, corazón acelerado y latiendo fuerte, opresión en el pecho, etc.), nos abrimos a ellas, tratando de relajar y ablandar la zona afectada, creando espacio para que la emoción se exprese a través del lenguaje de las sensaciones de nuestro cuerpo. Ayuda mucho en esto llevar nuestra atención además de a las sensaciones que surjan a la respiración y a respirar profundamente.

Paso 3: Tomar conciencia de la emoción

Nos fijaremos en los cambios que han aparecido en nuestro cuerpo, no me manera intelectual pensando sobre ellos, sino viviendo las sensaciones directas que aparecen con detenimiento y curiosidad. Una vez observadas con detenimiento recordamos o imaginamos qué situaciones, estímulos, pensamientos, acciones de otros; etc.; las pueden desencadenar, cuál es el principal estímulo que dispara la emoción en cuestión. Después ponemos nombre a esa emoción (rabia, miedo, vergüenza, tristeza, etc.). Una vez que le hemos puesto nombre nos imaginamos que si la emoción pudiera hablar, ¿qué diría?, ¿qué necesidad revela?, ¿qué nos impulsa a hacer?, ¿cómo nos comportaríamos si siguiéramos su impulso? Es decir observamos todo el complejo proceso mental y corporal que compone una experiencia emocional.

Observar cambios corporales → Identificar disparador →Ponerle nombre →Preguntas

Paso 4: Aceptar la experiencia, permitir la emoción

Al observar la emoción la mente se resiste a ella y trata de expulsarla de su existencia, pues su mecanismo es evitar y defenderse de lo que vive como desagradable y busca estar bien lo más rápidamente posible. Observamos ese movimiento de resistencia de la mente a las emociones que vive con desagrado. Para ello dejamos que siga manifestándose, que se mueva dentro de nosotros sin obstáculos. Es como si le hiciéramos sitio para que se expanda, permitiendo que sea como es en ese momento, que se exprese con libertad en nuestro mundo interior.

Paso 5: Darnos cariño (autocompasión)

Los sentimientos dolorosos a veces parecen sobrepasarnos y nos bloquean o nos dejan con la sensación de impotencia, o bien la resistencia de quedarnos atrapados, de quedarnos en ese estado aunque sea desagradable. La resistencia es quedarnos atascados.

Para ello conectamos con la parte que queda dentro de nosotros integra y sana, que puede funcionar como una fuente de amor y de ternura. Si nos resulta complicado, podemos recurrir a una figura externa; un amigo, un familiar, un maestro o una figura religiosa e imaginamos que ella nos da ese amor y apoyo sano. Buscamos esa fuente que es capaz de aliviar nuestra angustia y opresión. Para ello podemos expresarnos a nosotros mismos/as frases del estilo: "Que yo sea feliz, que encuentre la paz, que se me pase este sufrimiento..."

Paso 6: Soltar la emoción, dejarla ir

Cuando la emoción haya pasado un poco, es bueno que empecemos a desengancharnos de ella. Para ello podemos usar frases del estilo: "Yo tengo esta emoción, pero no soy la emoción" o "Yo soy algo más que la emoción que ahora tengo". También nos ayuda observarla, darnos cuenta que somos los observadores de ella, no ella. Además al haberle hecho sitio, nos despegamos de que nos empuje automáticamente. La emoción terminara amainando, reduciéndose, si hacemos esto.

Paso 7: Actuar o no, según las circunstancias

Una vez haya pasado lo peor de la tormenta emocional, consideraremos si lo mejor es actuar o no, según las circunstancias.

Si la situación requiere una respuesta estaremos en mejor disposición de darla si nos hemos desenganchado de los automatismos mentales previos. Para ello estaremos en el presente de la situación y lo que esta pueda requerir. Desenganchados de repetir los viejos hábitos tendremos más posibilidades de actuar o no de manera más óptima.

2. ABRAZANDO TUS DEMONIOS (Adaptación del original de Rus Harris)

1. ¿Qué es lo que más teme se apodere de ti y tome el control de tu vida?

2. Abrazando tus demonios para que la dirección de tu vida sea a tuya, no de ellos:

Este procedimiento se agrupa en una serie de pasos, cada uno correspondiente a una letra del acrónimo -**OBSERVA**-

Primero trae a tu mente ese demonio, la última vez que se presentó en tu vida o si ahora está aquí presente...y ábrete al siguiente ejercicio....

O: OBSERVA tu cuerpo, el lugar en el que te encuentras, tus pensamientos, imágenes, sensaciones como la temperatura, postura...

B: BOMBEA tu respiración. Trata de que sea lenta y lo más profunda posible.

S: SURFEA LOS IMPULSOS/EMOCIONES. Identifica donde los sientes, en que parte de tu cuerpo o mente están presentes.

E: EXPANDE; llena ese impulso con tus respiración, envuélvelo, no trates de luchar contra él, déjalo estar, dale espacio.

R: REFOCALIZA: Desengánchate de todo pensamiento inútil, pon distancia con él, No eres el pensamiento ni el sentimiento como tal; eres la persona que está teniendo tal pensamiento.

V: VALORES: Recuerda ahora todo aquello que realmente te importa y da valor a tu vida. Dale la oportunidad, deja de darles la espalda; recuerda que son el motivo por el que te levantas cada mañana, y deben ser el impulso para tomar las decisiones más importantes en nuestra vida.

A: ACTUA: Implícate en una acción basada en tus valores completamente durante esta semana y llévala a cabo. Este es un paso que da sentido a tu vida para que seas tú y no tus demonios quien tome la dirección

---

3. ACEPTACION DE LAS EMOCIONES (Rus Harris)

El siguiente es solamente un guión para un largo ejercicio de mindfulness que se construye a partir de ocho técnicas distintas: observar, respirar, expandir, permitir, objetivizar, normalizar, mostrar autocompasión y expandir la percepción (los puntos suspensivos indican pausas de uno a tres segundos). Por favor, no lo tomes al pie de la letra, ni lo utilices rígidamente. Es sólo una guía para trabajar algunos procesos vinculados a terapia de aceptación y compromiso.

OBSERVAR

Te invito a que te sientes en tu silla con tu espalda derecha y tus pies planos sobre el piso. Muchas personas se notan más alertas y despiertas si se sientan así, de manera que fíjate si es así para vos. Y cierra tus ojos o déjalos fijo en un punto, lo que sea que prefieras. Y respira lenta y profundamente un par de veces y realmente nota la respiración fluyendo hacia dentro y fuera de tus pulmones (pausa de 10 segundos). Ahora, rápidamente escanea tu cuerpo desde la cabeza hasta los pies, comenzando por la parte superior de la cabeza y moviéndote hacia abajo. Y nota las sensaciones que puedes sentir en tu cabeza... garganta... cuello... hombros... pecho... abdomen... brazos... manos... piernas... y pies. Ahora, acércate a la parte de tu cuerpo en donde sentís esto con mayor intensidad. Y observa este sentimiento de cerca, como si nunca hubieras observado algo así antes (pausa de 5 segundos); observa la sensación con cuidado... permití que tus pensamientos vayan y vengan como autos que pasan por la calle, y mantén tu atención en el sentimiento... nota donde comienza y donde termina... aprende tanto de él como puedas... ¿si dibujaras una línea en torno a eso, qué forma tendría? ¿Está en la superficie del cuerpo o dentro tuyo, o en ambos lugares? ¿Qué tan adentro tuyo está? ¿Dónde es más intenso? ¿Dónde es más débil? (pausa de 5 segundos).

Si te enganchas con tus pensamientos, tan pronto como lo notes, vuelve y enfócate en la sensación... obsérvala con curiosidad... ¿de qué manera es distinta en el centro que en los bordes? ¿Hay alguna pulsación o vibración dentro de ella?... ¿es liviana o pesada?... ¿se mueve o está inmóvil?... ¿cuál es su temperatura? ¿Hay puntos más tibios o más fríos en ella? Nota los diferentes elementos dentro de ella... nota que no es sólo una sensación, sino que hay sensaciones dentro de las sensaciones... nota las distintas capas...

RESPIRAR

Y mientras observas este sentimiento, permití que tu respiración llegue hacia el... imagina tu respiración fluyendo hacia y alrededor de este sentimiento... respirando dentro y alrededor de este sentimiento

EXPANDIR

Y mientras respiras en él, sentí que de alguna manera, se abre un espacio dentro tuyo... te abrís en torno a este sentimiento... haces espacio para este sentimiento... te expandís en torno a él... como sea que tenga sentido para vos... respirando en este sentimiento y haciéndole espacio en vos...

PERMITIR

Y fíjate si tan solo puedes permitir que este sentimiento esté ahí. No tienes que quererlo ni desearlo... solo permitirlo... dejarlo permanecer... obsérvalo, respira en él, ábrete en torno a él y permítele estar.... Quizá sientas un impulso fuerte a luchar con eso o a quitártelo. Si es así, solo nota el impulso sin actuar en base a ese impulso... y continúa observando la sensación. No trates de librarte de eso ni de cambiarlo. Si cambia por sí mismo, está bien, si no, también está bien. La meta no es cambiarlo ni librarte de eso, la meta es solo permitirlo... dejarlo estar

OBJETIVIZAR

Imagina que este sentimiento es un objeto. En tanto tal, ¿qué forma tiene? ¿Es líquido, solido, gaseoso? ¿Se mueve o está inmóvil? ¿Qué color tiene? ¿Es transparente u opaco? ¿Si pudieras tocar la superficie, cómo se sentiría? ¿Húmeda o seca? ¿Suave o áspera? ¿Tibia o fría? ¿Dura o blanda? Observa este objeto con curiosidad, respira en él, y ábrete en torno a él... no te tiene que gustar, no lo tienes que querer, solo permitirlo... y notar que tú eres más grande que este objeto, sin importar que tan grande se vuelva, no puede ser más grande que vos

NORMALIZAR

Este sentimiento te dice algunas cosas importantes... te dice que tú eres un ser humano con un corazón, te dice que te preocupas... te dice que hay cosas en la vida que te importan... y esto es lo que los seres humanos sienten cuando hay una brecha entre lo que quieren y lo que tienen... más grande es la brecha, más grande es el sentimiento

AUTOCOMPASION

Ahora, lleva una de tus manos y ponla en esta parte de tu cuerpo... imagina que es una mano que puede curar... la mano de una persona que queréis, uno de tus padres, una enfermera... y sentí la tibieza fluyendo de tu mano hacia tu cuerpo... no para quitarte el sentimiento sino para hacerle espacio... para ablandarte y aflojarte en torno a él... sostenlo con gentileza, como si fuera un bebé llorando o un cachorro asustado.... Y deja que tu mano caiga, vuelve a respirar en ese sentimiento y expándete en torno a él

EXPANDIR LA PERCEPCION

La vida es como un escenario... y en ese escenario están todos tus pensamientos, tus sentimientos, y todo lo que puedes ver y tocar y oír y percibir... y por los últimos minutos, bajamos las luces del escenario y pusimos un reflector sobre este sentimiento... y ahora es momento de encender el resto de las luces... así que enciende las luces de tu cuerpo... nota tus brazos y piernas y cabeza y cuello... y nota que puedes mover tus brazos y piernas, sin importar qué sientas....podes estirarte y notar que te estás estirando...y notar las luces en el cuarto, y lo que puedes oír...y nota que no sólo hay un sentimiento, sino que es un sentimiento dentro de un cuerpo, dentro de un cuarto, dentro de un mundo lleno de oportunidades...

4. ¿ESTAS DISPUESTO A BUSCAR AL SEÑOR MALESTAR? (Para hacer aquí y ahora en el presente)

¿Está dispuesto ahora a buscar al señor malestar? Si no lo estás, de acuerdo, pero ¿podemos revisar el precio que pagas por no hacerlo? ¿Qué valores y cosas importantes estás dejando de lado? Si estás dispuesto ve observando detenidamente tu cuerpo, recorriéndolo lentamente y observa que sientes con curiosidad. Si entras en pánico, amplia tu atención a lo que ves y oyes aquí y ahora en ti entorno. Puedes hacer esto también con recuerdos dolorosos. También puedes observar al señor malestar mientras haces cosas que te importan estando dispuesto a tenerlo mientras continúas con ellas.

5. FISICALIZACIÓN DEL MALESTAR (Destaca tanto la aceptación como la defusión) (Ejemplo de trabajo con grupos en este ejemplo)

Os voy a pedir nuevamente que os acomodéis en vuestras sillas, cerréis los ojos y penséis en una situación con la que estáis luchando (se deja un minuto). Ahora quiero que veáis si podéis abandonar la lucha que tenéis con lo que cada uno siente en esa situación. Cualquier cosa que cada uno sienta está bien. Comiencen por ponerse en contacto con lo que cada uno siente al pensar en esa situación…..(se espera un minuto). Bien, ahora quiero que os imaginéis sacando esos sentimientos fuera de vosotros, como si pudierais cogerlo con vuestras manos, al igual que se coge un objeto, poniéndola frente de vosotros en el suelo de esta habitación. Ahora., en silencio, cada uno tiene que describir como es esa emoción, cuál es su tamaño, su forma, su textura, su peso, su movilidad….Volved de nuevo a pensar en la situación con la que estáis luchando y si os viene otro sentimiento, volved a sacarlo de nuevo delante de vosotros y ponerlo delante describiendo sus características (peso, tamaño, color, etc…) hasta que no sintáis nada….y entonces sacad, ese "sentimiento de nada" (si llegáis alguno a él) y haced lo mismo de sacarlo fuera y ver su forma, color, tamaño, movilidad, etc….

C) GUÍAS FLEXIBLES PARA TERAPEUAS

COMO DERIVAR Y TRANSFORMAR FUNCIONES DE ACEPTACION
(Resumen, Ruiz Sánchez, 2016)

1. Breves notas teóricas:

Ganancias a corto y largo plazo	Cuando aparece un contenido mental negativo la persona a plica la regla de "sentirse mejor" escapando, evitando o tratando de eliminar la vivencia interna negativa. El resultado es un alivio inmediato (reforzamiento negativo a corto plazo) pero que a largo plazo puede ser nefasto al producir evitación experiencial y restricción del horizonte vital valorativo de la persona en cuestión (pérdida de una vida reforzante a largo plazo)

Tres costes básicos de la evitación experiencial	1.Repetición de la conducta sin aprendizaje experiencial: Se reduce el contacto en que el presente se conecta con la historia personal, con lo que funciona y no funciona con lo que se repite problemas similares
	2.Desconexión de deseos personales: Puede que no seamos conscientes de lo que evitamos y así perdemos la oportunidad de si eso es realmente lo que queremos hacer
	3. No crecimiento personal: Suele conllevar evitación de acciones que favorecen el crecimiento personal (una vida significativa y valiosa).
La aceptación como alternativa a la evitación experiencial	La aceptación es una actitud voluntaria y abierta de estar dispuesto/a de manera receptiva, flexible y exenta de juicios en relación al momento presente y con elección en función de los valores personales

2. Qué es y no es aceptar

No es..	No es ceder-No es rendirse o resignarse sino abrirse a la experiencia presente para ir hacia lo que valoramos
No es..	No es fracasar-No es admitir un fracaso personal sino reconocer lo que no funciona o no da resultado
No es..	No es tolerar-La aceptación es activa, no pasiva; y supone apertura a la experiencia no aguantarla pasivamente
No es..	No es una técnica-Es una función que implica abrirse a la experiencia cuándo nos movemos hacia lo que nos importa más que una técnica en si misma
Si es...	Es un proceso en desarrollo-Conlleva altibajos e imperfecciones
Si es...	También es importante para el/la terapeuta-Es movernos y buscar hacia los intereses legítimos del cliente y supone abrirnos a la experiencia en esa dirección
Si es...	Se elige en función de los valores--No es revolcarse en el malestar porque sí, sino que es estar dispuesto a sentir, pensar, recordar y experimentar aquello que surge en el proceso de movernos en una dirección valiosa

11. Aplicación clínica de la aceptación

1º	Es importante comenzar por recabar la historia de aceptación del cliente, las experiencias pasadas difíciles que ha sobrellevado y como lo ha hecho
2º	En esos relatos del cliente de su historia de aceptación estamos atentos a sus "muletas verbales" o formas de expresarlas para usarlo después en el futuro en los procedimientos de aceptación que trabajemos con este

3º	Podemos exponer la idea de renunciar a luchas inútiles sin tener que desplegar toda la desesperanza creativa. En este punto podemos usar metáforas como la persona en el hoyo o tirar de la cuerda con un monstruo u otras similares que encajen bien con el cliente concreto
4º	Si viene al caso, es importante aclarar con el cliente varios puntos: (1) Estar dispuesto como alternativa al control y como requisito para la aceptación; (2) Que estar dispuesto no es lo mismo que querer (metáfora del invitado grosero p.e); (3) Que estar dispuesto es cuestión de todo o nada como un acto integral (p.e ejercicio de saltar); (4) Estar dispuesto se puede matizar en relación a las situaciones contextuales (p.e un cliente con agorafobia y pánico puede empezar a salir de casa inicialmente en distancias más cortas antes que a lugares lejanos, pero está totalmente dispuesto a experimentar lo que conlleve esos pasos y aceptar esas experiencias en función de sus valores personales
5º	Tener claro los costes de la falta de disposición y confrontar al cliente con ello cuando venga al caso: (1) "Dolor limpio": Malestar natural como respuesta a un problema de la vida real y (2) Dolor sucio": malestar innecesario derivado de tratar de controlar, eliminar o evitar el dolor limpio. En estos casos podemos usar el ejercicio del círculo de pastel para que el cliente ponga su porcentaje de ambos tipos de dolor en el problema en cuestión y traer experiencias inaceptables a la terapia para defusionarse de ella como p.e quedar con el cliente agorafóbico en un centro comercial
6º	Recordarnos que aceptación no es meramente terapia de exposición. La exposición busca reducir la activación emocional y en ACT abrirse a la experiencia y estar dispuesto con ella conlleva vivir aquello que es inaceptable y doloroso en función de los valores. Puede que con la aceptación se reduzcan los síntomas, pero la finalidad es la flexibilidad psicológica no esa reducción; es decir movernos hacia lo que nos importa con o sin malestar
7º	En las sesiones que trabajamos la aceptación hacemos en las mismas que el cliente pueda contactar con aquello que evita y reduce su horizonte valorativo. Podemos presentarla al modo: "¿Estás dispuesto a buscar al señor malestar?". Si dice que no, se le dice que estamos de acuerdo pero que revisaremos con él/ella el precio-costo de no hacerlo y qué valores está dejando de lado. Si está dispuesto le pediremos describir sus vivencias al contactar con el malestar (ejercicios de evocación o contacto directo) y si se da el caso de que entre en pánico ampliaremos el foco a que describa el entorno aquí y ahora. Podemos usar previamente metáforas que vengan a cuento

4. Qué hacer y no hacer en terapia con las intervenciones de aceptación

1º	No usar demasiada palabrería. La aceptación se modela por el contacto de contingencias experienciales (metáforas y ejercicios experienciales directos)
2º	Evitar convencer al cliente (plegamiento) con la lógica y el razonamiento. Mejor reforzar los pasitos del cliente cuando los de
3º	Como terapeuta puedes sabotear la terapia protegiendo a tu cliente de experiencias dolorosas. Mejor que le empoderes y trabajes la defusión
4º	Estar atento a las señales verbales y no verbales de la flexibilidad (mayor informalidad en el vestir, gestos, hablar, etc.)

Fuente: Steven C. Hayes, Kirk Strosahl y Kelly G.Wilson: Terapia de aceptación y compromiso. Proceso y práctica del cambio consciente (Mindfulness). DDB. 2014

11. Metáforas y ejercicios adicionales para el caso de fusión cognitiva

A) METÁFORAS:

1. METÁFORA DEL CONDUCTOR DEL AUTOBÚS:

"Imagínese que usted es el conductor de un autobús con muchos pasajeros. Los pasajeros son pensamientos, sentimientos, recuerdos y todas esas cosas que uno tiene en su vida. Es un autobús con una única puerta de entrada, y sólo de entrada.

Algunos de los pasajeros son muy desagradables y con una apariencia peligrosa. Mientras usted conduce el autobús algunos pasajeros comienzan a amenazarle diciéndole lo que tiene que hacer, dónde tiene que ir, ahora gire a la derecha, ahora vaya más rápido, etc., incluso le insultan y desaniman, eres un mal conductor, un fracasado, nadie te quiere... Usted se siente muy mal y hace casi todo lo que le piden para que se callen, se vayan al fondo del autobús durante un rato y así le dejen conducir tranquilo.

Pero algunos días se cansa de sus amenazas, y quiere echarlos del autobús, pero no puede y discute y se enfrenta con ellos. Sin darse cuenta, la primera cosa que ha hecho es parar, ha dejado de conducir y ahora no está yendo a ninguna parte. Y además los pasajeros son muy fuertes, resisten y usted no puede bajarlos del autobús. Así que resignado vuelve a su asiento y conduce por donde ellos mandan para aplacarlos.

De esta forma, para que no le molesten y no sentirse mal usted empieza a hacer todo lo que le dicen y a dirigir el autobús por dónde le dicen para no tener que discutir con ellos ni verlos. Usted hace lo que le ordenan y cada vez lo hace antes, pensando en sacarlos de su vida. Muy pronto, casi sin darse cuenta, ellos ni siquiera tendrán que decirle "gire a la izquierda", sino que usted girará a la izquierda para evitar que los pasajeros se echen sobre usted y le amenacen.

Así, sin tardar mucho, empezará a justificar sus decisiones de modo que casi cree que ellos no están ya en el autobús y convenciéndose de que está llevando el autobús por la única dirección posible. El poder de estos pasajeros se basa en amenazas del tipo "si no haces lo que te decimos, apareceremos y haremos que nos mires, y te sentirás mal". Pero eso es todo lo que pueden hacer. Es verdad que cuando aparecen estos pasajeros, pensamientos y sentimientos muy negativos, parece que pueden hacer mucho daño, y por eso usted acepta el trato y hace lo que le dicen para que le dejen tranquilo y se vayan al final del autobús donde no les pueda ver.

¡Intentando mantener el control de los pasajeros, en realidad ha perdido la dirección del autobús! Ellos no giran el volante, ni manejan el acelerador ni el freno, ni deciden dónde parar. El conductor es usted. "

2. METÁFORA DE LA GUERRA DE LA MENTE: CON ELLA PODEMOS INTRODUCIR LA ACT

"La mayoría de los tratamientos psicológicos y psiquiátricos son versiones mejoradas de lo que suelen hacer los humanos cuando tienen malestar emocional; es decir tratan de cambiar directamente como usted piensa y siente.

Los humanos cuando experimentamos malestar emocional solemos usar la maquinaria mental para deshacernos del mismo o controlarlo. Muchas personas evitan las situaciones, pensamientos, recuerdos y sentimientos que le producen malestar alejándose de ellos, distrayéndose en otras actividades o tratando de controlarlos directamente.

Cuando esto no funciona, entonces se pueden plantear acudir a un psiquiatra o psicólogo para que "le ayude a ganar las batallas y la guerra contra los pensamientos, los sentimientos, los recuerdos, la falta de ganas y otras dificultades emocionales". En estas terapias se suelen proponer métodos para controlar ese malestar como es el caso de aprender a controlar los pensamientos y actitudes negativas o modificar las condiciones corporales que se relacionan con el malestar emocional, por ejemplo, usando la medicación o aprendiendo distintos métodos de autocontrol. También otros terapeutas le ayudaran a embarcarse en la guerra de la mente de otras maneras distintas, como explorar su pasado, buscar los motivos inconscientes y ocultos o explorar sus verdaderos sentimientos. Todos esos métodos son versiones sofisticadas de entrar en la guerra de la mente que muchas veces funcionan mejor que los métodos habituales que usa la gente para desembarazarse de su malestar.

Pero, ¿qué ocurre cuando esos métodos sofisticados de guerra mental también son insuficientes? Aquí entra esta terapia.

La **terapia de aceptación y compromiso** es un tratamiento que aborda la guerra y batallas de la mente desde otra perspectiva. Es más exigente y puede resultar confusa. No la podemos describir ahora completamente porque, hasta cierto punto, explicar la terapia ocurre durante el mismo progreso del tratamiento. **Pero está basada en la idea de que en lugar de ayudarle a ganar la batalla en la que ha estado, puede funcionar mejor ayudarle a salirse de la batalla o guerra mental en la que está inmerso/a.**

Está enfocada en las cosas que le llevan a mantener esa lucha mental y busca cambiar esas cosas. Es un trabajo fundamental que **trata de la relación entre usted mismo y sus experiencias psicológicas; sus emociones, pensamientos, memorias, ganas, etc**. No es un planteamiento en el que se pueda entrar a la ligera, pero ha sido útil para algunas personas con problemas similares a los suyos.

Veremos, para introducirle en esta terapia algunas otras metáforas más, además de esta que hemos apuntado de "entrar o salir de la guerra de la mente.

¿Está usted actualmente inmerso en plena guerra mental? ¿Y qué le dice su experiencia a la larga? Aunque parece que gana algunas batallas, ¿la guerra la va ganando o se hace interminable? ¿Y qué precio está pagando su vida por seguir inmerso en esas batallas? En esta terapia se propone algo fundamental: **¡salga de su mente y entre en su vida!"**

3. METÁFORA DEL HOTEL Y EL HOSTELERO: Adaptada de Baer.

"Imagina que regentas un hotel. En la hora del desayuno, y en otros momentos del día muchos de ellos coinciden en el salón comedor y hablan entre sí. Escuchas a muchos de ellos hablar entre sí de la situación del mundo, del país, de la política, de la economía y de lo que habría que hacer y cambiar para mejorar la situación, y escuchas como siguen y siguen hablando, dando y dando más vueltas a múltiples asuntos de la situación nacional y local. Te das cuenta de que rumian y rumian.

¿Y qué puedes hacer tú con esto? Podrías decirles que salgan a pasear y visiten los sitios turísticos de la ciudad, pero quizás eso no funcione con ellos o te vean como poco acogedor con sus asuntos. Incluso algunos huéspedes pueden preferir quedarse todo el día en el hotel y continuar con estos asuntos. A veces a los que se quedaron en el salón has intentado convencerlos de que hablen de otros asuntos más agradables, pero tu experiencia te dijo que eso no suele funcionar ya que van a lo suyo. Incluso si insistes en esto podrías perder a tus clientes para el hotel.

Has comprobado que te va mejor si les das los buenos días, le sirves sus comidas, te centras en tu trabajo del hotel y le dejas que ellos vayan a los asuntos que deseen. Por supuesto no tienes que estar de acuerdo con lo que hablan, pero te va mejor si centras tu atención en otros huéspedes más agradables o te limitas a tus tareas, incluso cuando haces esto, le escuchas hablar de fondo sin que a penas de afecte.

Tu eres el/la hostelera. Algunos de tus pensamientos y sentimientos son desagradables, ¡cómo para todo el mundo!, y a pesar de que le gritas y le dices que se callen e intentes controlarlos, siguen ahí el tiempo que desean. Cuando miras alrededor de tu vida, y no te centras en ellos y te pones a hacer lo que a ti te importa, las cosas te van mejor, aunque ellos estén ahí de fondo rumiando y rumiando. Practicar esto te hace conectar mejor con tu vida".

4. METÁFORA DE LA CASA Y LOS MUEBLES:

"Imagina una casa llena de muebles. Los muebles no son y nunca serán la casa. Simplemente estos están dentro de ella. La casa sólo contiene a los muebles que hemos puesto y les da un lugar para que puedan funcionar como muebles.

Ahora, podemos considerar a los muebles como buenos o malos. ¿Esto diría algo del valor de la casa? Claro que no, no diría nada de su valor porque una cosa son los muebles y otra la casa.

Por tanto, lo que tú piensas o sientes (muebles) no conforma tu identidad (casa). No eres tú"

5. METÁFORA DEL CIELO Y LAS NUBES:

"Si te pones a mirar al cielo, unos días estará completamente raso sin nubes y otros con nubes. Los días con nubes puedes que encuentres nubarrones negros, más blancos y de distintos tamaños y formas. Si te quedas mirándolos verás cómo se mueven llevados por el viento aunque sea muy lentamente. El cielo sin embargo, el fondo que da soporte a las nubes siempre permanece igual, mientras las nubes van y vienen. Es como tú, que experimenta muchos pensamientos, sensaciones y sentimientos que van y vienen, que puedes observar; dándote cuenta, que tú como observador eres como el cielo, y tus pensamientos, sentimientos y sensaciones las nubes que van y vienen, que están en ti, pero que no son el cielo que los contiene, no son tú"

6. METÁFORA DEL JARDIN Y LAS MALAS HIERBAS: (Se utiliza también para trabajar con los valores personales)

"Supongamos que cada uno de nosotros somos jardineros, adoramos nuestras plantas, las plantas son las cosas que queremos en nuestra vida. Hemos seleccionado un lugar para plantar nuestro jardín, hemos distribuido las plantas dejando más terreno para las que más nos gustan, para las que queremos que más crezcan y menos espacio para las plantas que no son tan relevantes para nosotros. Hemos preparado la tierra, plantado semillas, algunas han brotado, unas con más fuerza, otras con menos...Y claro, algunas plantas importan más que otras, puede no ser lo mismo que se seque uno de los geranios a que se seque un rosal, el rosal puede que sea una de las plantas que más importen, que se cuide con más mimo...Ahora dime, ¿Cuáles son tus áreas o facetas de valor, como si fueran las plantas de tu jardín?, ¿Cuánto te importa cada una de ellas?...Fíjate que no te pregunto cómo están actualmente, sino que sector ocupan en tu terreno, te pregunto sobre el valor que ellas tienen para ti..."

"Entonces tenemos la planta de tu pareja que te importa mucho y le das una importancia de diez sobre diez, el ámbito laboral que le has dado una importancia de ocho, la planta de...Ahora bien, dime, actualmente ¿Cómo están las plantas de tu jardín, están frondosas o más bien mustias?....Si las plantas hablaran del jardinero ¿ qué crees que dirían?¿Dirías tu que el jardinero está poniendo todo el abono necesario, que el trabajo que está haciendo es suficiente según la importancia que cada una de sus plantas tiene?...Ahora te pido que mires tu

comportamiento como jardinero y que me digas de cero a diez lo fiel que estas siendo con tus plantas...."

"Podríamos decir que éstas son las cosas desagradables, las que de alguna manera no te están dejando cultivar las plantas que más quieres vendrían a ser las malas hierbas del jardín, éstas que crecen y lo ponen feo. Y dime tu como jardinero, ¿Qué haces con la mala hierba que aparece en tu jardín ?...Apenas ves que están apareciendo, rápidamente te afanas en arrancarlas ¿verdad?...Y hacer esto rápidamente ¿hace que la mala hierba desaparezca por completo?...Desaparece a la corta pero a la larga, al otro día, que pasa... ¿otra mala hierba?, ¿En otro lugar? Y entonces, tú rápidamente a arrancarla....y de nuevo...En tu experiencia, ¿consigues erradicar por completo la mala hierba?"

"Dime, sí el jardinero solo se ocupa de arrancar la mala hierba porque no la quiere tener en su jardín, porque si ve malas hierbas, no está dispuesto a cuidar del resto de plantas:

¿Qué pasaría si emplea todo su tiempo erradicar la mala hierba? ¿Cómo estarían entonces sus plantas, solo dedicándose a cortar y cortar la mala hierba? ¿Podría regar, mover la tierra y abonar sus plantas?¿Podría emplearse en cultivar sus plantas?...¿Y si la mala hierba fuese parte de tener jardines?¿Y si hubiese que aprender a vivir con lo que el jardín ofrece a cada momento? Porque, dime una cosa, siempre pendiente de la mala hierba... ¿Estás disfrutando de las plantas que te da tu jardín?... "

B) EJERCICIOS EXPERIENCIALES:

1. EJERCICIO DE HACER OBJETOS DE NUESTRAS REACCIONES (EJERCICIO DE FISICALIZACIÓN):

"Os voy a pedir nuevamente que os acomodéis en vuestras sillas, cerréis los ojos y penséis en una situación con la que estáis luchando (se deja un minuto). Ahora quiero que veáis si podéis abandonar la lucha que tenéis con lo que cada uno siente en esa situación. Cualquier cosa que cada uno sienta está bien. Comiencen por ponerse en contacto con lo que cada uno siente al pensar en esa situación.....(se espera un minuto). Bien, ahora quiero que os imaginéis sacando esos sentimientos fuera de vosotros, *como si pudierais cogerlo con vuestras manos, al igual que se coge un objeto, poniéndola frente de vosotros en el suelo de esta habitación. Ahora., en silencio, cada uno tiene que describir como es esa emoción, cuál es su tamaño, su forma, su textura, su peso, su movilidad....Volved de nuevo a pensar en la situación con la que estáis luchando y si os viene otro sentimiento, volved a sacarlo de nuevo delante de vosotros y ponerlo delante describiendo sus características (peso, tamaño, color, etc...) hasta que no sintáis nada....y entonces sacad, ese "sentimiento de nada" (si llegáis alguno a él) y haced lo mismo de sacarlo fuera y ver su forma, color, tamaño, movilidad, etc...Observad donde estáis vosotros como observadores y dónde están esas cosas que habéis puesto ahí a distancia, y daros cuenta del espacio, poco o mucho que hay entre ellas y vosotros"*

2. EJERCICIO DE LAS GAFAS OSCURAS:

"Ahora de nuevo acomodaos en vuestra silla, cerrad los ojos e imaginad una persona que lleva gafas oscuras durante muchos años de su vida y se ha acostumbrado a verlo todo por esos cristales, de modo que se olvida incluso que lleva esas gafas puestas. Os pregunto, ¿cuántos años lleváis con vuestras gafas oscuras como si fueran vuestros verdaderos ojos?.. ¿Qué pasaría si colocaras esas gafas a tu lado, y pudieras ver las gafas y las cosas que tanto dolor te producen? Desde luego que puedes elegir seguir viendo las cosas con esas gafas oscuras; es algo que solo tú puedes elegir. Pero si eliges seguir llevando tus gafas oscuras, también eliges el precio que tiene eso para tu vida, las consecuencias que tiene para tu vida.

También puedes elegir coger y ver esas gafas, sin confundirlas con tus propios ojos, así como ver las cosas sin esas gafas, y desde ahí elegir lo que más te convenga..."

3. EJERCICIO DE LA RADIO SIEMPRE ENCENDIDA:

"Y de nuevo volved a acomodaros en vuestra silla y cerrad los ojos. Imaginad que estáis escuchando una radio. A veces la mente es como tener una radio siempre encendida y en la misma emisora sin que podamos cambiarla. A veces la emisora dice cosas bonitas y otras dice cosas que alteran profundamente. Os pregunto ahora, ¿Qué está diciendo vuestra mente en este preciso momento? ¿Y si lo que hubiera que hacer con esas voces de la radio de vuestra mente es tratarlas como mensajes de una radio que da órdenes, consejos y críticas? La radio siempre está encendida y está ahí para ser oída, pero no es necesario hacer caso a sus mensajes. ¿No estáis cansados ya de tomarlos en serio y tener que parar vuestra vida según lo vais escuchando? ¿Y si ocurriese que lo que hay que aprender es a tener la radio siempre encendida y hacer lo que nos convenga? La radio siempre está encendida, ¿Qué te está diciendo ahora? (pausa). Otras veces dirá cosas como la que os suele rondar por vuestra mente (pedir al grupo que digan ejemplos personales); ¿y si escuchamos la radio mientras atendemos y seguimos haciendo lo que nos importa?"

4. EJERCICIO DE ESTOY TENIENDO EL PENSAMIENTO DE:

(Original de Rus Harris, traducido por Fabián Maero)

- *"Ponle el juicio negativo en una oración corta: "Soy X", por ejemplo soy un perdedor, o no soy lo suficientemente inteligente.*

- *Ahora fusiónate con ese pensamiento durante 10 segundos. En otras palabras, enrédate en él y créelo tanto como puedas.*

-*Ahora silenciosamente reproducir el pensamiento agregando esta frase antes: "estoy teniendo el pensamiento..." Por ejemplo, estoy teniendo el pensamiento de que soy un perdedor.*

-*Ahora vuelve a reproducirlo, pero esta vez agrega esta frase "Estoy notando que estoy teniendo el pensamiento..." Por ejemplo, estoy notando que estoy teniendo el pensamiento 'soy un perdedor".*

5. EJERCICIO DE CANTANDO O USANDO VOCES TONTAS:

(Original de Rus Harris, traducido por Fabián Maero)

-*"Ponle el juicio negativo en una oración corta: "Soy X", por ejemplo soy un perdedor, o no soy lo suficientemente inteligente.*

-*Ahora, dentro de tu cabeza, canta ese pensamiento con la melodía del Feliz cumpleaños.*

-*Ahora, dentro de tu cabeza, escúchalo con la voz de un personaje de historietas, personaje de película o comentador deportivo"*

-Cuida que la técnica no sea invalidante y no falte el respeto al cliente

6. EJERCICIO DE LA PANTALLA DEL ORDENADOR:

(Original de Rus Harris, traducido por Fabián Maero)

• *"Fusiónate con tu pensamiento negativo durante diez segundos, enredándote y creyéndolo todo lo que puedas.*

• *Ahora imagina una pantalla de ordenador e imagina que tu pensamiento está escrito allí como texto común en negro.*

• *Ahora, con el ojo de tu mente, juega con el color. Míralo escrito en verde, azul, amarillo.*

• *Ahora, con tu imaginación, juega con la fuente. Ponlo en cursiva, en letras estilizadas, en letras infantiles.*

• *Ahora ponlo nuevamente en texto en negro común nuevamente y esta vez juega con el formato. Junta las palabras, espácialas, ponlas verticalmente en la pantalla.*

• Ahora ponlo nuevamente en texto en negro común y esta vez anima las palabras. Haz que las palabras salten, o se ondulen como una oruga o giren en círculos.

• Ahora ponlos nuevamente en texto en negro común y esta vez imagina una pelotita de karaoke saltando de palabra en palabra, al ritmo del feliz cumpleaños."

7. EJERCICIO DE LOS PENSAMIENTOS NUBLADOS: (Adaptado de "The Mindfulness Project)

-Pedimos al/la cliente que dibuje varias nubes a partir de un ejemplo que podemos iniciar nosotros mismos.

-A continuación le decimos: "Los pensamientos van y vienen en nuestra mente como nubes en el cielo. Algunas son más grandes, otras más tenues, otras más oscuras, unas cuantas ovaladas, otras con otras formas; algunas pueden venir cargadas de lluvia..."

-Dibuja otras nubes y anota tus pensamientos dentro de ellas. Observa cómo evolucionan y van pasando contra el cielo azul de tu mente.

7. **EJERCICIO DE LAS MANOS EN EL ROSTRO:** (Adaptado de Rus Harris)

-"*Vamos a realizar un pequeño ejercicio para que veas por ti mism@ de qué se trata esto.*

-*Abre tus manos frente a ti como si se tratara de un libro abierto y lentamente llévalas a tu cara hasta cubrirla dejando sólo el espacio entre los dedos para mirar.*

-*¿Listo?*

-*Manteniendo las manos sobre tu cara, mira a tu alrededor con gran atención, tratando de percibir las cosas, objetos y personas que hay en ese lugar.*

-*Ahora comienza, muy lentamente, a separar tus manos de tu rostro, manteniendo tu atención enfocada en tu entorno. Fíjate en cómo cambia tu percepción y si notas detalles que a lo mejor antes ni siquiera habías percibido en tu entorno.*

-*Deja tus manos en tu regazo o sobre la mesa, abiertas, relajadas, descansando ahí. Ya.*

-*En este ejercicio tus manos representan tus pensamientos. Fusión es como cuando tus manos están sobre tu cara: no hay separación entre los pensamientos y tú, y ves todo a tu alrededor a través de ellos, sin lograr observar muchas cosas que están ahí afuera, ante tus 5 sentidos, para ser percibidas directamente, sin filtros mentales.*
-*Generalmente vivimos la mayor parte del tiempo inmerso en nuestras mentes sin percatarnos de ello. Vemos la realidad a través del lente que nuestros pensamientos van creando momento a momento. Igual que un pez no se da cuenta que está rodeado de agua y que su visión de todo lo que le rodea está determinada por el líquido elemento.*

-**Defusión**, *en cambio, es el proceso mediante el cual comienzas a separar tus manos de tu rostro.*

-*¿Cómo fue esa experiencia?*

-*¿Notaste cosas que antes no habías visto a tu alrededor?*

-Justamente, el objetivo de la Defusión es generar separación entre nuestra mente y nosotros mismos, un espacio abierto desde el cual poder mirar con mayor claridad lo que está sucediendo allá afuera, al tiempo que damos cuenta de los pensamientos que cruzan por nuestras mentes, sin rechazarlos ni apegarnos a ellos.

-Ahora bien, la fusión no es algo malo de por sí. Si estoy viendo una buena película, quiero sumergirme en ella y vivir lo que le sucede a los protagonistas como si lo que está siendo proyectado en la pantalla estuviera ocurriendo en la realidad en ese mismo momento.

-El problema con la fusión es cuando nos quedamos atrapados en pensamientos negativos y enjuiciadores acerca de nosotros mismos y ello nos detiene en nuestro camino hacia la vida que queremos vivir".

-Para evitar esto, el primer paso es conocer más acerca de los distintos tipos de fusión cognitiva.

9. EJERCICIO DE TOMAR NOTAS DEL TIPO DE FUSIÓN COGNITIVA:

Existen varios tipos o categorías de fusión:

1-Fusión con el pasado: cuando nuestra mente se queda pegada en recuerdos de fracasos, desilusiones, pérdidas, recriminaciones por no haber hecho tal o cual cosa, etc.

2-Fusión con el futuro: típicamente estos pensamientos son de preocupación por alguna catástrofe que nos aguarda en el futuro cercano...

3-Fusión con reglas: acá están todos los "deberías"... es decir reglas inflexibles que pretenden guiar la conducta con amenazas de castigo

4-Fusión con un Yo-conceptualizado: esta forma de fusión es particularmente problemática y aparece cada vez que tu mente te dice que no puedes hacer esto o lo otro porque "eres así o asá" (flojo/a, desorganizado/a, olvidadizo/a, etc., etc., etc.) o simplemente porque "tienes Déficit Atencional" (ojo con esa, que es una razón poderosa que tu mente puede usar a veces)

5-**Fusión con razones:** todos los porqués y explicaciones lógicas que dicen lo que puedes hacer o no en un momento dado. "No puedo cambiar porque siempre he sido así", "no puedo hacer esto porque es muy difícil", "no puedo lograr lo que quiero porque mis papás me criticaban mucho cuando era chico"...

Durante los próximos días ve rellenando los siguientes apartados de tipos de fusión cognitiva para trabajarlas con los ejercicios experienciales de defusión de este capítulo:

1.Fusiones con el pasado: *"Fracasé en...No pude hacer tal...Por eso soy tal..por eso me va tal de mal"*	
2. Fusiones con el futuro: *"¿Y si pasa tal...y si ocurre tal..?*	
3. Fusiones con reglas: "Debo de hacer o no hacer tal cosa"	
4. Fusiones con el Yo Concepto: *"Mi mente dice que yo soy un tal o tengo un tal y eso me impide tal"*	
5. Fusiones con razones: *"No puedo tal por el motivo o razón de tal"*	

10. EJERCICIO DE DESLITARIZAR EL LENGUAJE:

Se le pide a sujeto que diga-repita una palabra en ritmo normal (p.e "jamón") y que nos cuente todo aquello que le evoca. Se le dice que ese sonido parece evocar todo eso casi por arte de magia. Se le indica repetirla rápidamente durante un minuto y se le pide de nuevo que le evoque ahora. Lo mismo se puede hacer con otros pensamientos (p.e "soy malo") con diferentes tonos y ritmos, pero no con todo el repertorio del sujeto, sino con ejemplos significativos que tienen control en su vida.

11. EJERCICIO DE LA HOJA EN EL RIO (SIMILAR AL TREN DE LA MENTE O EL DESFILE DE SOLDADOS):

"Ahora por un momento cierra los ojos e imagina que estás sentado/a al pie de un gran árbol que te da sombra a la orilla de un rio que está justo a la orilla de tus pies y que pasa lentamente con su caudal cristalino. Te das cuenta que este árbol que te da cobijo desprende continuamente hojas que se balancean justo delante de ti y caen al agua. Observas como estas al caer delante de ti al agua la ves muy grande y conforme se la lleva la corriente rio abajo la vez cada vez más y más pequeñas, hasta perderla de vista.

Ahora imagina que algunas de esas hojas la puedes atrapar con tus manos, antes de soltarla en el rio y que este se las lleve con la corriente. Observa ahora mismo que pensamientos, preocupaciones, recuerdos e imágenes están viniendo a tu mente lo mismo que esas hojas que caen y caen del árbol al rio. Imagina que te viene un pensamiento y tú puedes escribirlo con un rotulador en esa hoja del árbol...alguno que venga ahora mismo aquí y ahora. Escríbelo en esa hoja y deposítalo suavemente en el rio, y observa como ves con claridad lo que has escrito, hasta que se va viendo cada vez más pequeño y lejano al circular rio abajo hasta desaparecer de tu vista. Continua haciendo esto con los pensamientos que te van viniendo aquí y ahora. Si te viene algún pensamiento o recuerdo en forma de imagen, haz lo mismo, imagina que le puedes hacer una foto que pegas en esas hojas, suéltalo y déjalo marcha rio abajo. Observa donde quedas tú mirando todo eso y como esos pensamientos e imágenes van rio abajo hasta desaparecer de tu campo visual".

12. INTERRUMPIR EL LENGUAJE PROBLEMÁTICO (TRAS HABER TRABAJADO UNA RELACION ADECUADA CON EL CLIENTE):

Durante la conversación con el cliente cuando este pone pegas del tipo "pero...", el terapeuta puede cambiar los peros por "y". Por ejemplo. "Iba a salir pero no tenía ganas"--→"Iba a salir y no tenía ganas". Otra forma habitual es cuando el cliente está fusionado a contenidos verbales relacionados con el Yo. Por ejemplo: "Soy una persona mala"----por-→"Soy una persona que se está valorando como mala" o "Estoy ansioso"----por-→"Estoy temiendo la emoción de ansiedad". Tipos de contenidos evaluativos más frecuentes con los que los clientes se fusionan son: "Bueno vs Malo, Correcto vs Incorrecto, Justo vs Injusto y Responsable vs Reprochable.

13. USAR LA DESESPERANZA CREATIVA EN LA CONVERSACION CON EL CLIENTE:

Cuando el cliente está muy fusionado a determinados contenidos mentales (control verbal de reglas) el terapeuta a modo de desesperanza creativa le pregunta a donde le lleva eso, si es hacia dónde quiere y valora como importante.

14. USAR EL DEBILITAR RAZONES:

Los clientes pueden generar reglas-razones aleatorias para explicar sus conductas en base a contenidos mentales fusionados (p.e "no fui a trabajar porque estaba deprimido") y que se inserta en su historia personal con efectos negativos y limitaciones en su vida. Esto cobra aún más importancia en cliente enganchados a razones relacionadas con su historia pasada. Cuestionar la veracidad de los hechos pasados suele ser inútil. Es más útil como defusión preguntas del estilo: (1) "¿Al servicio de qué fin está esta historia?"; (2) "¿Te ayuda esto a seguir adelante?"; "Bien, aunque sea verdad y lleves razón, ¿a qué te conduce esto?" y similares. B) Otra estrategia es preguntar al cliente por que hizo o no hizo algo que le ha perjudicado claramente. Se le anima a que de razones, e incluso a dar más razones posibles aún, incluso inventadas si es posible; incluso imaginando a otra persona dando otra serie de razones. Después se le pregunta si alguna otra vez ocurrió algo similar y no reaccionó de esa manera perjudicial. Si responde afirmativamente se le confronta de qué si esa son las razones como que entonces no hizo lo mismo. Se puede repetir el mismo proceso con sus respuestas, etc. Se le dice que el repertorio de dar razones es infinito pero se le pregunta si las cosas parecen funcionar en base a ellas realmente. La finalidad no es castigar que el cliente tenga sus razones sino ser consciente del proceso verbal en curso

15. EJERCICIO DE ETIQUETAR, REORIENTAR Y ESCOGER UNA ACCCIÓN:
Adaptado de Ruth A. Baer

Puedes usar tres pasos cuando te des cuenta de que te enganchas en rumiar o preocuparte y darle vueltas asunto que realmente no te lleva a ningún lado útil o que sea de ayuda para ti.

-Paso 1- *Etiquetar*-➔En cuanto te des cuenta de tus preocupaciones o rumiaciones improductivas dite a ti mismo/a, "Las preocupaciones han entrado en mi cabeza", "Los huéspedes de mi hotel desagradables ya están otra vez con sus discusiones". Si es un pensamiento valorativo sobre ti mismo al estilo "Esto es una tontería o soy estúpido", dite a ti mismo "Ya están aquí las etiquetas".

-Paso 2-*Reorienta tu atención*-➔ Es frecuente que la rumiación o el "come cocos" aparezca en un momento en que estés haciendo algo como conducir o lavar los platos u otra tarea. Si es el caso presta aún más atención a algún elemento de esa situación, como al volante o a la carretera, o al agua o jabonado de los cubiertos. Presta aún más atención a algún elemento de tu entorno.

-Paso 3-*Escoge una actividad, si es posible*-➔ Si estabas haciendo algo improductivo cuando comenzaste con la rumiación o preocupación, como estar tirado en la cama o aislado de manera depresiva, escoge hacer otra cosa que te ayuda más a salir de continuar con eso, como levantarte, dar un paseo o llamar a un conocido si eso son cosas que te importan a ti. Si estás dándole vueltas a u asunto que realmente es importante trata de dar un pequeño paso productivo en una dirección y no te quedes solo en el pensar. Incluso si esto te pasa con frecuencia puede ser de ayuda tener una lista de cosas para hacer a mano y a tu vista para hacer en estos casos y ponerte con ellas cuando te venga este come cocos. La idea no es evitar esos pensamientos sino cambiar tu conducta y tener más opciones que más de lo mismo. Las actividades que escojas es importante que estén en la dirección de las cosas que dan valor y enriquecen tu vida.

16. EJERCICIO DE MIRAR A TRAVÉS DEL PENSAMIENTO O MIRAR EL PENSAMIENTO: Adaptado de Fabi Craczoff

1. Le pides a tu cliente que seleccione un pensamiento que tiene mucho poder en su vida y que le aparta de la vida que él/ella desea y valora. Le dices que imagine que ese pensamiento es como unas gafas que lleva puesta y que nos diga que ve con ellas y a donde le lleva eso en su vida.
2. Luego le pides que imagine que ese pensamiento-gafas lo pone escrito en una pizarra que está delante de él/ella.
3. Continuas diciéndole que tome distancia con esa pizarra donde acaba de escribir su pensamiento y que observe el espacio entre él/ella y la pizarra. Le añades a esto decirle que puede quedarse en esa distancia o escoger la propaganda que hay escrita en la pizarra, y que desea escoger aquí y ahora y si eso le acerca o le aleja de la vida que le importa, desea y valora.
4. Se le pide para acabar, que cosas haría si toma distancia con ese pensamiento y como eso le acercaría a lo que él/ella valora y desea.

17. PON UN NOMBRE A TUS HISTORIAS: Adaptado de Rus Harris

"A tu mente le encanta contarte historias. No para de hacer esto durante todos los días de tu vida. Entre estas historias continuas están algunas que hablan de como tú eres, es la vida o las otras personas y lo que cabe esperar de cada una de ellas. Es como una emisora de radio que siempre está funcionando.

Por desgracia, muchas de esas historias son negativas y te hablan de desgracias, fracasos, peligros y otros asuntos desagradables. Esto es bastante normal, multitud de estudios dicen que casi el 80% de las cosas que pensamos los humanos son negativas.

Muchas teorías psicológicas y psiquiátricas tratan de eliminar o hacer más positivas y llevaderas esas historias. Pero su problema es que muchas veces eso no funciona y tú lo sabes.

Te propongo que pruebes otras cosas. Por lo pronto ponle nombre a alguna de las historias favoritas de tu mente, como por ejemplo "Mi vida es horrible" o "El perdedor". Puedes identificar dos o tres de tus historias mentales más frecuentes y ponerle nombres.

Después puedes preguntarte si esas historias llevan a tu vida hacia la dirección de lo que a ti te importan o te apartan de ello. Si te apartan, la próxima vez que aparezcan, puedes decirte, "ah ya veo que estás aquí otra vez con la historia de tal (nombre que le pusiste) pero realmente no me interesas, y voy a seguir en el camino que me importa a mí".

18. TENGO PENSAMIENTOS CUANDO MEDITO: Adaptado de Fabi Craczoff

Si estas practicando algún ejercicio de meditación y te vienen, que te vendrán, pensamientos que te distraen del mismo, ten a mano un folio o una nota con estas frases:

-"¿Tienes pensamientos cuando meditas?:
  -No te pelees con ellos, ni trates de apartarlo de forma forzada
  -Simplemente diles: Ahora no es tu momento, hasta luego

-Tener estos pensamientos no es hacer mal la meditación, sino una oportunidad de tratar con ellos.

-Si aprendo a relacionarme con ellos durante la meditación, tendré oportunidades de hacerlo también en mi vida"

Nota: Hay muchos más metáforas y ejercicios experienciales que los aquí listados, y la comunidad ACT no deja de inventarse nuevas metáforas y ejercicios. También es importante que tengas en cuenta que los mejores ejercicios y metáforas son aquellos que se adaptan mejor a los repertorios de tus clientes; y que tú mismo puedes inventarte creativamente los tuyos propias. También algunas de las metáforas y ejercicios listado en este y otros capítulos se aplican a otros procesos de inflexibilidad psicológica, como en el caso del yo contenido versus yo contexto. Lo importante, de nuevo, es lo que a ti te funcione.

C) GUÍAS FLEXIBLES PARA TERAPEUTAS:

CÓMO DERIVAR Y TRANSFORMAR FUNCIONES PARA REDUCIR LA FUSION COGNITIVA Y AUMENTAR LA DEFUSION COGNITIVA

(Resumen, Ruiz Sánchez, 2016)

1. Intervenciones:

1.Objetivos	Disminuir las funciones de control de la conducta en base a contenidos mentales (pensamientos y sentimientos) y ponerla más en relación a la experiencia directa. Disminuir el control verbal y aumentar el experiencial para que el sujeto se mueva hacia aquello que valora y no tanto por lo que evita en relación a los contenidos mentales
2.Desliteralizar el lenguaje	Se le pide a sujeto que diga-repita una palabra en ritmo normal (p.e "jamón") y que nos cuente todo aquello que le evoca. Se le dice que ese sonido parece evocar todo eso casi por arte de magia. Se le indica repetirla rápidamente durante un minuto y se le pide de nuevo que le evoque ahora. Lo mismo se puede hacer con otros pensamientos (p.e "soy malo") con diferentes tonos y ritmos, pero no con todo el repertorio del sujeto, sino con ejemplos significativos que tienen control en su vida.
3.Los pensamientos como pasajeros en el viaje de la vida	Se le plantea la metáfora del autobús, que puede ser incluso representada dramáticamente en la misma sesión. Se le pregunta después al cliente que pasajero le está hablando, a qué le impulsa, y si eso le acerca o aleja de la dirección que le importa
4.Desesperanza creativa	Cuando el cliente está muy fusionado a determinados contenidos mentales (control verbal de reglas) el terapeuta a modo de desesperanza creativa le pregunta a donde le lleva eso, si es hacia dónde quiere ir realmente y si ese "baile de pensamientos" le ayuda en eso
5.Practicar la observación de la mente	Para ello se pueden usar varios ejercicios experienciales como "desfile de soldados", "hojas en el rio", "el tren de la mente", etc. Si durante la experiencia el cliente empieza a dialogar o razonar sobre los mismos, se le dice que le hablaremos más tarde, y que esas mismas preguntas o razonamientos los coloque en esa experiencia del ejercicio
6.Debilitar razones	A) Los clientes pueden generar reglas-razones aleatorias para explicar sus conductas en base a contenidos mentales fusionados (p.e "no fui a trabajar porque estaba deprimido") y que se inserta en su historia personal con efectos negativos y limitaciones en su vida. Esto cobra aún más importancia en cliente enganchados a razones relacionadas con su historia pasada. Cuestionar la veracidad de los hechos pasados suele ser inútil. Es más útil como defusión preguntas

	del estilo: (1) "¿Al servicio de qué fin está esta historia?"; (2) "¿Te ayuda esto a seguir adelante?"; "Bien, aunque sea verdad y lleves razón, ¿a qué te conduce esto?" y similares. B) Otra estrategia es preguntar al cliente por que hizo o no hizo algo que le ha perjudicado claramente. Se le anima a que de razones, e incluso a dar más razones posibles aún, incluso inventadas si es posible; incluso imaginando a otra persona dando otra serie de razones. Después se le pregunta si alguna otra vez ocurrió algo similar y no reaccionó de esa manera perjudicial. Si responde afirmativamente se le confronta de qué si esa son las razones como que entonces no hizo lo mismo. Se puede repetir el mismo proceso con sus respuestas, etc. Se le dice que el repertorio de dar razones es infinito pero se le pregunta si las cosas parecen funcionar en base a ellas realmente. La finalidad no es castigar que el cliente tenga sus razones sino ser consciente del proceso verbal en curso
7. Interrumpir el lenguaje problemático	Durante la conversación con el cliente cuando este pone pegas del tipo "pero…", el terapeuta puede cambiar los peros por "y". Por ejemplo. "Iba a salir pero no tenía ganas"--→"Iba a salir y no tenía ganas". Otra forma habitual es cuando el cliente está fusionado a contenidos verbales relacionados con el Yo. Por ejemplo: "Soy una persona mala"----por-→"Soy una persona que se está valorando como mala" o "Estoy ansioso"-----por-→"Estoy temiendo la emoción de ansiedad". Tipos de contenidos evaluativos más frecuentes con los que los clientes se fusionan son: "Bueno vs Malo, Correcto vs Incorrecto, Justo vs Injusto y Responsable vs Reprochable"

2. Que hacer y no hacer con las intervenciones en la dimensión defusión:

1. No hacer…	Usar en exceso la lógica para presentar la defusión. Mejor usar las metáforas y ejercicios experienciales
2. No hacer…	Abusar de las metáforas de manera indiscriminada sin tener en cuenta el contexto de procesos deficitarios del cliente o grupo y como marcha la terapia aquí y ahora
3. No hacer…	Tener cuidado de usar el humor y que el cliente se sienta ridículo
4. No hacer…	Abusar de la defusión. Defusionar por defusionar. La fusión o defusión no es útil por si misma; sino depende del contexto y si genera una barrera para el cliente o como está en relación al balance de costes y resultados en su vida
5. Si hacer….	Detectar las señales de progresos (observarlas) si se dan en relación a la defusión y reforzar estas conductas. Por ejemplo si el cliente se detiene y adopta una postura observadora de sus vivencias; si el cliente percibe la sesión y la misma sala de la terapia como más ligera, abiertos, relajados y flexibles.

Fuente: Steven C. Hayes, Kirk Strosahl y Kelly G.Wilson: Terapia de aceptación y compromiso. Proceso y práctica del cambio consciente (Mindfulness). DDB. 2014

GUIARSE POR EL CONTROL VERBAL DE LA CONDUCTA

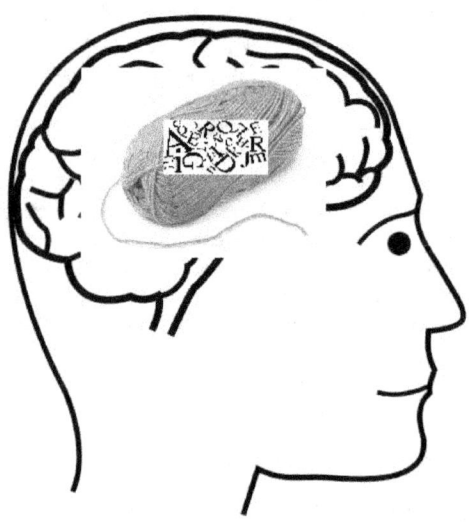

GUIARSE POR LA EXPERIENCIA

12. Metáforas y ejercicios adicionales para el caso del yo contenido

A) METÁFORAS:

1. METÁFORA DEL TABLERO DE AJEDREZ:

"Si siempre haces lo que has hecho, siempre obtendrás lo que siempre has obtenido" (Steven Hayes, creador de la terapia de aceptación y compromiso)

*"Imagina un tablero de ajedrez infinito. Está cubierto de piezas blancas y negras. Trabajan juntas, en grupos, como en el ajedrez, las blancas contra las negras. Imagina a pensamientos, emociones y creencias como esas piezas. Observa cómo van en grupos también, ansiedad, depresión, angustia junto a "malos" pensamientos y recuerdos. Lo mismo ocurre con los "buenos". Parece que para jugar hay que elegir qué equipo queremos que gane. Ponemos a los "buenos" en un lado y a los "malos" en otro. Nos subimos a lomos del caballo blanco y a luchar contra la ansiedad, la depresión... **Es un juego de guerra**. Pero hay un problema, y es que muchas partes de ti son tu propio enemigo y además como estás en el mismo plano que las piezas, pueden tan grandes o mayores que tú mismo. Y además, cuantas más luchas, más grandes se hacen. Cuanto más luchas contra ellas más espacio ocupan en tu vida, más habituales, más dominantes... Parece lógico pensar que si consigues echar a un número suficiente de ellas conseguirás dominarlas, solo que tu experiencia te dice lo contrario. No consigues echar a las negras del tablero y la lucha continúa. Te sientes desesperanzado, no puedes ganar y no puedes parar de luchar. A lomos del caballo blanco luchar es tu única opción ya que las piezas negras parecen temibles. Sin embargo vivir en zona de guerra no es forma de vivir."*

¿Cómo puedo salir de esa guerra?: ***Tú eres el yo observador de esa guerra, pero no eres esa guerra***

(1) Darte cuenta de cómo que ocurre esas batallas y esa guerra

(2) Darte cuenta de que tú no eres ni las piezas blancas....ni las negras, ni el tablero siquiera...

(3) Practicar **el yo observador** y practicar la diferencia con *el yo contenido* de los pensamientos y sentimientos, sensaciones, imágenes y recuerdos buenos y malos

¿Para qué trabajar con el yo observador?:

Una vez reconocidos los pensamientos y emociones, se entrena a las personas para que aprendan a vivirlos como menos poderosos de lo que hasta ahora han sido, a **distanciarse** de ellos. Tomar distancia es un medio para conseguir la flexibilidad psicológica, es decir, que la persona frente a las mismas situaciones sea capaz de decidir cómo actúa, teniendo presente su reacción emocional y también sus valores (lo que le importa de verdad y vale la pena en su vida)

2. METAFORA DEL CONTINENTE Y LOS CONTENIDOS:

"Mira este vaso o este lapicero que tengo aquí. Vamos a llenarlo con estos lápices, gomas, papeles, o de agua, zumo, etc. Una vez llenado con esos contenidos, volvemos a llenarlo y a vaciarlo, unas veces estará vacío, otras lleno de esto y lo otro. ¿Qué ha cambiado? ¿El vaso o el lapicero sigue siendo el mismo aunque esté vacío o lleno de tal? Ahora imagínate a ti mismo como ese vaso o lapicero, unas veces lleno de pensamientos de tal (se pueden poner los pensamientos que perturban al cliente), de sentimientos y sensaciones de tal (se pueden poner los sentimientos y sensaciones que perturban al cliente) y otras con otros pensamientos y sentimientos más neutrales o positivos (se le puede pedir que el mismo los genere)... ¿Qué ha cambiado? ¿Y quién se ha dado cuenta de esos cambios? ¿Cuándo estás lleno de tal o de tal quién observa esos cambios? ¿Y el lapicero o vaso son sus lápices o líquidos?"

B) EJERCICIOS EXPERIENCIALES:

1. COMO INCLUSO LAS CREENCIAS POSITIVAS SOBRE TI MISMO TE PUDEN METER EN PROBLEMAS:

Veamos el caso de cuando una persona tiene una creencia muy fuerte sobre cómo es ella misma puede meterla en problemas. Por ejemplo pongámonos en el caso de alguien que tiene una creencia positiva de sí mismo del tipo, "Yo soy buena persona, estoy lleno de bondad" que le lleva actuar de manera independiente a las situaciones guiado por ella. Te pregunto, "¿Qué problemas tendría si alguien con malas intenciones le pide ayuda y ella aplica esa forma de creer que es", siguiendo aquello de "haz el bien y no mires a quién?". "¿Y en tu caso hay alguna creencia positiva sobre ti mismo que te lleve a tener problemas parecidos?".

2. EJERCICIO DE ESTOY COMPLETO, ENTERO Y PERFECTO:

Comencemos cerrando los ojos y prestando atención a tu respiración aquí y ahora en el presente. Simplemente, observa tu respiración sin interferir en ella. Nota como tu pecho sube y baja al llenar y vaciar tus pulmones y como el aire sale y entra. Sigue con esto un par de minutos. Ahora repite mentalmente para ti, estoy completo, entero y perfecto....y continua repitiéndote esto un poco más de tiempo. Ahora te pregunto: ¿Cuándo te repetías eso que has sentido? ¿Has sentido algo parecido a no soy tan perfecto o tan completo? Incluso podemos hacerlo al revés si quieres, por ejemplo volviendo a comenzar con observar tu respiración aquí y ahora

(¿quieres hacerlo?) con palabras negativas como decirte "Estoy imperfecto, no entero e incompleto". Posiblemente en este caso también hayas sentido cosas como "no estoy tan incompleto ni soy tan imperfecto". Lo que quiero que veas es que no hay paz mental, la mente no para de hablarnos y hasta muchas veces de llevarnos la contraria. La mente actúa en modo automático muchas veces; incluso fíjate que te he dicho en el ejercicio "Estoy tal" y tu mente se ha ido a "soy o no soy", como si lo creyera o luchara para no creerlo...sin que nadie hablara de creerte nada. Eso es por el automatismo mental.

3. EJERCICIO DEL ARGUMENTO VITAL:

En este folio que te voy a entregar quiero que solo uses una cara del mismo para hacer el siguiente ejercicio: Escribe en el los principales acontecimientos de tu vida que te han marcado para convertirte en la persona que crees ser en la actualidad.

-Una vez que las hecho, observa en cada uno de esos hechos la diferencia que hay entre los hechos objetivos (lo que te paso e hiciste) y tus reacciones psicológicas (lo que pensaste y sentiste de lo que pasó o hiciste). Señalemos cada uno (los hechos y las reacciones psicológicas) con lápices de distinto color para cada uno.

-El siguiente paso es volver a escribir la misma historia de antes poniendo de nuevo los hechos objetivos (lo que te pasó e hiciste) pero cambiando o inventándote nuevas reacciones psicológicas (otras cosas que podías haber pensado o sentido). Esto lo puedes hacer todas las veces que quieras

-Por último observa cómo trabaja tu mente con sus reacciones psicológicas (lo que piensas y sientes sobre ti mismo, sobre tu vida) y date cuenta de la diferencia de eso con lo que te ocurre y haces. La mente es una "cuenta historias que te dice que la vida y tú eres tal o cual", pero sabes que son historias, y que la experiencia (lo que te ha ocurrido y has hecho) es otra cosa.

4. PASAR TUS DEBATES MENTALES DEL YO SOY A TU EXPERIENCIA SENSORIAL Y EMOCIONAL Y A QUE TE LLEVA ESO:

Cuando observemos que el cliente está enredado en debates muy racionalizados e intelectuales sobre sus creencias "yo tal o cual", le podemos proponer lo siguiente:

"Cierra los ojos y observa ahora mismo que estas con ese tema de yo soy o estoy de tal manera, como sientes tu cuerpo aquí y ahora en este presente. Obsérvalo despacio, sin prisas, comenzando a recórrelo lentamente de la cabeza a los pies. Observa muy despacio mientras haces este recorrido lento y pausado que te dice tu mente y a qué te empujan los impulsos que sientes y si eso te pone o no en la dirección de lo que a ti te importa y valoras de verdad"

5. PIDE OPINIÓN Y PRESTA ATENCIÓN A LAS PERSPECTIVAS DE OTROS:

Posiblemente tienes una idea de ti mismo que puede que te esté perjudicando ¿Pero le has preguntado a otras personas que te importan como te ven tu manera de ser? ¿Y hay muchas diferencias de opinión y puntos de vista? Observa como para verte a ti mismo, además de la opinión que tienes tú, existen otros puntos de vista y perspectivas. Si estás en tratamiento pregúntale a tu terapeuta como te percibe este y observa si hay matices distintos e importantes a cómo te ves tú a ti mismo.

5. EJERCICIO DE LAS PERSPECTIVAS:

"Cierra los ojos y observa atentamente tu propia respiración aquí y ahora en el presente. Simplemente, observa tu respiración sin interferir en ella. Nota como tu pecho sube y baja al llenar y vaciar tus pulmones y como el aire sale y entra. También puedes prestar atención a todos los sonidos que te lleguen aquí y ahora en este presente de la calle, de la habitación o lugar donde estés, de tu propio cuerpo. Sigue con esto un par de minutos. Date cuenta de que eres tú quién percibe todo esto, tú eres el observador de todo esto.

Ahora recuerda cualquier momento de tu infancia, cuando estabas en el colegio, en un cumpleaños, que haces y como te sentías en ese momento en tu papel de niño. Trae esa escena a tu mente como si la vieras en una pantalla de cine, lo que sucede ahí, los detalles del sitio. Date cuenta de que eres tú quién percibe todo esto, tú eres el observador de todo esto.

Continua con otra escena de tu vida por ejemplo viéndote donde estabas una o dos horas atrás, que hacías y como te sentías, ponla también en esa pantalla de cine y observa todos los detalles que puedas. Date cuenta de que eres tú quién percibe todo esto, tú eres el observador de todo esto, aunque te vengan pensamientos y sentimientos, tú eres el observador de todo esto.

Ahora imagínate en el futuro, ponlo en la pantalla, ahí eres más sabio e incluso imagina que te estás dando a ti mismo un buen consejo para tus problemas de ahora, escucha ese consejo y observa cómo te sientes y que haces en el papel de sabio. . Date cuenta de que eres tú quién percibe todo esto, tú eres el observador de todo esto, aunque te vengan pensamientos y sentimientos, tú eres el observador de todo esto.

Distintos momentos de la vida, distintos puntos de vista en cada momento, distintas actividades sentimientos y papeles de tu vida, y tú como observador/a de todo ello"

7. EJERCICIO DEL OBSERVADOR DEL PASO DEL TIEMPO:

"Cierra los ojos y observa atentamente tu propia respiración aquí y ahora en el presente. Simplemente, observa tu respiración sin interferir en ella. Nota como tu pecho sube y baja al llenar y vaciar tus pulmones y como el aire sale y entra. También puedes prestar atención a todos los sonidos que te lleguen aquí y ahora en este presente de la calle, de la habitación o lugar donde estés, de tu propio cuerpo. Sigue con esto un par de minutos. Date cuenta de que eres tú quién percibe todo esto, tú eres el observador de todo esto.

Ahora vamos a ir hacia atrás en el tiempo comenzando por ahora mismo. Obsérvate desde fuera, viéndote a ti mismo aquí sentado, la posición de tu cuerpo en la silla, la ropa que llevas puesta, los gestos y expresión de tu cara. Date cuenta de que eres tú quién observa todo esto.

Ahora recuerda donde estabas una hora antes de estar aquí. Mira ese momento con todos sus detalles, donde estabas, que hacías, que personas había ahí, los detalles del lugar. Date cuenta de que eres tú quién observa todo esto.

Ahora, demos un salto en el tiempo más grande...trae a ti mente una escena de donde estabas las últimas navidades. Mira ese momento con todos sus detalles, donde estabas, que hacías, que personas había ahí, los detalles del lugar. Date cuenta de que eres tú quién observa todo esto.

Continuemos con una escena de tu juventud, por ejemplo cuando te enamoraste por primera vez. Mira ese momento con todos sus detalles, donde estabas, que hacías, que personas había ahí, los detalles del lugar. Date cuenta de que eres tú quién observa todo esto.

Y prosigamos con una escena de tu infancia como por ejemplo una de tus primeros días de colegio. Mira ese momento con todos sus detalles, donde estabas, que hacías, que personas había ahí, los detalles del lugar. Date cuenta de que eres tú quién observa todo esto.

Te pregunto: ¿Quién ha observado todos estos momentos de tu vida?"

9. EJERCICIO DE CENTRARSE EN EL PRESENTE:

Con clientes que se perturban con el ejercicio de las perspectivas temporales podemos usar la alternativa de centrarse en el presente (respiración, sonidos), observando que siente y piensa en este momento presente y defusinando de esos contenidos mentales (p.e usando fisicalizar las sensaciones; ver capítulo 11) observado como él/ella se abre a todo eso sin evitarlo y destacando que ello hace que tenga el control y no aquello que siente o piensa.

9. EJERCICIO DE MIRARSE LA MANO (Adaptado de Kohlenberg y cols.):

"Ahora mismo te voy a proponer que mires una de tus manos durante unos cinco segundos. Bien, ¿lo has hecho verdad? Ahora te voy a pedir que te mires la mano y que seas consciente de que te miras la mano. ¿Notas la diferencia en los dos momentos?"

"¿Podemos aplicar esto a cuando sientes ansiedad o vergüenza? ¿Hacemos un ensayo aquí y ahora de esto?".

10. EJERCICIO "ARA" (Adaptado de Kohlenberg y cols.):

"Este ejercicio lo puedes usar en situaciones donde te sientes incomodo o con malestar en presencia de otras personas. Con esto te darás cuenta de tu actividad mental en esos momentos y podrás reaccionar de distinta manera sin dejarte llevar por ella.

-Empezaremos por empezar a practicar el observar y soltar tu respiración aquí y ahora y observaras tu respiración en esos momentos en que te encuentres mal en presencia de la gente. Pero antes de empezar me gustaría que escogieras una palabra o una frase corta que sea de tu gusto y que puedas usar al observa tu respiración. ¿Cuál escoges? Bien comencemos por cerrar los ojos y repetirte muy despacio esa palabra o frase y sigues observando tu respiración aquí y ahora, soltando toda la tensión que notes...y repetimos lo mismo varias veces.

-Continuemos repasando tu cuerpo de la cabeza a los pies, lentamente, notando donde te notas tenso, soltando esa parte y repitiéndote la palabra o frase, todo muy despacio, sin prisas.

-Prosigue ahora observando tu cuerpo, que pensamientos y sentimientos te vienen aquí y ahora y hazle espacio para permitirlos, sin huir, sin tratar de controlarlos o evadirlos, permite que estén ahí aunque tu mente trate de apartarlos. Observa cómo puedes permitir sentir y pensar lo que estás sintiendo y pensando sin dejarte llevar por eso, solo eso permite y observa lo que piensas y sientes ahora sin dejarte llevar por ello"

C) GUÍAS FLEXIBLES PARA TERAPEUTAS:

CÓMO DERIVAR Y TRANSFORMAR FUNCIONES PARA REDUCIR EL CONTROL DEL YO CONCEPTO Y AUMENTAR EL CONTROL DEL YO OBSERVADOR O CONTEXTO:

(Resumen, Ruiz Sánchez, 2016)

1.Objetivos clínicos cuando trabajamos con los procesos del Yo	1.Disminuir la vinculación al yo concepto (reglas y control verbal excesivo) 2.Ayudar al cliente a percibir el flujo continuo de la experiencia (contactar con las contingencias de cómo le van realmente las cosas según cursos de acción) 3.Aumentar la disponibilidad y flexibilidad mediante la toma de perspectiva en relación a direcciones valiosas y no a evitaciones experienciales relacionadas con el control verbal de su yo
2.Cómo disminuir la vinculación con el Yo Concepto	1. Se ponen ejemplos de cómo incluso las creencias positivas de sí mismo pueden cegar a la persona (p.e pensar "que uno/a es bueno o es buen padre" en determinados contextos puede hacernos insensibles a contingencias de cómo van las cosas realmente, p.e no defenderse de abusos de terceros o no captar errores personales a corregir). 2. Los autoconceptos de sí mismo/a generan falta de "paz mental" p.e en el ejercicio en relajación "soy perfecto, estoy completo o su reverso soy imperfecto y estoy incompleto" se producen asociaciones mentales negativas o positivas que rivalizan con las anteriores, etc. La mente actúa en automático de modo seductor 3. Se puede usar el ejercicio del "argumento vital" que consiste en hacer un listado de hechos a lo largo de la vida que han llevado al cliente a la persona que es hoy. Después se separan esos hechos objetivos de las vivencias subjetivas que le genera cada uno (pensamientos, emociones, sentimientos…) y en el siguiente paso se le pide que deje los mismos hechos "objetivos" e inventándose o generando

	otros subjetivos distintos en una o varias series alternativas. La finalidad no es buscar las mejores historias subjetivas sino comprobar cómo trabaja la mente (el control verbal) y disminuir la vinculación al yo conceptualizado
3.Cómo ayudar al cliente a percibir el flujo continuo de la experiencia y la autoconciencia momento a momento	1. Trabajar no solo a nivel intelectual sino a nivel experiencial desde el aquí y ahora de la sesión. Para ello se evoca (estímulos discriminativos verbales) cuestiones experienciales que generen respuestas del tipo "yo tal….". 2. ¿Cómo hacemos lo anterior?: Cuando veamos que el/la cliente se debate con una creencia tipo "yo tal…" le pediremos que preste atención aquí y ahora a su cuerpo (p.e mindfulness corporal) y que observe el impulso de su mente y que le propone ese impulso, que ralentice su experiencia y que gana si no se deja lleva por él, si le acerca a la vida valiosa que desea construir, etc.
4.Cómo fortalecer el contacto con la toma de perspectivas	1. Como el yo es algo "relacional" ("yo aquí, ahora, antes, entonces, con esta persona con la otra, etc…") se puede flexibilizar mediante el uso de perspectivas. 2. Una forma de explorar perspectivas es imaginando como verían esos eventos allegados que él/ella conoce e incluso pidiendo si desea la opinión del propio terapeuta. 3.Tambien se puede usar ejercicios de mindfulness e imaginación por ejemplo comenzando por prestar atención al presente de la respiración, que él/ella está percibiendo toso esto, llevándole mentalmente a escenarios futuros e insistiendo de que él/ella es el observador, que por un lado está lo observado (como si estuviera sentando en una butaca del cine y ve esas escenas en la pantalla, donde está él/ella no está la pantalla y viceversa, etc..) o también imaginar que en él, futuro es más sabio y compasivo/a y que se da a si mismo consejos…usar cartas que se escribe del futuro y otros ejercicios de imaginería que introducen perspectivas). Los ejercicios de la Gestalt de las sillas, etc., también pueden ser usados para derivar estas funciones 4. Otros ejercicios propios de ACT se pueden usar también para esto (metáfora del tablero de ajedrez, viaje en el tiempo desde el momento de la consulta hacia atrás en el

	tiempo destacando que él/ella es el observador de todas las escenas, etc.).
	5. Los ejercicios de defusión de emociones, impulsos y cogniciones en el aquí y ahora de la sesión también se usan para esto. Él/ella observando sus vivencias, ellas por un lado y el cómo observador/a por otro...etc.
5.Qué hacer y no hacer en terapia cuando trabajamos con los procesos del Yo	1. No hacer: Excederse en argumentos y explicaciones lógicas; pues pueden reforzar el problema del yo concepto. Mejor usar el lenguaje metafórico y los ejercicios experienciales-vivenciales.
	2. Si hacer: Si el/la cliente tiene valores espirituales, usarlo en la terapia si funciona para él/ella (por ejemplo que su yo tiene vida futura tras la muerte, etc.).
	3. Si hacer: Con clientes/as multiproblemáticos y autodestructivos (p.e los "clásicos trastornos de personalidad graves"), primero es necesario establecer con ellos una relación terapéutica adecuada (p.e usando las reglas de FAP), después observar sus estrategias de evitación experiencial (p.e "yo fragmentado o disociado") y tercero intervenir mediante metáforas y ejercicios experienciales para derivar flexibilidad psicológica.
	4. Si hacer: Observar las progresos in situ en la misma sesión, no solo a nivel de escalas sino de la misma conducta en sesión como referencias espontáneas a verse a sí mismo/a desde otras perspectivas, no quedarse atrapado/a en contenidos mentales reiterativos o reírse de sí mismo/a.

Fuente: Steven C. Hayes, Kirk Strosahl y Kelly G.Wilson: Terapia de aceptación y compromiso. Proceso y práctica del cambio consciente (Mindfulness). DDB. 2014

13. Metáforas y ejercicios adicionales para el caso de la no claridad de valores

1. EJERCICIO DE LOS CALCETINES DE ROMBO (Los valores son acciones y no sentimientos)

Lo que vamos a plantearte realmente es algo trivial y una verdadera tontería. ¿Te importa mucho en tu vida que la gente lleve calcetines de rombo puestos? Casi seguro que no. Lo que quiero es que te imagines que esto es realmente importante en tu vida, algo esencial. ¿Qué cosas podrías hacer para que la gente llevara calcetines de rombo? Imagina con libertad todas las cosas que podrías hacer para eso por muy raras que te parezcan. Bien, después de haber imaginado todas esas cosas, te pregunto; ¿si hicieras todo eso en tu vida realmente, y no solo en la imaginación, difundir los calcetines de rombo en tu vida sería algo muy importante? Casi seguro que sí. Lo que quiero que notes es que la importancia se la has dado implicándote en muchas acciones sobre esto. ¿En tu vida real, que cosas se interponen en que tú hagas cosas que te importan y valoras?. Difícilmente pueden ser los sentimientos o las ganas o sus falta, ya que has visto que la implicación en las acciones es lo principal e incluso en algo tan tonto como promover el uso de los calcetines de rombo.

2. EJERCICIO DE ELECCIÓN DE LAS MANOS (Los valores son elecciones no decisiones)

Te voy a pedir que elijas muy rápidamente entre tus pies. ¡Ya!. ¿Por qué elegiste ese pie frente al otro? Si no lo sabes, está muy bien eso. Si das razones para esa elección, te pregunto, ¿por qué es cierta esa razón?. Si me das otra razón a mi pregunta, te sigo preguntando, ¿por qué es cierta esta razón?, y así por cada razón que me des. Lo mismo te voy a preguntar por ejemplo por si te gusta más la Pepsi o la Coca Cola... y así podíamos hacer también en la elección entre dos comidas, hasta que me digas al final "porque sí y punto". Si llegas a eso, ¡muy bien!, de eso se trata, puedes elegir sin razón alguna. Los valores, lo que te importa a ti son elecciones no decisiones por razones.

3. EJERCICIO DEL PROPÓSITO (Los propósitos pueden ser un prerrequisito para los valores, aunque no sean lo mismo que ellos)

¿Te has preguntado a qué propósito obedece tus acciones o conductas? ¿Por ejemplo que propósito puede tener tus conductas depresivas, de rabia o ansiosas? ¿Cómo saberlo? Pues mira las consecuencias de las mismas, a que conducen. ¿A qué consecuencias conducen mis conductas depresivas? Puede que me aísle en casa y deje de relacionarme con otras personas, que abandone una serie de actividades. Esos serían los propósitos, y así para todas tus acciones, viendo a que consecuencias conducen. Esas son elecciones, pero te pregunto ahora, ¿en qué dirección quieres llevar tu vida que a ti te importa y valoras?

4. EJERCICIO DE QUE QUIERES QUE REPRESENTE TU VIDA: EL FUNERAL

Imagina que hoy mismo falleces desgraciadamente. Tu cuerpo está en el tanatorio, y tú puedes verlo desde fuera como un espíritu e incluso acercarte a la gente que está allí, tanto tus seres queridos como los amigos, otros conocidos y hasta gente que ni te suena. Quiero que te imagines que te acercas a los desconocidos y captes lo que piensan y siente realmente de ti; tu estado espiritual te permite hacer estas cosas tan extrañas. Mira cómo te recuerdan, que opinan de cómo ha sido tu vida y si mereció o no la pena. Haz lo mismo con tus amistades y por último con tus seres queridos. ¿Son esos los recuerdos que quieres dejar en ellos de lo que fue tu vida? Después abre los ojos y pregúntate, ¿estoy llevando a cabo una vida valiosa para mí? ¿Qué pasos puedo ir dando para ello si no es el caso?

5. EJERCICIO DEL EPITAFIO (LA LÁPIDA)

¿Cuándo fallezcas que frase van a poner en tu lápida? Dibuja tu lápida y pon en ella tu nombre y debajo algo así. "Aquí yace fulanito que dedicó su vida a...(y escribes debajo a qué dedicaste tu vida). ¿Y qué frase es la que te gustaría que pusieran? ¿Esa es la vida que tú quieres llevar realmente? ¿Qué pasos puedo ir dando para ello si no es el caso?

6. EJERCICIO DE LA DIANA (Adaptado de Hayes, Strosahl y Wilson)

Vamos a usar una diana para valorar tu tipo de puntería. Con ello veremos como enfocas tu vida en relación a lo que te a ti te importa y valoras. Para ello vamos a escoger primero una serie de dardos, pongamos por ejemplo unos 6. Cada uno de ellos van a representar cosas que te importan en tu vida. Por ejemplo (tú pon los tuyos, estos que vienen aquí son solo ejemplos):

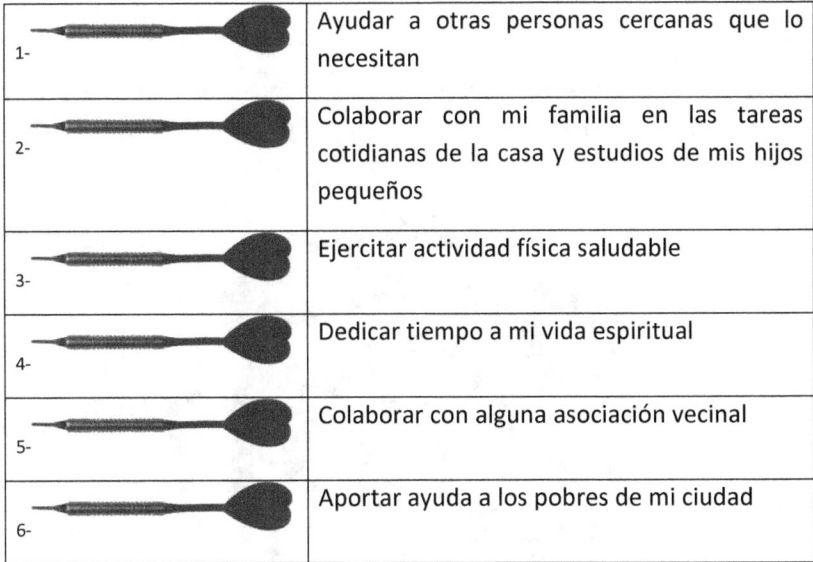

1-	Ayudar a otras personas cercanas que lo necesitan
2-	Colaborar con mi familia en las tareas cotidianas de la casa y estudios de mis hijos pequeños
3-	Ejercitar actividad física saludable
4-	Dedicar tiempo a mi vida espiritual
5-	Colaborar con alguna asociación vecinal
6-	Aportar ayuda a los pobres de mi ciudad

Recuerda que el propósito del juego de dardos es dar en el centro o acercarte a este lo más que puedas. Cada dardo tiene un número, colócalo con una "marca-número" en la diana de tu vida y comprueba como de cerca o lejos están del centro, y si aquellos que más te importan están cerca o lejos del centro de la diana

-Escribe aquí tus dardos/valores principales en tu vida-

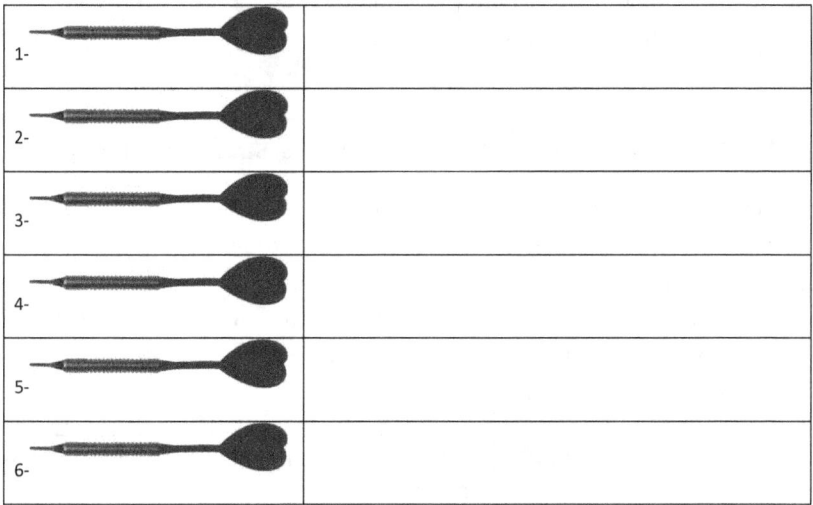

1-	
2-	
3-	
4-	
5-	
6-	

Ahora colócalos en la diana de tu vida, según lo cerca o lejos del centro con una "señal-número". El centro significa que lo estás llevando a cabo plenamente; el alejamiento, lo contrario.

7. RELLENAR UNA HOJA DE AREAS DE VALORES EN TU VIDA

El siguiente listado recoge una serie de áreas que la gente suele valorar como importante en su vida. Se trata que dentro de cada área tú pongas que es lo que más valoras y es más importante para ti en tu vida

1.FAMILIA CERCANA (Pareja e hijos)	
2.FAMILIA EXTENSA (Hermanos y parientes)	
3.AMISTADES	
4.VIDA LABORAL U OCUPACIÓN	
5.VIDA DE OCIO	
6.SALUD FISICA	
7.SALUD EMOCIONAL	
8.VIDA ESPIRITUAL	
9.VIDA SOCIAL Y COMUNITARIA	
10.OTROS	

8. SUEÑOS, PROYECTOS Y DESEOS PASADOS DEJADOS EN EL TINTERO

¿Qué sueños, ilusiones, proyectos o deseos tuviste en el pasado y por diversas circunstancias dejaste de lado? Escríbelos en el siguiente recuadro

¿Y esos proyectos, sueños e ilusiones pasadas no realizadas con que valores personales tuyos pueden estar relacionados? ¿Podrían ponerse en marcha en tu vida actual en cierto modo? Si te parecen inalcanzables, pregúntate de nuevo que hay de valioso en ellos y que puedes retomar en tu vida actual.

9. VALORES SUBYACENTES A LOS OBJETIVOS ACTUALES EN TU VIDA

¿Qué cosas son más importantes conseguir para ti en tu vida actual?. Haz una lista de estos

¿Y para qué te gustaría conseguir cada una de esas cosas? ¿Qué valor habría relacionado con estos? Haz una lista de los valores relacionados con ellos y pregúntate si incluso puedes llevarlos a cabo aunque ni consigas esos objetivos

10.PREGUNTA ADLERIANA DE LA EVITACION O PREGUNTA MILAGRO

ESTRATÉGICA

Imagina que esta noche mientras duermes se produjera un milagro. Tus mayores problemas y dificultades desaparecen de golpe y porrazo, pero solo empiezas a darte cuenta, mañana por la mañana poco a poco. ¿Qué es lo primero que notarías distinto mañana; y qué es lo primero que harías distinto al ocurrir este milagro? ¿Y para qué harías eso? ¿Qué hay de valioso en esas acciones que empezarías a hacer? ¿Y que es hacerlo actualmente ya en tu vida paso a paso, incluso sin ese milagro?

11.METAFORA DEL JARDINERO

"Supongamos que cada uno de nosotros somos jardineros, adoramos nuestras plantas, las plantas son las cosas que queremos en nuestra vida. Hemos seleccionado un lugar para plantar nuestro jardín, hemos distribuido las plantas dejando más terreno para las que más nos gustan, para las que queremos que m á s crezcan y menos espacio para las plantas que no son tan relevantes para nosotros. Hemos preparado la tierra, plantado semillas, algunas han brotado, unas con más fuerza, otras con menos...Y claro, algunas plantas importan más que otras, puede no ser lo mismo que se ser uno de los geranios a que se seque un rosal, el rosal puede que sea una de las plantas que más importen, que se cuide con más mimo...Ahora dime, ¿Cuáles son tus áreas o facetas de valor, como si fueran las plantas de tu jardín?, ¿Cuánto te importa cada una de ellas?...Fíjate que no te pregunto cómo están actualmente, sino que sector ocupan en tu terreno, te pregunto sobre el valor que ellas tienen para ti..."

"Entonces tenemos la planta de tu pareja que te importa mucho y le das una importancia de diez sobre diez, el ámbito laboral que le has dado una importancia de ocho, la planta de...Ahora bien, dime, actualmente ¿Cómo están las plantas de tu jardín, están frondosas o más bien mustias?....Si las plantas hablaran del jardinero ¿ qué crees que dirían?¿Dirías tu que el jardinero está poniendo todo el abono necesario, que el trabajo que está haciendo es suficiente según la importancia que cada una de sus plantas tiene?...Ahora te pido que mires tu comportamiento como jardinero y que me digas de cero a diez lo fiel que estas siendo con tus plantas...."

"Podríamos decir que éstas son las cosas desagradables, las que de alguna manera no te están dejando cultivar las plantas que más quieres vendrían a ser las malas hierbas del jardín, éstas que crecen y lo ponen feo. Y dime tu como jardinero, ¿Qué haces con la mala hierba que aparece en tu jardín ?...Apenas ves que están apareciendo, rápidamente te afanas en arrancarlas ¿verdad?...Y hacer esto rápidamente ¿hace que la mala hierba desaparezca por completo?...Desaparece a la corta pero a la larga, al otro día, que pasa... ¿otra mala hierba?, ¿En otro lugar? Y entonces, tú rápidamente a arrancarla....y de nuevo...En tu experiencia, ¿consigues erradicar por completo la mala hierba?"

"Dime, sí el jardinero solo se ocupa de arrancar la mala hierba porque no la quiere tener en su jardín, porque si ve malas hierbas, no está dispuesto a cuidar del resto de plantas:

¿Qué pasaría si emplea todo su tiempo erradicar la mala hierba? ¿Cómo estarían entonces sus plantas, solo dedicándose a cortar y cortar la mala hierba?¿Podría regar, mover la tierra y abonar sus plantas?¿Podría emplearse en cultivar sus plantas?...¿Y si la mala hierba fuese parte de tener jardines?¿Y si hubiese que aprender a vivir con lo que el jardín ofrece a cada momento? Porque, dime una cosa, siempre pendiente de la mala hierba... ¿Estás disfrutando de las plantas que te da tu jardín?...

12.VALORES Y COMPROMISOS

¿Recuerdas la metáfora del jardinero?. ¿Qué facetas de tu vida deseas cultivar?

1-
2-
3-
4-
5-
6-
7-
8-
9-
10-
11-
12-

Imagina la gente que te conocía, en tu funeral. ¿Qué te gustaría que dijeran sobre lo que tú le aportaste a ellos? ¿Cultivas ya esas áreas en tu vida?

Me gustaría dijeran…	Si la cultivo	No la cultivo

¿Qué compromiso estás dispuesto/a llevar a cabo para cultivar esas áreas y que estás dispuesto/a hacer entre esta semana y la siguiente?:

C) GUÍAS FLEXIBLES PARA EL TERAPEUTA:

DERIVACION Y TRANSOFORMACION DE FUNCIONES RELACIONADAS CON VALORES
(Resumen, Ruiz Sánchez, 2016)

1. VISION GENERAL DE ACT SOBRE LOS VALORES:

1. ACT supone que cada persona dispone de valores para vivir una vida rica y significativa, pero en la mayoría de los clientes esa dirección valiosa está deteriorada por la fusión verbal y la evitación experiencial.

2. El predominio del control de ciertas reglas verbales lleva a que las personas vivan en un modo mental enfocado al predominio del modo solución de problemas que conlleva que estas se centren en el dominio o control del malestar emocional con el efecto de pérdida de contacto del cliente con su dirección vital hasta el punto en algunos casos de que el propio cliente no sabe ni cree saber que quiere y le importa en su vida.

3. La ACT ayuda al cliente a desarrollar un sentido de la dirección en la vida que este ha perdido en la lucha con el sufrimiento diario.

4. Los valores aunque sean aprendidos socialmente siguen teniendo un matiz de libre elección y tienen funciones apetitivas para las direcciones de acercamiento de la persona en direcciones significativas y no de evitación.

5. Los valores son consecuencias elaboradas verbalmente de patrones de actividad reforzantes a largo plazo (definición)

6. Establecen no solo contingencias de refuerzo sino también y sobre todo significados

2. CONSIDERACIONES AL TRABAJAR CON LOS VALORES EN LAS INTERVENCIONES CLINICAS:

1. Considerar los valores como acciones y no como sentimientos	Los clientes suelen mezclar ambos aspectos (por ejemplo sentir amor hacia alguien). Los sentimientos de amor suelen variar según las circunstancias y el tiempo, como expresar conductas amorosas cuando uno se siente enamorado y a la inversa; estando los sentimientos no totalmente bajo control voluntario. El contexto cultural refuerza la relación sentimiento-conducta. En ACT se trabaja para defusionar o desplegar ambos aspectos. Ejemplo ejercicio de los calcetines con rombos (pag. 435-437). Es más importante centrarse en la acción que depende más del control voluntario que en los sentimientos y con ellas se pueden llevar acciones comprometidas.
2. Considerar los valores como elecciones y no como decisiones	Las decisiones suelen responder a razones de por qué se hace o se debe hacer algo y se justifican por procesos verbales. Los valores son elecciones que se pueden hacer o no con razones, pero no por razones. Esto no quiere decir que no haya factores históricos-experienciales que influyan en ellos, sino que las razones verbales no son determinantes en ellos. Ejercicio de la elección de manos (pag. 438-441). Se está dispuesto a una elección no a una decisión o juicio

3. Considerar el propósito de la conducta para identificar los valores	Toda conducta tiene un propósito aún en modo piloto automático. Aunque el valor no es lo mismo que el propósito, puede ser un prerrequisito para este. Le decimos al cliente que todas sus conductas obedecen a un propósito y por ello le preguntamos cuando hace algo cuál fue el resultado de eso y a qué le condujo (el propósito); y que eso es una elección. Después le preguntamos a donde quería ir con eso y que le importa y valora de eso
4. Considerar el uso de ejercicios experienciales para detectar valores	Por ejemplo el ejercicio del funeral
5. Considerar el uso de escalas y gráficos para la identificación de los valores y su importancia	Por ejemplo el ejercicio de la diana (pag. 446-448)

3. COMO SE TRABAJA CON LOS VALORES EN ACT:

1. Saber los fines que buscamos al trabajar con valores	1. Hacer consciente al cliente los valores "reprimidos" mediante la discrepancia valores-conducta actual a lo que le conduce 2. Basar el encuentro terapéutico en fortalezas del cliente en función de sus valores 3. Centrar al cliente en el presente y la posibilidad de cambiar su rumbo-dirección de vida
2. Trabajamos de manera estructurada por fases con los valores	En contextos más breves y masificados se puede usar el ejercicio de la diana (pag. 446-448) En general, el proceso estructurado va de la siguiente manera: 1º-El terapeuta describe el proceso de clarificar valores y su importancia 2º-El cliente complementa la hoja de asesoramiento en valores en la sesión o como tarea para casa (pag. 452-454), que servirá de guía en las sesiones 3º-Comentar con el cliente su hoja de valores, resumiendo lo que destaca y ayudándole a diferenciar objetivos y valores como direcciones de vida 4º-El cliente tras rellenar el cuestionario anterior rellena el VLQ-2 (pag. 455-456) que sirve para aclarar áreas adicionales al cuestionario anterior 5º-Se resumen las direcciones inherentes a los valores del cliente y como trabajar con ellas
3. Prestamos atención especial al plegamiento y al contraplegamiento	1. Prestamos atención a si el cliente busca la aprobación del terapeuta, social, parental, etc. Si aparecen los "tengo y debo que" o cavilaciones sobre lo que debió hacer en el pasado o debería hacer en el futuro 2. En esos aspectos anteriores y en otros es importante preguntar al cliente si mantendría ese valor en ausencia de las aprobaciones o desaprobaciones que se han detectado influyen en su vida y de la que hemos tomado nota antes

4. Y también a los valores perdidos en el camino de la vida del cliente	1. Los clientes con mucha disfuncionalidad suelen traer los cuestionarios de valores con muchos espacios en blanco o con muchas respuestas muy vagas. Hay que dedicar tiempo a estas cuestiones 2. Se puede pedir ejemplos de sueños y deseos pasados para rescatar valores 3. O bien buscar valores relacionados con objetivos vitales específicos 4. A veces los clientes anotan objetivos vitales inalcanzables. Buscaremos los valores subyacentes a estos y los pasos en esa dirección. Incluso partiremos de los sentimientos de frustración y los valores subyacentes a estos

4. QUE HACER Y NO HACER EN TERAPIA CUANDO TRABAJAMOS CON VALORES

1. No usar el trabajo con la elección de valores de manera coercitiva	Evitaremos culpar al cliente sobre su elección de valores y sobre todo no comunicarle nunca *"Si te encuentras en problemas es por tu elección"*
2. No confundir los valores y objetivos	El cliente puede decirnos algo del estilo, "Yo lo que quiero es ser feliz". Aparentemente suena a un valor, pero en realidad es un objetivo que se puede conseguir o no. Los objetivos se pueden conseguir o no, los valores no son estados estáticos sino acciones vividas a lo largo del tiempo
3. Trabajar para clarificar los valores subyacentes a los objetivos	El terapeuta usará con frecuencia preguntas del estilo: "¿Al servicio de que está esto?" (Valores o Evitaciones) y "¿Qué serias capaz de hacer si hubieras logrado eso que dices?"
4. Tener en cuenta que el trabajo con valores no siguen un orden de manual	A menudo al leer ciertos libros de ACT da la impresión de que el trabajo con valores se hace en las fases finales de la terapia. Esto es un importante error, ya que en función de la evaluación del caso y de los seis procesos de flexibilidad psicológica el trabajo con valores puede iniciarse en las fases iniciales. Por ejemplo en el trabajo con los llamados trastornos de la personalidad el trabajo con valores suele trabajarse más tarde tras trabajar con el contacto con el presente, la defusión y el yo contexto; y en otros casos desde el principio de la terapia
5. Aceptar las diferencias culturales entre los valores del cliente y del terapeuta	Nos podemos encontrar con clientes con valores muy distintos a los nuestros. Recordemos que estamos al servicio del cliente y lo que de esto se deriva en este punto de respeto hacia sus valores
6. Detectar y chequear como está siendo el progreso del cliente en su trabajo con los valores	Es importante que revisemos como marcha e cliente con sus conductas en relación a sus direcciones valiosas a lo largo de la terapia

Fuente: Steven C. Hayes, Kirk Strosahl y Kelly G.Wilson: Terapia de aceptación y compromiso. Proceso y práctica del cambio consciente (Mindfulness). DDB. 2014

14. Metáforas y ejercicios adicionales para el caso de dificultades con compromisos valorados

A) METÁFORAS:

1. DONDE LLEVAS EL TABLERO DE AJEDREZ:

*"Imagina un tablero de ajedrez infinito. Está cubierto de piezas blancas y negras. Trabajan juntas, en grupos, como en el ajedrez, las blancas contra las negras. Imagina a pensamientos, emociones y creencias como esas piezas. Observa cómo van en grupos también, ansiedad, depresión, angustia junto a "malos" pensamientos y recuerdos. Lo mismo ocurre con los "buenos". Parece que para jugar hay que elegir qué equipo queremos que gane. Ponemos a los "buenos" en un lado y a los "malos" en otro. Nos subimos a lomos del caballo blanco y a luchar contra la ansiedad, la depresión... **Es un juego de guerra**. Pero hay un problema, y es que muchas partes de ti son tu propio enemigo y además como estás en el mismo plano que las piezas, pueden tan grandes o mayores que tú mismo. Y además, cuantas más luchas, más grandes se hacen. Cuanto más luchas contra ellas más espacio ocupan en tu vida, más habituales, más dominantes... Parece lógico pensar que si consigues echar a un número suficiente de ellas conseguirás dominarlas, solo que tu experiencia te dice lo contrario. No consigues echar a las negras del tablero y la lucha continúa.*

Mientras esa batalla se produce en tu mente interior, recuerda en qué dirección quieres llevar tu vida, qué acciones importantes quieres emprender en esa dirección; y observa como si llevaras entre tus manos ese tablero de ajedrez en plena batalla entre sus piezas mientras tú vas caminando en la dirección que te importa ¿Puedes imaginarte haciendo eso?".

2. CULTIVAR EL JARDIN A PESAR LOS PROBLEMAS QUE SURGEN EN EL CULTIVO:

"Supongamos que cada uno de nosotros somos jardineros, adoramos nuestras plantas, las plantas son las cosas que queremos en nuestra vida. Hemos seleccionado un lugar para plantar nuestro jardín, hemos distribuido las plantas dejando más terreno para las que más nos gustan, para las que queremos que más crezcan y menos espacio para las plantas que no son tan relevantes para nosotros. Hemos preparado la tierra, plantado semillas, algunas han brotado, unas con más fuerza, otras con menos...Y claro, algunas plantas importan más que otras, puede no ser lo mismo que se seque uno de los geranios a que se seque un rosal, el rosal puede que sea una de las plantas que más importen, que se cuide con más mimo...Ahora dime, ¿Cuáles son tus áreas o facetas de valor, como si fueran las plantas de tu jardín? Bien, ahora te ves cultivando tu jardín con dedicación. Hay días que cae mucha agua, otros hace mucho calor o viene un temporal grande y algunas plantas se estropean, y a pesar de todo continuas adelante porque eso te importa a pesar de las inclemencias. Ahora te pregunto, ¿en el jardín de tu vida que plantas deseas cultivar aunque sepas que hay y habrán inclemencias y problemas?"

3. METÁFORA DEL ESQUIADOR: (Adaptado de Hayes)

.Podemos usarla para que el cliente diferencie los resultados del proceso que conlleva vivir los compromisos valorados

"Imagina que para ti fuera muy importante esquiar. Para ello subes a una montaña en el telesilla y desde arriba te dispones a bajar la montaña nevada. Pero en ese mismo instante aparece un helicóptero que te coge sin previo aviso y te lleva rápida y directamente al pie de la montaña; el piloto te dice que así te evita todos los inconvenientes y peligros que tiene bajar la montaña. ¿Qué dirías de esa experiencia de ponerte abajo de la montaña sobre lo que a ti te importa, que es esquiar?"

4. METÁFORA DEL SENDERO EN LA MONTAÑA: (Adaptado de Hayes)

.Podemos usarla con clientes muy preocupados con sus progresos y resultados que pierden de vista el proceso general del camino valorado

"Imagina que estás dando una larga caminata por un sendero de montaña para llegar a la cumbre. Como sabes estos senderos suelen ser serpenteantes con subidas y bajadas frecuentes. Cuando tú vas por ello y estás en un tramo de bajada quizás pierdes de vista la cima de la montaña y tu mente te dice que es muy difícil y que no vas a llegar arriba con desanimo. Quizás cuando estás en un tramo alto y divisas la cima tu mente te dice que lo vas a lograr y te animas; y así suele ocurrir con los tramos altos y bajos. Pero en esto imagina que alguien a lo lejos nos ve con unos prismáticos andar por el sendero, por los tramos altos y bajos; él ve que avanzamos hacia la cima. Para nosotros que somos los caminantes del sendero la única indicación que nos pone en ese camino es seguir adelante por ese sendero serpenteante, con sus subidas y bajadas"

5. METÁFORA DE LA BURBUJA EN LA CARRETERA: (Adaptada de Hayes)

.Podemos usarla para el trabajo de aceptación (estar dispuesto) de barreras de malestares que aparecen en el camino de las acciones comprometidas.

"Imagina que eres una burbuja de jabón. Ya sabes que las burbujas de jabón a veces chocan, y las pequeñas se juntan y unen a las grandes y se siguen moviendo. Bien, ahora tu eres una de esas burbujas y en tu camino te encuentras con otras burbujas mayores o menores. Ahí delante hay una con la que no quieres chocar, pero te corta el camino. Quizás esa burbuja es una de esas que ti dice que tú no puedes seguir adelante, o una que está hecha de desánimo o ansiedad. Puedes intentar parar tu camino, pero entonces no avanzas, o puedes decidir mientras te mueves hacia lo que te importa, integrar esas burbujas del pensamiento pesimista, del desánimo

o de la ansiedad, y aun así seguir adelante en tu camino. Por ejemplo, ¿puedes tener miedo al rechazo al hablar con otra persona, y aun así dar el paso de hablar con ella?"

6. METÁFORA DEL VIAJE EN COCHE: (Adaptada de Hayes)

.Podemos usarla cuando el cliente presenta una conducta derrotista y de abatimiento por dificultades en sus progresos con sus compromisos valorados

"Imagina que para ti es muy importante ir hacia Málaga. Para ello coges el coche y te encaminas hacia allí. Pero después de un tiempo te das cuenta que te confundiste y te metiste en otra dirección, por ejemplo hacia Sevilla, e incluso has recorrido casi 50 kilómetros en dirección opuesta. En ese caso tu mente se lamentará, maldecirá y se desmoralizará tras comprobar el error. ¿Hay algo que te impida dar la vuelta y dirigirte de nuevo a Málaga? Quizás incluso tu mente te dirá que te vas a encontrar con nuevos problemas en la carretera, que va a estar en mal estado o que no lo vas a conseguir. ¿Si quieres ir hacia Málaga que tienes que hacer con todos estos inconvenientes de tu mente y del camino?"

B) EJERCICIOS EXPERIENCIALES:

1. FORMULARIO DE OBJETIVOS-ACCIONES-BARRERAS (Adaptado de Hayes)

.Una vez que hemos clarificado los valores del cliente (capítulo 13), podemos trabajar que este los ponga en práctica para hacer su vida más significativa y valiosa. Este formulario nos ayudará en esa tarea. Instruimos al cliente para rellenarlo. Nos valdremos del cuestionario para evaluar progresos, especificar acciones y detectar barreras a trabajar

Aspecto de la vida	Lo que tú valoras más en ese aspecto	Tus objetivos a alcanzar en esto	Acciones o pasos a dar	Barreras que aparecen (internas y externas
Pareja				
Otras personas de mi familia				
Trabajo u ocupación				
Ocio o tiempo libre				
Vida social y amistades				
Vida espiritual				
Otros aspectos de tu vida				

2. TECNICAS CONDUCTUALES TRADICIONALES Y PSICOFARMACOS: (Adaptado de Hayes)

Nos valdremos del análisis funcional de la conducta (AFC) para escoger las técnicas conductuales mejores para trabajar y modificar los antecedentes (A), las conductas problemáticas deficitarias o excesivas relacionadas con la evitación experiencial (B) y las consecuencias (C), todo ello siempre guiado por la dirección de valores del propio cliente (ver Matrix, Trabajo con valores y Formulario de Objetivos-Acciones y Barreras).

La elección de las técnicas conductuales en ACT se relaciona siempre con el aumento de la flexibilidad psicológica, la reducción de la evitación experiencial y el compromiso con acciones valoradas.

Desde este enfoque las técnicas de exposición se usarán para que el cliente experimente el malestar en situaciones evitadas y no buscando su control o reducción, mientras hace cosas y da pasos para él/ella importantes; como por ejemplo ir a comprar algo a un sitio concurrido para la pareja amada en un caso de agorafobia.

El entrenamiento en habilidades, además de las propias de ACT trabajar la flexibilidad y empoderar al cliente descritas en los capítulos anteriores (ejercicios experienciales), se pueden integrar con otras como el entrenamiento en habilidades sociales, resolución de problemas o asertividad, en relación a las direcciones valoradas por el cliente.

Las tareas para casa en ACT suelen ir relacionadas con descubrir y enfrentar las barreras que aparecen en el camino de las acciones valoradas por el propio cliente (ver formulario de objetivos-acciones-barreras) y cómo manejarlas (empoderamiento) con los ejercicios experienciales, metáforas y otras acciones.

El manejo de contingencias (refuerzos, castigo, extinción) en ACT se usa sobre todo enfocado a los refuerzos positivos en relación a las acciones comprometidas y valiosas del propio cliente tanto provenientes de el mismo (es decir cómo se puede gratificar a si mismo por pasos en la dirección que a él/ella le importa) y cómo sus allegados le pueden gratificar del modo más natural posible (e beneficio del cliente) por esos mismos pasos.

Las estrategias de control de estímulos se usan en ACT sobre todo como forma de prevenir recaídas, y se enfocan en relación a los propios valores del cliente. Por ejemplo si para el cliente en cuestión es valioso mejorar su salud y este presenta problemas de obesidad, el control de estímulos (p.e señales visuales, recordatorios a la vista, mensajes sonoros, etc.) en vez de ir encaminado a deshacerse de ciertos alimentos como los dulces, irá enfocado a sus valores con señales del tipo "Recuerda que estás organizando un entorno saludable para vivir".

La activación Conductual es por sí misma una nueva terapia de tercera generación muy usada con efectos positivos en problemas depresivos. La ACT se asemeja totalmente a ella cuando trabajamos con los valores y acciones comprometidas del cliente, que suponen el lado derecho del Hexaflex (capítulos 13 y 14). Conlleva la parte derecha del hexaflex: valores y acciones comprometidas con esos valores.

Respecto a <u>los psicofármacos</u> no hay ningún problema de integrarlos en las intervenciones ACT pero reformulando que con ellos lo que buscamos es que el cliente tenga mejores condiciones para poder llevar a cabo aquello que valora y le importa y no tanto en una forma de controlar a toda costa su malestar. Es decir se insiste que con ellos buscamos mejorar y optimizar que el cliente retome el rumbo valorado de su vida.

3. REGISTRO DE METAS CONSEGUIDAS (Adaptado de Hayes):

1.Valor que quiero poner en práctica	
2.El valor anterior se verá cuando consiga el siguiente objetivo a largo plazo	
3.Para conseguir el objetivo anterior a largo plazo antes tengo que conseguir a corto plazo los siguientes objetivos	- - - - -

-Repetir la lista para cada valor a poner en compromisos de acción-

5. COMO HE VIAJADO POR MI VIDA ESTA SEMANA (Ruiz, 2016):

.Se trata de una escala de progresos en los compromisos valorados que usa la metáfora del autobús (que se debe presentar antes) para identificar barreras internas, la propia dirección valorada y la disposición a seguir o parar en esa dirección.

¿CÓMO HAS VIAJADO POR TU VIDA ESTA SEMANA? (Ruiz, 2016)

Nombre: **Fecha:**

1. Anota los pasajeros que han aparecido a lo largo de la semana y que te presionaban para apartarte de la dirección que a ti te importa: Pensamientos, recuerdos, desganas, sensaciones, estados anímicos, emociones, etc...En cada flechita nombre en pocas palabras a los pasajeros que has llevado esta semana.

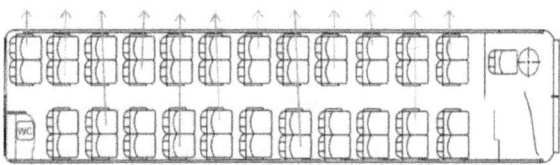

2. Aqui pon la dirección de viaje del autobús de tu vida que para ti es importante:

3. Anota si esta semana en ese viaje:
   -Mayormente paré el autobús o los pasajeros llevaron la dirección del mismo (   )
   -Seguí adelante a pesar de los pasajeros (   )

4. Práctica de ejercicios entre semana:
   -Ejercicios de meditación de_____-y-_____nº veces:_____

   -Otro: _____¿Llevé a cabo? SI (   ) NO (   )

199

C) GUÍAS FLEXIBLES PARA TERAPEUTAS:

CÓMO DERIVAR Y TRANSFORMAR FUNCIONES PARA REDUCIR LAS BARRERAS QUE PARALIZAN HACIA ACCIONES COMPROMETIDAS Y AUMENTAR LA IMPLICACION EN ESAS ACCIONES:

(Resumen, Ruiz Sánchez, 2016)

1. Visión general	1-Comprometerse es dar pasos de acción en una dirección valiosa para la persona.
	2-Las acciones basadas en valores tienen refuerzos intrínsecos y pueden ser externas y visibles o internas y mentales (p.e orar)
2. Cómo aplicarlo en situaciones clínicas	1-Ponemos al cliente en contacto con el hecho de que cada comportamiento genera un significado y tiene un propósito en la vida.
	2-Las conductas de compromiso del cliente son elecciones de este y se respeta que sean sus elecciones sin que como terapeutas entremos a juzgarlas, sino más bien a entender que siempre tienen sus propósitos. Metáforas del tablero de ajedrez, de cultivar el jardín.
	3-Es importante saber que los clientes se suelen bloquear porque creen que conseguir objetivos es a llave para ser felices y que la privación actual de los mismos les hace desgraciados.
	4-El terapeuta ayuda al cliente a no quedarse enganchado a la inmovilización por la deprivación de los objetivos-deseados y centrarse más en el proceso de vivir hacia valores desde su momento presente actual (p.e metáfora del esquiador o la del sendero de la montaña. Pag 480-481).
	5-Una vez que hemos clarificado los valores del cliente trabajamos con él para que elabore objetivos y acciones concretas en esas direcciones teniendo en cuenta que surgirán barreras que será necesario afrontar (formulario de objetivos-acciones y barreras pag. 484).
	6-El análisis funcional de la conducta y las técnicas conductuales son de ayuda en el plan de acciones comprometidas y se usan al respecto.
	7-Es importante trabajar en abordar tanto las barreras internas (p.e fusión) y externas (p.e plegamiento ante allegados) cuando se emprenden acciones comprometidas, siempre desde los valores del clientes.

	8-El trabajo con las barreras es fundamental: (1) primero se ayuda al cliente si las barreras son más bien internas o externas, o una mezcla de ambas; (2) se le plantea si le puede hacer sitio mientras continua adelante en esa dirección; (3) Se continua trabajando y preguntando al cliente que aspecto de la barrera le hace más complicado aceptar y (4) el terapeuta reflexiona si algunas de esas barreras son formas de evitación experiencial a trabajar.
3. La importancia de la aceptación como disposición ante las barreras	En el contexto del compromiso la aceptación conlleva actuar en función de los valores aun sabiendo que eso va a activar contenidos y relaciones indeseables (p.e discutir con la pareja con rechazo posible de esta si se tocan aspectos importantes de la vida matrimonial y experimentar malestar por ello). Aquí se puede usar la metáfora de la burbuja en la carretera (pag. 488-489).
4. Relaciones prácticas entre el trabajo con compromisos, la terapia conductual clásica y los psicofármacos	1-La ACT es una terapia conductual perfectamente integrable con los enfoques conductuales tradicionales 2-Las técnicas de exposición y la ACT: En TC tradicional se usa la exposición para reducir la ansiedad, mientras que en ACT se usa para aumentar la flexibilidad en dirección a los compromisos valorados (p.e en una persona agorafóbica comprar un reglado para los que les importa en un centro comercial) de modo que no se rija por los automatismos de la evitación. 3-Los psicofármacos y la ACT: Los fármacos se pueden incluir en un contexto de valores y compromisos y no se tiene por qué oponer a ACT, ya que se pueden aliar en beneficio del cliente. 4-Entrenamiento en habilidades y ACT: Son importantes en cualquier terapia TC, incluida la ACT. 5-Tareas para casa y ACT: En ACT se usan para activar y afrontar las barreras mediante las habilidades de flexibilidad aprendidas 6-Manejo de contingencias y ACT: En ACT no se usan las consecuencias aversivas (salvo las verbales relacionadas con derivar funciones aversivas hacia la evitación experiencial) sino las relacionadas a los valores 7-Estrategias de control de estímulos y ACT: La prevención de recaídas se puede integrar con los valores y compromisos de ACT (p.e en vez de plantearse en una obesidad el deshacerse de los dulces, plantearlo desde organizar un entorno saludable para vivir si ese valor es relevante en el caso concreto). 8-Activación conductual y ACT: Todo el lado derecho del hexaflex (valores + compromisos) consiste en la activación conductual, y la

	integración de ACT y Activación Conductual es total en ello.
5. Que hacer y no hacer al trabajar con los compromisos en ACT	1-Ante las recaídas y pérdida de confianza del cliente: Se le pregunta al cliente si sus valores han cambiado en esa recaída. Metáfora del viaje en coche (pag.505).
	2-Evitar compromisos del cliente por la aprobación del terapeuta: Preguntarle al cliente que si como terapeutas desaparecemos de su vida eso seguiría siendo importante para que se comprometiera con ello.
	3-Tener en cuenta que no hacer es también una elección: Cuando el cliente no se mueve en la dirección que el terapeuta considera adecuada y este no actúa exitosamente, puede presionarle para que continúe con esos objetivos y acciones. Esto no solo no funciona sino que le enfrenta al cliente. Es mucho mejor que en esos casos se le diga al cliente lo siguiente: "Si se tratara de mi vida y yo viviera las consecuencias como tú las vives, yo haría lo mismo que tú" *****.
	4-Manejo del plegamiento solapado: Los clientes se pueden ver presionados a compromisos que funcionan como reglas de "Tengo que.". Esas motivaciones suelen decaer pronto y el terapeuta las puede manejar esperando que aparezcan las barreras y entonces preguntando al cliente si aún con ese error cometido o recaída para él sigue valorando ese compromiso como importante.
	5-Manejar el caos emocional del cliente: En muchas ocasiones mientras más importante es el compromiso valorado, mayor es la barrera que aparece. En esos casos se puede trabajar ayudando al cliente a contactar con las vivencias que surgen y preguntarle si sus valores varían o permanecen. Además se pueden usar estrategias de defusión y aceptación adicionales a esto.
	6-Estar atentos a las señales de progreso del cliente: Observamos si hay cambios en comentarios del estilo "Tengo que, No puedo, No sé, Siempre, Nunca" a implicaciones en acciones comprometidas y muestras de flexibilidad psicológica en la conducta del cliente.

Fuente: Steven C. Hayes, Kirk Strosahl y Kelly G.Wilson: Terapia de aceptación y compromiso. Proceso y práctica del cambio consciente (Mindfulness). DDB. 2014

| 5. Que hacer y no hacer al trabajar con los compromisos en ACT | 1-Ante las recaídas y pérdida de confianza del cliente: Se le pregunta al cliente si sus valores han cambiado en esa recaída. Metáfora del viaje en coche (pag.505).

2-Evitar compromisos del cliente por la aprobación del terapeuta: Preguntarle al cliente que si como terapeutas desaparecemos de su vida eso seguiría siendo importante para que se comprometiera con ello.

3-Tener en cuenta que no hacer es también una elección: Cuando el cliente no se mueve en la dirección que el terapeuta considera adecuada y este no actúa exitosamente, puede presionarle para que continúe con esos objetivos y acciones. Esto no solo no funciona sino que le enfrenta al cliente. Es mucho mejor que en esos casos se le diga al cliente lo siguiente: "Si se tratara de mi vida y yo viviera las consecuencias como tú las vive, yo haría lo mismo que tú" *****.

4-Manejo del plegamiento solapado: Los clientes se pueden ver presionados a compromisos que funcionan como reglas de "Tengo que.". Esas motivaciones suelen decaer pronto y el terapeuta las puede manejar esperando que aparezcan las barreras y entonces preguntando al cliente si aún con ese error cometido o recaída para él sigue valorando ese compromiso como importante.

5-Manejar el caos emocional del cliente: En muchas ocasiones mientras más importante es el compromiso valorado, mayor es la barrera que aparece. En esos casos se puede trabajar ayudando al cliente a contactar con las vivencias que surgen y preguntarle si sus valores varían o permanecen. Además se pueden usar estrategias de defusión y aceptación adicionales a esto.

6-Estar atentos a las señales de progreso del cliente: Observamos si hay cambios en comentarios del estilo "Tengo que, No puedo, No sé, Siempre, Nunca" a implicaciones en acciones comprometidas y muestras de flexibilidad psicológica en la conducta del cliente. |

Fuente: Steven C. Hayes, Kirk Strosahl y Kelly G.Wilson: Terapia de aceptación y compromiso. Proceso y práctica del cambio consciente (Mindfulness). DDB. 2014

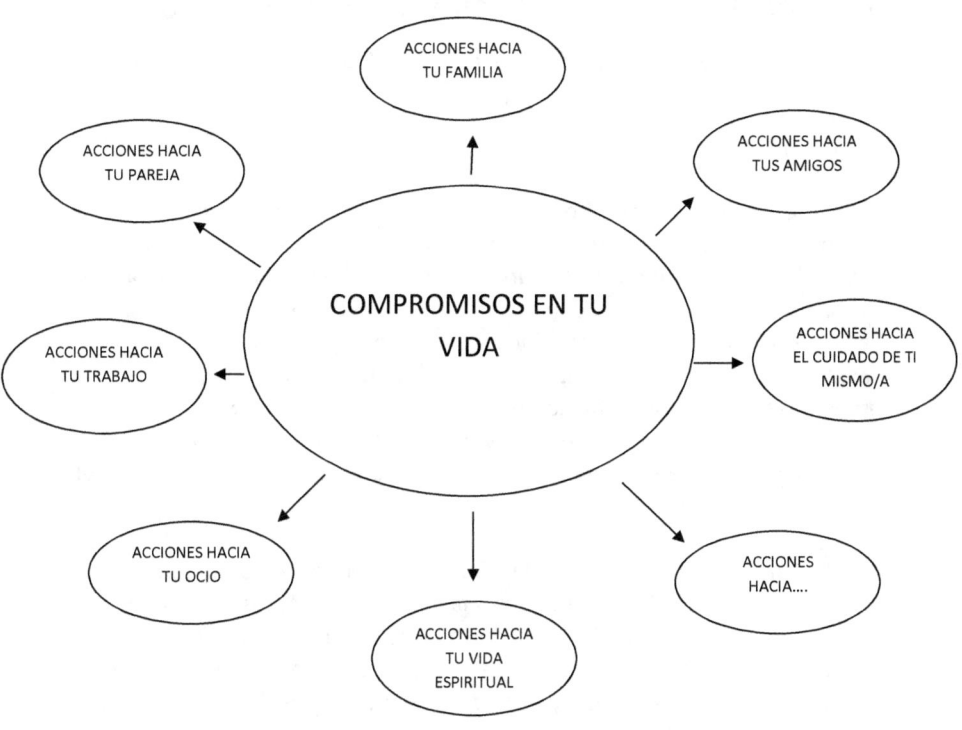

15. Metáforas y ejercicios adicionales para el caso de las autocríticas no compasivas

1. Mindfulness, Aceptación y Autocompasión

Vicente Simón y Christopher Germer (2011) definen la **meditación** como "calmar la mente para ver con claridad" y la actitud adecuada para realizarla en su práctica: "Aparezca lo que aparezca en tu mente, simplemente obsérvalo". Cuando se realiza la meditación de mindfulness se observa el mundo percibido por nuestros cinco sentidos, las sensaciones corpóreas, incluyendo las manifestaciones físicas de las emociones, y la propia actividad mental. Observar estos aspectos conlleva que el yo o conciencia se percate de los contenidos mentales: lo observado (el contenido de la conciencia) y el observador (la conciencia, el yo).

Distinguir ambos aspectos facilita el proceso denominado como "desidentificación". Cuando las personas no discriminamos o distinguimos entre nuestra conciencia y sus contenidos estamos "identificados" y solemos actuar llevados por nuestro "piloto automático" repitiendo conductas de pensar, sentir y actuar de manera inflexible ante diversas circunstancias vitales.

Todo lo anterior aparece también en la **Terapia de Aceptación y Compromiso (ACT)** que toma todos estos aspectos del Mindfulness en una conceptualización similar pero desde la Teoría de los Marcos Relaciones-RFT (Hayes, Barnes-Holme y Roche, 2001). Básicamente en la ACT calmar la mente consiste en aprender a notar o darnos cuenta de tres tipos de discriminaciones (Polk, 2009): (1) discriminar las conductas verbales (la actividad mental) de la experiencia directa de los cinco sentidos de las contingencias directas; o como diría Skinner (1957), como antecedente principal de la RFT, distinguir la conducta regida por las reglas de la conducta mantenida por las consecuencias naturales, es decir cómo nos han dicho que son las cosas y lo que debemos hacer con ellas frente a la experiencia directa con estas; (2) discriminar las conductas controladas por la lucha, el control y la evitación del sufrimiento de las experiencias de la vida de las conductas regidas por los valores personales como orientaciones que dan sentido a la vida y (3) Emergencia de los dos anteriores procesos del Yo observador o Yo Contexto (el yo observador como conciencia) que establece perspectivas espacio temporales (deícticas) respecto a los contenidos y control verbal facilitando la flexibilidad psicológica de la persona.

La **autocompasión** deriva de la tradición budista y es una de las tres habilidades básicas del mindfulness al *trabajar con las emociones difíciles.* Esas tres habilidades básicas *son la conciencia focalizada en un solo punto (concentración), la conciencia de campo abierto (mindfulness propiamente dicho) y bondad amorosa y compasión.* La mente (las funciones habituales del lenguaje como conducta verbales) conlleva a menudo enredamientos (fusiones) de la persona al pasado (pérdidas, fracasos, relacionados con estados depresivos) o con preocupaciones venideras futuras (ansiedades) que nos desconectan del presente que es donde podemos ejercer nuestras decisiones y cambios personales.

La compasión, ya sea dirigida a otros o hacia sí mismo (autocompasión), significa la disposición a sufrir con otros como respuesta empática que busca aliviar el sufrimiento. En mindfulness y en ACT se distingue *"el dolor"* natural derivado de las experiencias de la vida del *"sufrimiento"* que conlleva la resistencia o no aceptación del dolor natural (por fusión a los contenidos mentales o la red verbal de reglas sobre lo que significa y hay que hacer con este). Gran parte del sufrimiento deriva de como tratamos a otros y a nosotros mismos con dureza, críticas y auto-desprecio, rumiación y aislamiento. Compadecer de otra persona y de nosotros mismos conlleva una serie de conductas que implican el *empatizar con el dolor ajeno o el propio y el deseo de aliviarlo.*

Tres son los aspectos que conllevan la clase de conducta autocompasiva hacia nosotros mismos: *la amabilidad con uno mismo, la humanidad compartida (todos estamos expuestos al sufrimiento) y la atención del mindfulness como yo observador.* Simon y Germer (2011) proponen la práctica de cuatro tipos de ejercicios (que recabamos en el apartado 5 de este capítulo) para desarrollar la autocompasión: (1) ejercicios de los 5 caminos o vías de la autocompasión (mental, físico, emocional, relacional y espiritual); (2) el manejo rápido de las emociones difíciles mediante el "ablanda, tranquiliza y permite"; (3) la pausa de la autocompasión y (4) la meditación de la compasión amorosa.

Resumen de lo que implica la conducta de autocompasión:

1º Tener compasión por uno mismo no es muy diferente de tener compasión por los demás. *2º Implica observar y darte cuenta de que tú estás sufriendo.* *3º Implica conmoverte con tu propio sufrimiento, que te importe ese dolor (recuerda que compasión significa literalmente "sufrir con") y deseas aliviarlo.* *4º Implica también que te ofreces a ti mismo/a comprensión y bondad ante ese dolor, cuando fallas o cometes errores sin juzgarte con severidad* *5º Implica que te das cuenta de que el sufrimiento, el fracaso y la imperfección es propio de la condición humana.* *6º Implica en resumen, tres elementos básicos: (1) bondad y amabilidad con uno mismo cuando experimentamos dolor en vez de autocríticas por no responder a unas reglas o criterios previos, (2) la humanidad compartida reconociendo que el sufrimiento no es algo que solo me pasa a mí sino a todos los seres humanos y (3) mindfulness o atención plena observando los pensamientos, sentimientos y sensaciones tal como son sin suprimirlos o negarlos, estando dispuestos a experimentarlos mientras proseguimos por el sendero de la vida que valoramos*

También es importante distinguir-discriminar lo que no es la autocompasión ya que algunas personas podrían confundirla con esta:

-Lo que no es la autocompasión-

1-No es lástima: Cuando actuamos con nosotros mismos con lástima nos ensimismamos y aislamos y nos olvidamos de la humanidad compartida de que todos en la vida estamos expuestos al dolor. Darnos pena de nosotros mismos suelen anclarnos en nuestra conducta egocéntrica de quejas y nos aleja de conectar con otras personas; además de hacernos más sensibles (más fusionados o identificados con los contenidos mentales y emocionales) y por lo tanto más expuestos a partes de nuestra historia de dramas personales que toman el control de nuestras vidas. Partes del control verbal (mental) relacionados con nuestra historia personal nos hacen repetir las mismas pautas de modo rígido e inflexible y en suma nos aleja de alternativas de vida más valiosas. *2-No es auto-indulgencia:* Algunas personas confunden la auto-indulgencia con la autocompasión. La auto-indulgencia conlleva a

menudo comportamientos de darnos permiso para hacer o experimentar cosas o impulsos que a menudo son perjudiciales a la larga, pero que nos alivian temporalmente (refuerzo negativo a corto plazo) para después volver a reprocharnos por ellas a largo plazo; como podría ser el ejemplo de permitirnos fumar en exceso o comer en exceso alimentos perjudiciales porque nos decimos que merecemos un relax ante tanto problema o estrés vivido. La autocompasión impulsa a la senda valorada tras los errores o fracasos y nunca a la auto-indulgencia que a la larga perjudica nuestro bienestar.

3-No es la autoestima: la Autoestima se relaciona con la valoración que hacemos de nosotros mismos y a menudo se vuelve problemática cuando se relaciona no solo con la baja autoestima y la depresión, sino también con la alta autoestima que nos hace sentir por encima y desconectados de otros inferiores o incapaces respecto a nosotros. También fusionarnos e identificarnos a valorarnos con la autoestima nos hace muy vulnerable a las opiniones ajenas, al control verbal de otros y a criterios arbitrarios de rendimiento personal; siendo muy fluctuante en función de cómo nos vaya en la vida. La autocompasión no se basa para nada en la autovaloración de la autoestima; ya que parte de la humanidad compartida de que todos estamos expuestos al sufrimiento y no a lo que la gente posea o sea capaz; y a la disposición de no juzgarnos (como hacemos fusionados a la autoestima) ante los reveses de la vida. Por ello la autocompasión es una conducta más adecuada y flexible que la autoestima y más factible a ser usada para recuperarnos de no quedarnos enganchados (fusionados) a los reveses emocionales de la vida.

El propio Steven Hayes creador de la Terapia de Aceptación y Compromiso (Hayes, 2014) plantea como *el modelo de la autoestima es erróneo* por sus implicaciones funcionales (sus efectos) negativos en la vida de las personas. Entre estos están centrarse en detectar los auto-diálogos negativos pretendiendo hacerlos más realistas o positivos, lo que a la larga conlleva luchar con los pensamientos y hacerlos más influyentes aún a través de esa lucha contra ellos. También está la no aceptación de los sentimientos de inseguridad que aparecen en las personas en muchos momentos de la vida como algo natural, sobretodo en la juventud; y el "esfuerzo por controlar y superar la inseguridad", haciendo de nuevo de esa lucha un foco problemático que dificulta más que ayuda el sendero de la vida. De hecho Hayes (2014) propone fomentar la autocompasión a través de la ACT como alternativa a la autoestima.

2. Aplicaciones de la autocompasión

Existen múltiples estudios recaban los beneficios de la autocompasión en diversos problemas psicológicos (Araya y Moncada, 2016).

Diversos autores desde perspectivas no contextualistas, *hipotetizan* que la autocompasión pone en marcha una serie de *sistemas neurobiológicos* en los primates que conllevan las funciones de calmar, suavizar y producir una relación de apego seguro. También existen *estudios correlaciónales* entre la autocompasión, le menor auto-criticismo y niveles más bajos de ansiedad y depresión. También en estos estudios correlaciónales la autocompasión se acompaña de menor rumiación, menor tendencia a la supresión de pensamientos, mejor inteligencia emocional, gestión de las emociones de malestar y mejores sentimientos de autonomía y competencia, satisfacción y conexión con la vida; todo redundando a encontrar más sentido en la vida de las personas.

Se han desarrollado distintos *programas de intervención* usando la autocompasión con poblaciones clínicas y no clínicas en *personas con fuerte propensión a la autocrítica.*

Uno de los principales programas que usa la autocompasión es la *Terapia Focalizada en la Compasión o CFT* (Compassion Focused Therapy) desarrollada por Paul Gilbert (2009, 2010). Esta terapia busca desarrollar repertorios de conductas de autocompasión en personas con fuertes tendencias a la autocrítica, la culpa o la vergüenza; buscando motivar a las personas para que cuiden de su propio bienestar, ser sensibles a sus propias necesidades y temores, y aumentar el darse a sí mismo comprensión y calidez afectiva. La CFT mezcla procedimientos como el establecimiento de una relación terapéutica adecuada, diálogo socrático, la prescripción de tareas, con aspectos del mindfulness y la imaginación guiada; por lo que es una terapia de tercera generación no contextual y si psicobiológica. De hecho se basa en una *hipótesis psicobiológica* que desarrolla la interacción de *tres sistemas de regulación emocional:* (1) el sistema de amenaza y autoprotección, (2) el sistema de activación de búsqueda de incentivos y recursos y (3) el sistema de confortamiento, satisfacción y seguridad. Todos esos sistemas se activarían tanto por factores biológicos como sociales aprendidos.

Independientemente de la mayor o menor compatibilidad de la CFT con los planteamientos contextuales expuestos en este libro existen evidencias preliminares de los efectos positivos de la CFT con diversas poblaciones, aunque la explicación que compartimos aquí no sea precisamente la psicobiológica, con diversos tipos de *personas en tratamiento psiquiátrico, incluyendo personas diagnosticadas de esquizofrenia con alucinaciones auditivas hostiles* hacia su propia persona, que tras un programa de 12 sesiones de una hora mostraron mejoras en sus niveles de ansiedad, depresión, psicoticismo, paranoidismo y sensibilidad interpersonal. Las conductas alucinatorias fueron abordadas de la misma manera que los pensamientos autocríticos, es decir con sus mismas funciones.

La CFT ha sido aplicada a otros problemas psicológicos como *los trastornos alimentarios relacionados con la restricción alimentaria, atracones y purgas en personas adultas en tratamiento ambulatorio* (Goss y Allan, 2016) con buenos resultados, *proyectándose su aplicación a personas con problemas de obesidad,* con resultados aún por recabar. Es muy frecuente que las personas con desórdenes alimentarios presentes altos niveles de autocrítica.

En el año 2013 se realizó un estudio de CFT aplicada a *pacientes diagnosticados de psicosis con altos componentes de autocríticas* (Brachler, 2013) con resultados prometedores

Un segundo programa o tipo de terapia es el desarrollado por Neff (2012) llamada Programa de Mindfulness y Autocompasión (Mindful Self-Compassion Program) o MSC. Consisten en talleres donde se practica la meditación formal e informal, se realizan ejercicios experienciales y diálogos conversacionales encaminados al desarrollo de repertorios de mindfulnnes y autocompasión. Los resultados de este programa indican *reducciones de los niveles de ansiedad, depresión y aumento de la calidad de vida en sus participantes.*

Recientemente Gil Sánchez (2016) ha presentado su tesis doctoral centrada en la aplicación de la *terapia cognitiva basada en mindfulness y compasión* en *personas con proceso de duelo,* comparando un grupo de control no sometido a esta terapia (30 personas) frente al grupo de intervención (27 personas) produciendo efectos significativos en la reducción del duelo, ansiedad, depresión y aumento en la calidad de vida.

Desde una perspectiva contextual queda por dilucidar con claridad la relación entre la autocompasión y la flexibilidad psicológica, y como fomentar esta más allá de los estudios correlaciónales e hipótesis neurobiológicas tan de moda en la psicología actual, que siendo útiles pueden caer en atribuir a factores internos (de la cabeza) los problemas de la autocompasión y redundar así en el modelo tradicional de la salud mental descontextualizado de la vida y sus circunstancias.

El trabajo de la *aceptación de las emociones y de las perspectivas del yo deíctico* puede dar un contexto de posibilidades más precisas de intervención y cambio a la autocompasión, ligada a la teoría de los marcos relacionales RFT) de base experimental sin redundar en los posibles inconvenientes de los modelos psicobiológicos al uso; generando un modelo contextual unificado más allá del *batiburrillo de hipótesis y teorías hibridas en mezcolanza* que pueden redundar en confusión y no claridad de los ingredientes activos de las intervenciones en autocompasión.

3. Evaluación de la autocompasión

Desde la CFT se evalúa la alta culpabilización y las autocríticas en diversas personas integrando modelos cognitivos, conductuales y de apego centrado en cuatro aspectos esenciales (Gilbert, 2015):

A) Las influencias innatas e históricas: Aquí se explorar los estilos de apego y sus recuerdos emocionales respecto a sentirse cuidado y ser objeto de preocupación o bien las vivencias de haber sido abandonando, descuidado en sus necesidades básicas e incluso haberse visto amenazado o maltratado. Esto permite al terapeuta no solo conocer los puntos vulnerables de la persona sino también la forma adecuada de validar esa experiencia, empatizar y relacionarse con el cliente.

B) Las amenazas y miedos claves: Se trata de identificar los miedos básicos de la persona derivados de sus experiencias tempranas, diferenciando los miedos externos derivados del rechazo, explotación o daño realizados por otras personas, de las amenazas internas a los propios sentimientos y sensaciones como ante la propia ansiedad, angustia, ira o recaer de nuevo en depresión por ejemplo. Identificarlos, articularlos verbal y experiencialmente, y conectarlos con las estrategias de protección-evitación o seguridad de los mismos, es en este punto esencial para la terapia CFT.

C) Estrategias de seguridad internas y externas: Se articula con el punto anterior y aquí se especifican las estrategias que usa el cliente para obtener seguridad tanto cuando está solo como cuando se relaciona con otros.

D) Consecuencias: Las estrategias se relacionan con los síntomas o problemas que presenta el cliente como consecuencias, con la evitación experiencial (Gilbert, 2015 menciona aquí a la ACT) y con pautas de relación interpersonal inadecuadas a largo plazo.

Como vemos la estrategia de evaluación de la CFT es funcional en el sentido de las terapias cognitivas-conductuales de la segunda generación. Desde la perspectiva funcional contextual de la ACT las autocríticas y la culpa se evalúan como una clase de conducta más en el contexto de vida de la persona en relación a la flexibilidad psicológica; es decir si las funciones de estas conductas en la vida de la persona recabando sus antecedentes históricos, los antecedentes actuales verbales (reglas) y situacionales que la hacen más probable y sus consecuencias en relación a la evitación experiencial y el mayor o menor contacto con el horizonte valorativo y compromisos de la persona en cuestión.

Existen ciertos paralelismos y coincidencias entre CFT y ACT; ambas evalúan las autocríticas y la culpa desde un punto de vista funcional, y ambas consideran los aspectos limitantes de la misma en la vida de las personas sobre todo cuando están relacionadas con reglas verbales que conllevan consecuencias adversas para la vida de la persona. Las mayores diferencias entre ambas formulaciones están en su soporte teórico de fondo, la teoría psicobiológica de CFT por un lado y la RFT de la ACT por otro, lo que tiene sus implicaciones y no es un tema banal: CFT insiste en la importancia de factores orgánicos internos a los sujetos y ACT en la influencia del contexto cultural sobre cualquier conducta humana. O sea una, la CFT, es más internalista y hasta casi-psicodinámica (aunque contempla los factores psicosociales) y la otra más interactiva y contextual-cultural. Evidentemente podemos aprender a usar aquello que nos aporte cada perspectiva, aunque en esta obra priorizamos el enfoque contextual.

Entre las escalas más conocidas que evalúan la topografía de los déficits en los repertorios de autocompasión-mindfulness (sin olvidarnos de la importancia de la evaluación funcional más allá de las topografías de las conductas) se encuentran las escalas del *Five Facet Mindfulness*

Questionnaire (FFMQ) diseñado por Baer (2006) que evalúa mediante 39 items el mindfulness como una experiencia multidimensional (incluyendo el no juicio ante las experiencias) y la *Escala de Auto-Compasión (EAC)* desarrollada por Kristin Neff (2003) que consta de 26 items que contemplan seis subescalas que recogen diferentes aspectos de la autocompasión: Amabilidad con uno mismo, Juicio hacia uno mismo, Humanidad compartida, Aislamiento, Mindfulness y Sobre-identificación.

Nosotros en esta obra presentamos la escala reducida de *Autodiagnóstico de la Autocrítica* de Baer (2014) adaptada ligeramente:

ESCALA AUTODIAGNOSTICO DE LA AUTOCRÍTICA (Baer, 2014)

Puntúa según su frecuencia actual en tu vida, las siguiente 5 cuestiones, usando la siguiente escala:

Rara vez hago eso	A veces hago eso	A menudo hago eso	Muy a menudo hago eso
1	2	3	4

1.	Me critico fuertemente con dureza por cosas que he dicho o hecho	
2.	Me rebajo y me insulto cuando las cosas me salen mal	
3.	Me culpo y me centro en mis fracasos y se me olvida felicitarme por mis éxitos y las cosas que hago bien	
4.	Soy intolerante con mis defectos y debilidades y no los dejo pasar	
5.	Me digo cosas del estilo que soy un idiota, imbécil o que no soy una persona adecuada o en condiciones	

Suma los resultados:

_____

Utiliza como guía la siguiente escala para considerar si tus autocríticas (y por lo tanto tus niveles de autocompasión) son excesivas o no:
-Por debajo de 10: No te críticas en exceso
-Entre 10 y 15: Te críticas en exceso

-Entre 15 y 20: La autocrítica puede ocasionarte serios problemas en tu vida.

4. Ejercicios de autocompasión

4.1. Principales prácticas autocompasivas utilizadas por Vicente Simón y Christoper Germer (2011):

4.1.1. Pausa de la compasión: (Neff, 2011; Germer & Simón, 2011)

Si te asalta una emoción negativa y puedes tomarte un momento de respiro, prueba a hacer lo siguiente:

Ponte la mano sobre el corazón

Haz una inspiración profunda y tranquilizadora

Repite estas frases:

Este es un momento de sufrimiento

El sufrimiento es una parte de la vida

Que sepa ser amable conmigo y darme la

compasión que necesito

O quizá encuentres más apropiadas estas:

Esto duele.

Todos sufrimos.

Qué yo me acepte tal como soy

Experimentarás alivio con rapidez y si te acostumbras a hacerlo de manera regular cuando te pase algo desagradable, verás cómo el proceso se automatiza y tu estado de ánimo cambia con más rapidez.

4.1.2. Ablanda, Tranquiliza y Permite (Germer & Simón, 2011)

El siguiente ejercicio —**Ablanda, Tranquiliza y Permite**— es una forma rápida de manejar las emociones difíciles con compasión:

1. Haz una inspiración profunda y recorre tu cuerpo para ver en dónde sientes más molestias

2. A continuación, *ablanda* esa zona de tu cuerpo. Deja que tus músculos se relajen como si aplicaras una toalla caliente a un músculo que te duele. No trates de que se vaya la tensión, sino sólo de estar con lo que sientes de manera amable y apacible

3. Ahora, *tranquilízate* en esa lucha que tienes. Pon la mano sobre el corazón y siente cómo respira tu cuerpo. Cálmate a ti mismo como si estuvieras calmando a un amigo o a tu propio hijo

2. Por último, *permite* la presencia de la molestia. Abandona el deseo de que la sensación desaparezca. Deja que el dolor vaya y venga como quiera, como si fuera un huésped que tienes en tu casa

4.1.3. La meditación de la bondad amorosa (Simón y Germer, 2011)

Reservar 20 a 40 minutos diarios para practicar esta meditación de autocompasión. Sentarse con la espalda recta, erguido y en una postura razonablemente relajada. Cierra los ojos y comencemos el ejercicio:

1. Respira hondo un par de veces para conectar con tu cuerpo aquí y ahora en el presente. Trae a tu mente un ser vivo, una persona querida que te haga sonreír o un animal al que le tengas aprecio y cariño y que te alegre el ánimo y el corazón, permite su presencia ante ti. Reconoce que esta criatura como tú mismo/a está expuesta a la enfermedad, el deterioro y la muerte y que como tú mismo/a desea estar libre de todo sufrimiento y estar feliz. Dándote cuenta de lo que estás diciendo repite despacio con actitud amable y bondadosa las siguientes palabras:

.Que estés a salvo
.Que tengas paz

.Que tengas salud
.Que te vaya bien en la vida

2. Cuando notes alguna interferencia o distracción vuelve suavemente con calma a visualizar ese ser y continúa repitiendo muy despacio las mismas palabras notando el contacto con cualquier sentimiento de afecto y cariño que aparezca hacia ese ser.

3. Ahora añádete a ti mismo/a a esa meditación y ponte la mano derecha en tu corazón notando la ligera presión y sensación de calor sobre este; y mientras haces eso, repite mentalmente las siguientes palabras:

.Que tú y yo estemos a salvo
.Que tú y yo tengamos paz
.Que tú y yo tengamos salud
.Que a ti y a mí nos vaya bien en la vida

4. Date cuenta si notas tensión o malestar en este momento presente y si lo hay continua ofreciéndote bondad con las frases siguientes que te repites mentalmente en calma y pausadamente:

.Que yo esté a salvo
.Que tenga paz
.Que tenga salud
.Que me vaya bien en la vida

5. Para terminar haz un par de respiraciones profundas y saborea la compasión que sientes en tu corazón y todo tú ser; abre los ojos y recuerda que cuando lo necesites puedes volver a este ejercicio.

Simón y Germer (2011) advierten que cuando se practica la meditación amorosa pueden aparecer unas *sensaciones a contracorriente* como sentirnos mal o no experimentar ningún sentimiento de calidez o afecto con la sensación de no sentir nada de nada. En estos casos recomiendan hacer una de las siguientes cosas: Hacerles espacio a esos sentimientos contracorrientes (de malestar o no sentir nada) y continuar con la meditación amorosa, aceptando su presencia y continuando con nuestro propósito. También podemos focalizar la meditación amorosa en una persona querida en vez de en nosotros mismos. Otras alternativas en centrarnos en los ejercicios de meditación más físicos como el "ablanda, tranquiliza y permite" o bien darse cariño a si mismo mediante acciones como hacer cosas que nos agradan como tomar un zumo o una taza de té. También nos recuerdan que la meditación no la hacemos para liberarnos del sufrimiento y sentirnos bien sino para *hacernos espacio en el sufrimiento y continuar nuestra vida hacia lo que nos importa* (similar a ACT).

4.1.4. Meditación de inspirar y expirar compasión (Simón y Germer, 2011)

1. Comenzamos sentándonos cómodamente y cerramos los ojos y hacemos un par de inspiraciones profundas

2. Repasa tu cuerpo mentalmente de la cabeza a los pies lentamente buscando cualquier señal de tensión o estrés o cualquier emoción que te produzca malestar; o de una persona con la que tengas problemas o por la que estés sufriendo ante el malestar de aquella. Sea el malestar que sea y que aparezca déjalo estar ahí, permítelo y dale espacio dentro de ti.

3. Continúa prestando atención a tu respiración y al expirar y echar el aire envía compasión a tu malestar o a la persona por la que sufres.

4. Al inspirar y tomar aire en tu respiración imagina que respiras "ternura", "calma", "consuelo", "amabilidad" y "amor". Observa el efecto de estas palabras en ti, repítelas al tomar el aire en la respiración y nota la compasión que fluye hacia ti.

5. Continúa inspirando y expirando compasión y si notas malestar sigue inspirando y expirando compasión hacia ti y aquellos seres que sufren...Después de unos minutos de meditación abre los ojos suavemente.

4.2. Principales prácticas autocompasivas utilizadas por Paul Gilbert (2015) en la CFT:

4.2.1. Utilizar la imaginación de un color compasivo

Comenzaremos en centrarnos en un ritmo resriptorio suave observando nuestra respiración con los ojos cerrados en el aquí y ahora sin interferir en ella. Así estaremos unos minutos.

Continuamos escogiendo un color que para nosotros se asocie a la compasión y que nos transmita la sensación de calidez y amabilidad.

Imaginamos que ese color está aquí rodeando nuestro cuerpo. Después penetra en nuestro interior llegando a nuestro corazón y desde ahí se extiende por todo el cuerpo. Imaginamos que ese color nos transmite de sabiduría, fuerza calor y amabilidad

Siente y crea una expresión de amabilidad en tu rostro y nota como si el color quiere ayudarte a sanar y desearte felicidad y cuidar de ti.

4.2.2. Desarrollando el yo compasivo interior

Cierra los ojos e imagina que eres un actor de cine. Escoge un actor que te agrade.

Ahora tienes que meterte en su piel e imaginar que tiene ciertos sentimientos y pensamientos compasivos y que va a representar el papel de un personaje compasivo.

Hazte un guión o papel, haciendo una lista de cualidades que requiere representar con ese actor el personaje compasivo. Puedes abrir los ojos y hacer esa lista escribiendo las cualidades y rasgos compasivos que se actor va a representar.

Puede servirte de guía que ese personaje reúna cualidades como la *sabiduría* que vienen de la experiencia y la madurez de la vida, de haber pasado por momentos difíciles de la vida por la que pasamos todos los seres humanos) y de saber que todos experimentamos dolor, pensamientos y sentimientos que nos hacen sufrir. También tiene la cualidad de tener *fuerza y firmeza* para llevar a cabo su vida, es muy *cálido y amable con los demás* y *no se juzga ni juzga a los demás sino que tiene un deseo profundo de ayudarles*. Todo eso forma parte del guión que ese actor favorito va a representar.

Continua ahora imaginado que tú mismo/a eres ese actor y que está representando cada una de esas cualidades, date tiempo para observarte con la sabiduría, después con la fuerza y firmeza, continuando con no juzgar y desear ayudar a los demás. Observa lo que sientes en tu cuerpo y tus sentimientos al imaginar esos papeles de actor.

Si tu mente interfiere diciéndote que tú no eres así, obsérvala y no te pelees con ella, aquí se trata solo de *imaginar que tienes esas cualidades*.

Por último al abrir los ojos pregúntate que pequeños pasos puedes dar en tu vida real para dar lo mejor de ti con actitud compasiva a quienes te rodean y date la oportunidad de dar esos pasos, pequeños pero importante, pero eso si date muchas oportunidades y respeta tus errores con compasión.

4.2.3. Haciendo fluir la compasión de uno mismo hacia los demás

Es similar al ejercicio 4.3.1 de la meditación amorosa de Vicente Simón y Germer (2011) pero centrado en llenar nuestra mente con sentimientos compasivos hacia otra persona. Mirar ese ejercicio en su parte inicial.

4.2.4. Haciendo fluir la compasión hacia el propio interior

Similar también al 4.3.1 apuntando antes. Mira la parte final de ese ejercicio llenando la mente de sentimientos compasivos hacia uno mismo.

4.2.5. Compasión hacia sí mismo

Aquí procedemos de la misma manera que en los dos ejercicios anteriores, pero en este caso imaginamos que otra persona real o imaginaria nos transmite calidez, amabilidad y compasión. Podemos usar personajes que valoramos e incluso si somos creyentes a una figura religiosa que nos transmite esos sentimientos de cuidado, amabilidad, ayuda, etc.

4.2.6. Trabajo en la silla de la compasión

Aquí básicamente trabajamos con dos sillas dispuestas una frente a la otra. De un lado está la silla de la culpa, la crítica y la vergüenza. De otro la silla compasiva. Le pedimos a la persona con la que vamos a trabajar o con nosotros mismos que nos sentemos en la silla que sintamos más cercana en el momento del ejercicio. Si elegimos la silla autocrítica invitamos a la persona o a nosotros mismos que nos sentemos en la silla compasiva y respondamos a esta autocrítica entablando un diálogo entre ambas. Las guías de la meditación amorosa de la compasión nos pueden servir de base para responder desde la silla compasiva. Al final del ejercicio nos podemos poner de pie y observar ambas sillas rodeándolas dándonos cuenta que podemos desengancharnos de esa lucha desde fuera y a distancia (defusión, ver capítulo 11 de este libro).

4.2.7. Centrarse en el yo compasivo

Cerramos los ojos e imaginamos que estamos ansiosos por alguna cosa de nuestra vida. Después nos centramos en observar nuestra respiración tal y como ocurre en el momento presente con su cadencia de inspirar y expirar. A continuación imaginamos que somos una persona compasiva que comienza a crecer desde un punto muy pequeñito en nuestro interior y poco a poco se va haciendo más grande dentro de ti, haciendo que la ansiedad que sientes dentro tenga que salir y situarse delante de ti. Ahora desde tu yo compasivo que ha crecido dentro de ti y ha ocupado todo tu ser, ves a tu yo ansioso frente a ti. Mira a tu yo ansioso y la expresión de ansiedad de su rostro dándote cuenta del malestar que él tiene en su interior. Procura rodear y abrazar desde tu yo compasivo a tu yo ansioso, solo abrázalo y ofrécele compasión sin hacer nada más que eso, permitiendo su ansiedad y ofreciéndole tu compasión.

4.2.8. Utilizar la memoria para la compasión de uno mismo

Comienza cerrando los ojos y observando tu respiración en el momento presente sin interferir en ella. Una vez que te sientas relajado continua imaginando que te transmites compasión (como en el ejercicio 4.1.3 de Simón y Germer, 2011). Pon una expresión en tu rostro que acompañe a estos ejercicios de compasión.

A continuación trae a tu memoria un recuerdo de tu vida donde te hayas sentido angustiado, pero no busques uno demasiado difícil para ti al empezar este ejercicio para no quedarte enganchado en esa angustia. Aquí comienzas a practicar tu deseo de ayudarte con la compasión ayudando y siendo amable.

Observa con detenimiento esa escena, el lugar, lo que se oye, se ve, se siente en tu piel, lo que hueles y saboreas si es el caso, si alguien te ayuda o te incomoda. Observa todo lo que llega por tus cinco sentidos en conexión a ese recuerdo moderadamente ansioso.

A continuación procede de manera similar a como hiciste en el ejercicio anterior 4.2.7.

Cuando manejes estos recuerdos moderadamente ansiosos de manera compasiva puedes atreverte con otros un poquito más difíciles; siempre que veas que eso te ayuda a ir adelante en tu vida.

4.2.9. Crear la imagen compasiva del yo ideal y perfecto

Aquí procedes como en los ejercicios anteriores comenzando por centrarte en la respiración del aquí y ahora. A continuación imagina que estas en un lugar ideal que te proporciona calidez y seguridad total. Ahora en ese lugar imagina que se va formando una imagen ideal de ti mismo como te gustaría ser de compasivo como si empezaras a verte cada vez más claro a partir de una imagen inicial de neblina. Conforme vaya siendo la imagen más clara y clara pregúntate: (1) ¿Qué aspecto te gustaría que tuviera esa imagen compasiva ideal?, (2) ¿Cómo te gustaría que sonara la voz de tu imagen compasiva ideal?, (3) ¿Qué otras cualidades que se puedan ver por los sentidos te gustaría darle?, (4) ¿Cómo te gustaría que tu imagen compasiva ideal se relacionara contigo? Y (5) ¿Cómo te gustaría relacionarte a ti con ese imagen ideal compasiva?

4.2.10. Escribir una carta compasiva

Básicamente consiste en escribirse una carta a si mismo desde el yo compasivo. Escribimos una carta a nosotros mismos, comenzando poniendo nuestro nombre y expresando en ella los deseos compasivos que queremos transmitirnos. Después podemos leer la carta en voz alta en tono amable y usarla en momentos de dificultad emocional.

4.3. Principales prácticas autocompasivas utilizadas por Ruth A. Baer (2014):

4.3.1. Practicar ejercicios mindfulness

Practicar en general los ejercicios mindfulness conlleva el desarrollo de la compasión hacia los demás y sí mismo, aunque los ejercicios no estén centrados específicamente en la compasión. Esto se debe a que con la meditación practicamos la actitud de aceptación hacia nuestra propia experiencia emocional con apertura y sin juzgarnos.

4.3.2. Cuidado personal básico

Se trata de llevar y practicar una dieta sana y equilibrada, evitar hábitos tóxicos de consumo de sustancias, practicar ejercicio con regularidad y dormir lo suficiente. Todo ello debe llevarse a cabo gradualmente comenzando por pasos pequeñitos y asequibles. Todo ello por si solo no elimina el sufrimiento de la vida pero nos dispone con más energía y resistencia física a enfrentar los retos de la vida

4.3.3. La degustación

Utilizando la similitud de apreciar una buena comida, aquí tratamos de saborear las buenas experiencias cotidianas por pequeñas que sean, practicando ejercicios de mindfulness con ellas. Si estamos pasando un bien momento nos centramos en este y observamos lo que sentimos; y si aparece algún pensamiento que interfiere ("Esto no durará), etiquétalo como pensamiento y vuelve a conectar con esta experiencia.

4.3.3. Autoconsuelo

Aquí se trata de cuando estés pasando por momentos difíciles de tu vida buscar experiencias con las que puedas conectar con tus cinco sentidos y que sean agradables para ti. Puedes darte una ducha agradable, poner tu música favorita o hacer otras cosas sanas y positivas, sin esperar a que lleguen mágicamente.

4.4.4. La autovalidación

Tanto con nosotros mismos podemos escuchar y escucharnos y observar-nos cuando reaccionamos emocionalmente con fuerza e intensidad y adoptar una actitud compasiva. Se trata de ver como normal, sin juzgar-nos por reaccionar emocionalmente a diversas circunstancias, en vez de criticarnos o criticar a otros por reaccionar de esa manera. Después podemos pensar en cursos de acción alternativos, pero validar como primer paso es de ayuda. Las reacciones emocionales, hasta los estallidos emocionales son comprensibles desde la historia y circunstancias de cada persona. No juzgar y adoptar una actitud comprensiva ante ellas es validar esas emociones. Lo mismo podemos hacer con nuestras propias reacciones emocionales.

4.4. Breve ejercicio de autocompasión de Kelly Wilson desde la ACT (2016)

BREVE EJERCICIO DE AUTOCOMPASION (Kelly Wilson, 2016)

Lugar para tu foto ....

Quizá hayas notado que tratas a las otras personas con mucha más amabilidad de la que aplicas a ti mismo/a. Quizá hayas notado que insistes en la importancia de la amabilidad hacia los demás pero que esa insistencia no la mantienes cuando se trata de ti mismo. Cuidar a otros aparece como una prioridad. ¿Y el cuidado para ti? Luego, más adelante, quizá bastante más adelante.

Estaba mirando fotos viejas de cuando era chiquito, de cuando tenía 3 o 4 años. Observé la carita de ese niño pequeño y dulce, y me pregunté... ¿cuándo fue el momento en que se hizo posible y aceptable descuidarlo y abandonarlo? ¿En qué día, entre los tantos días que llenan los años, entre esa foto de la derecha y la otra de la izquierda? ¿En qué día se volvió aceptable descuidar y abandonar a Kelly (aquí puedes decir tu propio nombre)?

Busca una foto vieja de ti mismo, una que te transporte mucho tiempo hacia atrás. Observa detenidamente esa carita pequeña. Pregúntate: ¿Sería aceptable dejarlo solo, apartado a un costado?

Fíjate si, como a mí, esto logra detenerte.

5. Alguna indicaciones y sugerencias para los terapeutas al utilizar la autocompasión

Fuentes	Indicaciones y sugerencias
1.De Vicente Simón y Christoper Germer (2011)	*1-Es importante con los clientes aclarar sus ideas erróneas sobre la autocompasión entre las que se hayan las de relacionarlas con actitudes egoístas, complacientes, confundirla con auto-instrucciones positivas, creer que solo son mantras de meditación, que con ella se trata de disimular la realidad y que se centra solo en los buenos sentimientos.* *2-Manejar la contracorriente de pensamientos y sentimientos que aparece en algunos casos de práctica de la autocompasión: como experimentar sentimientos negativos o no experimentar nada de sentimientos compasivos. En estos casos se recomienda reconocer esos sentimientos sin luchar con ellos, aceptándolos y haciéndoles sitio, continuar con la práctica; o bien centrarnos en los aspectos más físicos de la meditación o bien darnos cariño y compasión por medios más activos como hacer cosas que nos agradan y favorecen nuestra salud y bienestar general.*
2.De Paul Gilbert (2015)	*1-Algunas personas debido a sus historias personales tienen miedo a experimentar emociones positivas. La asocian a que si experimentan placer o felicidad les vendrá alguna desgracia terrible o que pueden si practican la autocompasión caer en algún tipo de auto-indulgencia que empeore sus vidas. Otras incluso pueden no experimentar sentimientos compasivos aunque practiquen duramente.* *2-En estos casos lo importante es centrarse en las intenciones y valores del sujeto más que en los sentimientos pasajeros. Los propios temores hacia los sentimientos positivos y autocompasivos pueden trabajarse usando los propios procedimientos de la autocompasión*
3.De Ruth A. Baer (2014)	*1-Las personas con profesiones de ayuda como los médicos, enfermeras y personal religioso, entre otros están expuestas al desgaste emocional al trabajar con personas que sufren. Practicar la autocompasión en los profesionales de ayuda a reducir el agotamiento emocional y a seguir practicando la compasión hacia los demás* *2-La autocompasión son repertorios que se pueden aprender gradualmente, no se trata de tener o no tener autocompasión*
4.De los terapeutas ACT (Hayes, 2014)	*1-Practicar la terapia ACT con los clientes aumenta la autocompasión de los mismos, sobre todo a través de la defusión a los contenidos cognitivos y emocionales.* *2-Poner los efectos negativos de la autoestima frente a la autocompasión como idea tóxica también es de ayuda.*

Capítulo 16. Mindfulness para niños

Mª Pilar Andújar Rodríguez, 2016

Introducción

¿Cómo nos recordamos cuando éramos niños?
¿Qué persona habitaba nuestros primeros años?
¿Qué era la vida entonces?
¿Cómo era ser uno más en clase, en el patio, en casa, con los amigos, ante los desconocidos?
¿Qué pensamientos, ideas y sentimientos eran nuestros habituales compañeros de viaje?

Una infancia feliz, una risa poderosa, unas tremendas ganas de vivir, una ilusión por cualquier novedad, por cualquier pequeño juguete, por cualquier momento nuevo. Grandes disgustos también, llantos, gritos, pataletas. Miedos, angustias y desconcierto, soledad y aislamiento. Todo junto y a la vez.

Intensidad, en la alegría y en las penas, en las ilusiones y los temores, en la amistad y la lejanía con respecto a los otros, todo tan rotundo sucede en la infancia, todo tan sentido, tan callado o clamoroso.

Aún hoy, seguimos siendo los mismos aunque hallamos ido cambiando, sumando años, experiencias, restando algunos miedos y alegrías, vamos transformándonos día a día, pero perdiéndonos también un poco de esa espontaneidad, de esa autenticidad que hace tan valiosa la infancia.

Afortunadamente ellos están aquí con nosotros, esos pequeños humanos recién llegados, adornados de profundas miradas nuevas y sonrisas cantarinas que renuevan corazones y sacuden conciencias desde dentro.

Los niños son un arma de futuro, un motor del cambio y del progreso de la humanidad. ¿Acaso habríamos alcanzado tal altos hitos sin la "educación continua" que la tarea de educarlos nos proporciona?

Somos adultos, y en cierto modo seguimos siendo niños pero ya expertos, aunque en algunos aspectos hemos ido perdiendo mucho con los años. Mucho brillo, mucho fuelle, y mucha alegría de vivir, mucho ingenio, mucha gracia, mucha creatividad, mucho "arte". Los niños, grandes aliados en nuestra evolución vital, nos enseñan mientras procuramos acompañarles y apoyar su educación.

La infancia es el inicio de una vida, un periodo lleno de dulzura pero también de retos y dificultades. En un mundo cambiante y cada vez más acelerado, los niños también sufren estrés y sienten insatisfacción, miedo, ansiedad y cada vez más síntomas de tristeza y falta de autoestima, problemas para hacer amigos, para encontrar su lugar, para progresar y crecer, para madurar y convertirse en adultos sanos, autónomos, responsables y conscientes.

La educación persigue el desarrollo de la persona a lo largo de toda la vida. En la infancia se inicia algo que sólo termina con el fin de la vida de la persona, porque cada día aprendemos y cada edad tiene su propio camino, pero la infancia es el principio y dónde aprendemos a ser, dónde empezamos a buscar qué persona queremos ser y a averiguar cómo lograrlo. Cómo formamos a nuestros niños es lo más trascendente que podemos hacer por la sociedad.

El ejemplo es el más sutil y efectivo de los aprendizajes. Por eso para educar hay que aprender a ser, más que transmitir conocimientos o filosofías o conclusiones sobre qué hacer o qué no. En todo este proceso de crecimiento y autoconocimiento, una mirada a los acontecimientos que suceden en nuestro interior puede marcar una diferencia importante. Mindfulness es una poderosa herramienta también en educación.

Pilar Andújar Rodríguez, 2012

Mindfulness en la educación de los niños

Los animales nos enseñan a vivir el momento,
a liberarnos de los acontecimientos pasados
y de las expectativas sobre el futuro,
a relajar nuestro cuerpo y a respirar.

Mindfulness se ha comprobado una eficaz herramienta para "aprender a ser" y para ayudar a los niños a desarrollarse como seres empáticos, conscientes, solidarios y capaces de convivir y asumir con eficacia los retos de la vida. Se trata de adaptar las prácticas a la edad de los niños y de presentárselas en términos que puedan comprender.

Índice:

1. ¿Qué puede hacer Mindfulness por los niños?

Educar a los niños es una labor exigente. Un reto diario. El sistema educativo ha sido objeto de continúas críticas y ha despertado un importante movimiento entre los profesionales de la docencia y agrupaciones de padres en pro de la innovación educativa, de la calidad de la enseñanza bajo criterios de nuestro tiempo, acordes a nuestra forma de pensar y de sentir.

Llevamos ya décadas oyendo hablar del cambio de paradigma educativo, del fin de un ciclo, de la necesidad de una educación a la medida de las nuevas realidades y necesidades de nuestra forma de vida actual.

Pero más allá de las mejoras en el Sistema Educativo a nadie se le escapa que mejorar la educación pasa por mejorar las habilidades educativas tanto de padres y madres como de profesoras y profesores.

Las especiales circunstancias y los cambios profundos y rápidos que se están dando en nuestras forma de vida han puesto en serias dificultades a los "encargados" de la educación y crianza de los niños. Las demandas y exigencias provocan no pocas dificultades en los adultos, como estrés, depresión, ansiedad además de dificultades para encontrar una línea con la que sentirse seguros en su labor educativa.

Ser un buen padre, un buen profesor requiere antes que nada un planteamiento realista sobre la propia labor, confianza en nuestras habilidades y conocimientos sobre cómo actuar. Madres, padres y docentes se ven sobrepasados y necesitan en muchas ocasiones apoyo y orientación. Pero a la hora de la verdad de lo que se trata es de que consigan "capacitarse", convertirse en personas capaces de llevar a cabo su labor con eficacia. Esto tiene mucho que ver con el título de este libro, con el "empoderamiento psicológico".

Con los niños hemos de ser auténticos, no se trata de comportarnos, decir o hacer "lo correcto", sino de ser y sentir lo correcto. Conseguir ser un ejemplo, un buen modelo es mucho más educativo que teorizar o dar continuas instrucciones al niño sobre lo que ha de hacer y lo que no.

Así que no viene mal contar con una herramienta que incremente nuestro autocontrol, consciencia, capacidad de discernimiento, tranquilidad, paciencia, empatía, creatividad, sentido del humor, y tantas otras cualidades útiles cuando hemos de transmitir a los niños formas de ser que sean acordes a los valores que defendemos como sociedad.

Mindfulness es una herramienta eficaz para el autocontrol y la consciencia del educador incrementando su nivel de bienestar y por tanto mejorando la relación entre niños y adultos.

Iniciar a padres y profesores en la práctica de Mindfulness es también un paso previo para que éstos posteriormente enseñen a los niños y de este modo los beneficios se consolidan y refuerzan.

Así, aquí está la respuesta a nuestra primera pregunta:

¿Qué puede hacer Mindfulness por los niños?

La práctica de Mindfuness puede, primeramente, EMPODERAR a los PADRES y PROFESORES y por tanto mejorar sus habilidades educativas y en segundo lugar también pueden los niños beneficiarse directamente de la práctica de Mindfulness mediante ejercicios y actividades adaptadas a su edad. Sí, también Mindfulness puede EMPODERAR a los NIÑOS para que asuman los retos presentes y futuros de la vida con más valor y recursos personales. El poder sobre uno mismo es mucho más fecundo que el poder sobre los otros. Cómo encontrarlo y desarrollarlo es la cuestión.

Por tanto, primeramente hemos de plantear *¿cómo puede ayudarnos en nuestra labor educativa una herramienta como Mindfulness? ¿Qué objetivos persigue y porqué son éstos los más convenientes?* Para responder a estas preguntas es preciso conocer las bases teóricas que justifican la presencia de Mindfulness en la psicología y terapia, y en las escuelas y centros educativos de nuestro entorno. Hablemos pues, de la historia y el porqué de la presencia de Mindfulness en nuestro moderno mundo occidental.

Educación consciente.

-¡Callaos, silencio….ya basta! !Abrid el libro, página doce…!, ¡Felipe!, Lucía! ya está bien….atención, niños….a ver, no quiero oír nada más...venga, vamos a empezar…!

La mayoría de los docentes invierten una gran parte de su tiempo y esfuerzo en lograr y mantener la atención de los alumnos. Y en ese intento constante y altamente demandante, la propia calma y el autocontrol del profesor quedan bastante maltrechos. La paciencia es algo que se nos agota mucho antes de lo que nos gustaría. Porque la educación no es nada fácil, todos los padres lo saben, y las cosas se complican en el aula ya que son muchos los frentes abiertos para el profesor.

Tanto para padres y madres como para profesores, el día a día con los niños y adolescentes está colmado de momentos en los que la situación se complica, agravada por el ritmo de vida que nos toca vivir y las grandes dificultades de conciliación laboral y familiar. Horarios y agendas apretadas en los que la jornada de grandes y pequeños empieza bien temprano y se alarga mucho más de lo razonable, con actividades deportivas, idiomas, clases particulares, deberes, etc. Niños y adultos viven situaciones excesivamente demandantes.

Estrés, ansiedad y depresión son dolencias típicas entre los profesores, (así como entre madres y padres que hacen frente a las tareas educativas y de cuidado de los hijos). Mindfulness se ha demostrado eficaz como herramienta para controlar el estrés, y mejorar la depresión y la ansiedad. Siendo la docencia en cuanto estos problemas, una profesión de "alto riesgo", es lógico que se estén tomando en consideración las potenciales ventajas de las prácticas Mindfulness entre el profesorado.

De hecho, ya se están introduciendo en las aulas desde hace tiempo y se han realizado estudios valorando su eficacia como el documento titulado *"Educadores conscientes formando a seres humanos conscientes", realizado por* Mañas, Franco,Gil y Gil (2014).

La vía normal para que mindfulness llegue al aula es a través de la formación del docente que primeramente experimenta las ventajas de su práctica en su propia persona y por ende en su forma de llevar a cabo su labor eductiva. Una vez familiarizado con las técnicas, el profesor también puede enseñar a sus propios alumnos algunas de ellas que revierten en un mayor autocontrol, atención y más facilidad en relajarse y gestionar emociones en los alumnos.

Hay muchos libros que incluyen ejercicios prácticos para niños de Mindfulness de gran utilidad para el docente como el titulado "Practica la Inteligencia Emocional Plena". (Ramos, Recondo y Enríquez, 2012).

Un docente más capaz, que logra mayor satisfacción en su trabajo también consigue una mejor comunicación y cooperación con las familias que también observan mejoras en el comportamiento de su hijo en el hogar. Todo ello también lógicamente se refleja positivamente en los resultados académicos y en el ambiente en el aula.

Así, son muchas las ventajas del Mindfulness y es un método factible y económicamente viable. En el ámbito educativo mindfulness tiene mucho que decir y que aportar.

La docencia es una profesión de "alto riesgo" en temas de estrés laboral, ansiedad y depresión. A menudo tras un importante esfuerzo y desgaste personal del profesorado los resultados son "pobres". Por otra parte también los padres se ven superados por las demandas de su labor en la crianza y educación de sus hijos y a esto se añade las dificultades de conciliar vida laboral y familiar.

Cada vez trabajamos más horas, en condiciones más demandantes, con más inseguridad en el empleo y por lo tanto en condiciones que incrementan el estrés laboral. Así, la herramienta educativa por excelencia: el educador, va perdiendo brillo y precisión, rumbo y seguridad.

En el estudio anteriormente citado de Mañas, Franco, Gil y Gil (2014) que pretende comprobar si Mindfulness puede resultar eficaz y hasta qué punto, se concluye que existen evidencias de su utilidad para el profesorado, para mejorar las habilidades para tranquilizarse, alejar el estrés y los conflictos y mejorar la calidad de vida y para "educar mejor" a través del incremento de consciencia del docente en su labor.

Un primer objetivo es proponer al docente que dé un voto de confianza al Mindfulness como herramienta eficaz para hacer de sus clases una experiencia mucho más positiva tanto para él como para sus alumnos. Se trata de que profesores formados en atención plena, que la practican y que la enseñan a sus alumnos mejoran su eficacia y de alguna manera todo esto revierte también en las familias a través del cambio experimentado en los alumnos.

Muchos autores toman en consideración la importancia de revertir esta tendencia al estrés, cambiando el rumbo hacia un "cada día un poco mejor" de forma que el trabajo sea más satisfactorio y por tanto el estado emocional y mental del profesor mejora porque ve el fruto de su esfuerzo, se gusta más a sí mismo como educador, y ve que cada vez se siente más seguro de sí mismo, más capacitado para afrontar con confianza los retos del día a día. Sin miedo y con actitudes de consciencia y de comprensión hacia sus alumnos y hacia sí mismo.

El libro de Deborah Schoeberlein y Suki Sheth, "Mindfulness para enseñar y aprender", es una excelente guía para el profesor en este proceso. (Schoeberlein y Sheth, 2009).

Hablan los autores de responsabilidad personal del educador (padre, madre, profesores) para "ponerse en forma" y estar en disposición de desarrollar su labor educativa de manera eficaz, ocuparse primeramente de sí mismo para hacerlo luego del alumno. Y qué duda cabe de que esta forma de plantearse la educación se traslada inevitablemente a la vida personal en todos los ámbitos, hasta "adoptar un rol activo y poderoso en la recuperación, desarrollo y mantenimiento de nuestra salud, bienestar y calidad de vida". (Mañas; Franco, Gil y Gil, 2014, pág. 2).

Pilar Andújar Rodríguez, 2012

2. ¿Cómo entra Mindfulness en la sociedad de nuestro tiempo?

La palabra meditación tiene dos acepciones, digamos que un occidental entiende por meditar reflexionar cuidadosamente sobre cualquier tema y un oriental podría entender que meditar es dejar de pensar y acallar su mente, concentrarse en un punto, conectarse con su más profundo yo...etc...En resumen, podría decirse que para un occidental meditar es pensar, mientras que para un oriental es dejar de centrarse en sus pensamientos y observar más allá de ellos.

A pesar de las distancias y diferencias profundas en nuestras respectivas formas de ver la vida y el mundo, todos los occidentales hemos tenido acceso a información sobre las prácticas de meditación.

..."fue a lo largo del siglo XX cuando se produjo un progresivo aumento del interés hacia la filosofía oriental, y las tradiciones y prácticas espirituales que la acompañan. Por un lado, diversos maestros de las diferentes tradiciones espirituales comenzaron a visitar Occidente para difundir sus ideas, y algunos acabaron creando organizaciones, institutos y centros de enseñanza, y residiendo en EE.UU. y Europa". (Puente, 2011, pág. 17).

Este "repentino" interés se ve favorecido por las sorprendentes coincidencias entre los hallazgos del conocimiento científico y la cosmovisión que tradicionalmente han presentado las filosofías orientales. La ciencia que parte de los hechos y las evidencias logra algunos saltos cualitativos en sus planteamientos teóricos que hacen volar por los aires la visión simple e inequívoca que ha sido presentada por la ciencia. En palabras de Capra, joven físico teórico que logró un gran impacto con su libro, El Tao de la Física (The Tao of phisics, 1975)

"...la visión oriental del mundo subraya la naturaleza intrínsecamente dinámica del universo; todo en el universo está en permanente movimiento y cambio, y las fuerzas que causan el movimiento son una propiedad intrínseca de la materia. Por otro lado, los físicos modernos han llegado, a través de sus descubrimientos, a una visión del mundo como un sistema de componentes inseparables, interrelacionados y en constante movimiento, y en el que el observador constituye una parte integral de dicho sistema" (Capra, 1975 en Puente, 2011, pág.22).

"Capra señala que se pueden encontrar grandes paralelismos entre estas dos visiones. Los descubrimientos de la física moderna exigían profundos cambios en conceptos como espacio, tiempo, materia, causa, efecto, etc. Y de estos cambios surgió una visión del mundo radicalmente distinta, que todavía está en proceso de formación". (Puente, 2011, pág. 22).

A partir de entonces la ciencia se interesa por las prácticas y planteamientos orientales y busca evidencias en temas centrales como el de la meditación, y las encuentra. La meditación tiene influencia real en el ser humano y produce efectos que pueden ser percibidos objetivamente y que también marcan diferencias significativas en los estudios que se llevan a cabo en tratamientos basados en la meditación o que hacen uso de ella, para abordar problemas como el estrés, la ansiedad, la depresión y otros trastornos psicológicos.

Así, en este clima de intercambio cultural, durante los años 60 del siglo XX en California existían comunidades religiosas que reunían a jóvenes que practicaban meditación trascendental. Uno de estos era Steven Hayes que durante un tiempo convivió en un de estas comunidades. Más tarde en los años 70 se licenció en psicología en la Universidad de Virginia, formándose como el resto de compañeros en la psicología imperante en la época: la psicología conductual y la psicología cognitivo-conductual.

Poco después estaba investigando sobre los factores del cambio terapéutico, es decir, intentaban averiguar qué influye en que una terapia sea eficaz o no. En sus experiencias de aquella época el propio Steven declara que aunque las técnicas funcionaban, no estaba seguro de que el modelo fuera apropiado.

Así, en una entrevista realizada en 2011 Steven pone un ejemplo explicativo de sus reservas con respecto al **modelo médico** que en la época era mayoritariamente aceptado que implícitamente sostiene que los problemas psicológicos se deben a que algo no funciona correctamente, sea en el cerebro y la biología de sus procesos, o sea porque la persona no piensa de manera correcta. En este caso los expertos psicólogos o psiquiatras tomarán a su cargo la tarea de detectar dónde está el fallo y aportarán soluciones para las que se precisarán la colaboración del sujeto.

Steven relata cómo en un estudio sobre tratamiento de niños que sienten temor irracional, se llega a la evidencia de que repetir en voz alta frases alentadoras, como *"Soy un niño muy valiente y no tengo miedo"* tenía efectos positivos en el pequeño, aunque estos se disipaban si el niño se le hacía notar que nadie más que él estaba oyendo esa afirmación. El modelo parecía no aportar respuestas sólidas a todas las cuestiones suscitadas.

Además de estas dudas iniciales, hay un suceso que tiene mucho que ver en todo esto y que pudo haber sido decisivo:

Steven Hayes siendo ya profesor de psicología en la universidad empieza a sufrir ataques de pánico que durante dos años no logra superar con los tratamientos al uso basados en la psicología imperante en la época. Esto estaba complicando su vida y su carrera iniciada brillantemente se vio seriamente amenazada.

Tras dos años de infructuosos intentos por deshacerse de sus ataques de pánico, empieza a practicar de nuevo meditación, tal y cómo aprendió en su juventud, y así logra superar sus dificultades y que sus ataques de pánico desaparezcan.

Desde entonces, Steven y su equipo durante más de tres décadas trabajan en nuevos planteamientos teóricos que van hacia un cambio de modelo que ya no plantea que los problemas estén causados por anomalías "dentro de la cabeza de las personas" sino que tienen que ver con "lo que sucede en sus vidas", lo que pasa en el contexto donde la conducta tiene lugar. El **modelo contextual** no considera que son los expertos (psicólogos o psiquiatras) los que han de tomar el protagonismo en el tratamiento de los problemas psicológicos sino que su misión es **facilitar el empoderamiento** del sujeto para tomar las riendas de su vida y actuar de forma coherente con sus propios valores para encontrar un sentido a su vida y que esta sea plena y satisfactoria.

Así, bajo este nuevo prisma, los problemas psicológicos surgen si en lugar de afrontar los momentos que nos causan dolor, malestar o sensaciones negativas, y aceptarlos como parte de la vida y mirarlos de frente para así lograr actuar y salir de ellos, optamos por la **evitación experiencial**. Es decir intentamos eludir el sufrimiento o mal estar "mirando para otro lado", como si esto fuera la solución. Esto es la en muchas ocasiones la verdadera causa de que la dificultades se transformen en problemas. También se establece un concepto básico para dar solución a los problemas de la vida :la flexibilidad psicológica como algo fundamental para gestionar los momentos de la vida que no son agradables.

Steven Hayes es uno de los protagonistas del establecimiento de las bases de la Terapia de Aceptación y Compromiso y de la introducción de Mindfulness como una herramienta de gran potencial para lograr la mejoría de las personas que sufren problemas psicológicos.

Otros autores también trabajaron en la introducción del Mindfulness en la psicoterapia moderna. "John Kabbat Zinn (1982) fue una de las primeras personas en investigar la técnica de meditación conocida como *mindfulness* a principios de los años ochenta. Desde entonces, el *mindfulness* se ha popularizado y convertido en la técnica de meditación más estudiada en las dos últimas décadas". (Puente, 2011, pág.30).

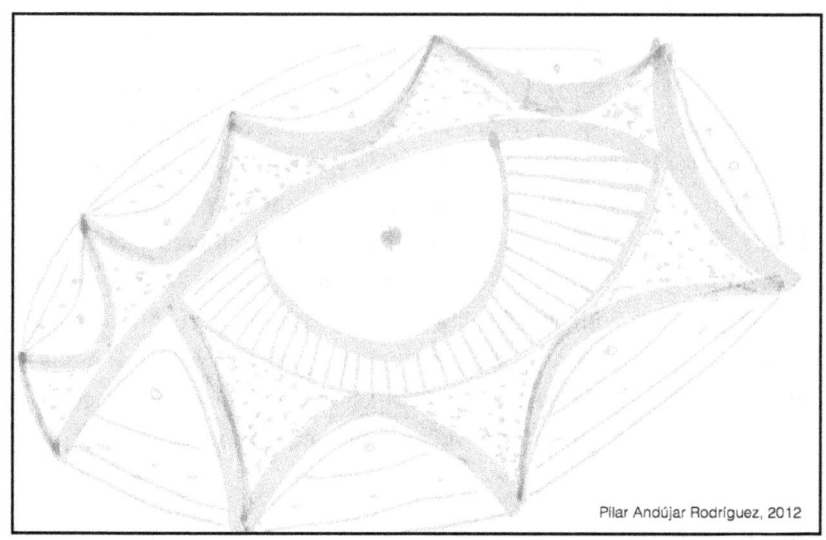

Pilar Andújar Rodríguez, 2012

3. Modelo Contextual vs Modelo Médico. Terapia de Aceptación y Compromiso.

Para una breve introducción teórica seguiremos primeramente el texto de Marino Pérez, de 2008 (Las Terapias de Conducta de Tercera Generación como Modelo Contextual de Psicoterapia).

Es Steven Hayes quien por primera vez, en 2004 se refiere a "terapias de tercera generación" al hablar de los "últimos desarrollos de la terapia de conducta". Entre ellas se encuentran la Terapia de Aceptación y Compromiso (ACT, Aceptance and Commitment Therapy), y la Psicoterapia Analítica Funcional de Kholenberg y Tsai, y la Terapia de Conducta Dialéctica de Lineham. Todas ellas son ejemplos del enfoque contextual de la terapia de conducta (Pérez, M. 2008).

Una perspectiva funcional y contextual de los trastornos psicológicos (contextualismo funcional) considera central las interacciones entre las personas y entre la persona y el contexto. El análisis de la conducta verbal es considerado de especial relevancia, especialmente lo que una persona se dice a sí misma y relata a los otros sobre sí misma en cuanto a la función que esto lleva a cabo en cada situación en la que se halla inmersa. La evitación experiencial es frecuentemente una función encubierta de estos pensamientos. La cuestión central no es tanto si esos pensamientos se ajustan o no a la realidad, sino si contribuyen o no a mejorar la situación y el rumbo que dan a mi vida del sujeto.

Los valores morales de la persona marcan las direcciones en la vida, aunque no sean realmente alcanzables. Se propone al cliente dejar de enfocarse exclusivamente en reducir los síntomas y buscar una orientación en su vida que sea acorde a los valores que el individuo ostenta. ¿Qué quieres hacer de tu vida? (Wilson y Luciano, 2002, pág. 151-161, en Pérez, 2008).

Se trata de sugerir al cliente que en lugar de centrarse en su mundo interior se ponga en frente de su propia vida y observe el horizonte de posibilidades. Los valores dirigen la terapia en busca de soluciones en lugar de focalizarse en el análisis del problema.

El contexto es el ambiente o medio en el que la persona se desenvuelve en la familia, amigos, trabajo, etc. con las normas y valores que están vigentes en él. El contexto social-verbal se refiere a las explicaciones, valoraciones y formas de control aprendidas acerca de los sentimientos, pensamientos y otros eventos psicológicos como ideas, creencias y metacogniciones sobre cómo funcionamos y sobre los mismo síntomas clínicos.

El modelo médico de psicoterapia propone una explicación psicológica interna de los trastornos mentales desde una explicación neurobiológica, o psicológica pero ambos en términos internalistas.

Se supone que existe un déficit de funcionamiento , por ejemplo un esquema cognitivo depresógeno como causante del trastorno. Nos hablar de una avería o déficit neurobiológico o psicológico.

Este mismo autor, Pérez, M. en un escrito anterior, del año 2006 (*La Terapia de la Conducta de Tercera Generación*), explica la evolución de la terapia de la conducta desde su origen hasta nuestros días. Presentamos un breve resumen:

En la década de los años cincuenta del siglo XX surge frente al psicoanálisis un nuevo concepto de terapia sustentada en principios científicos provenientes sobre todo de la psicología del aprendizaje. Una Terapia de la Conducta ambientalista (contextual) e ideográfica (centrada en la individualidad de los casos).

Tras esta "primera generación de terapia de la conducta" alrededor de los años setenta del siglo pasado surge una modificación o terapia de la conducta segunda generación denominada Terapia Cognitivo-Conductual que entiende que los problemas emocionales y conductuales son causados por las cogniciones humanas (creencias, pensamientos, expectativas, atribuciones, etc.) y que cada tipo de trastorno se debe a un fallo de funcionamiento o disfunción cognitiva específico. Llega por tanto a un Modelo Médico de psicoterapia desvirtuando así el sentido contextual (que otorga gran relevancia al ambiente en el que se desarrolla la vida del sujeto) y se tiende a la generalización (dejando atrás el carácter ideográfico y holista de la terapia de conducta anterior que hoy conocemos como de primera generación).

En torno la década de los noventa y los primeros años del presente siglo una nueva tendencia terapéutica propiciada por el desarrollo del Análisis de la Conducta y del Conductismo Radical genera un nuevo planteamiento al tomar como objeto de estudio la conducta en sí, tanto observable como "no observable", es decir aquella que tan solo el propio individuo es capaz de observar. Recuperándose así mismo el carácter contextual e ideográfico que originalmente tenía la terapia de la conducta.

La tercera generación mantiene su vuelta al interés por el contexto en psicopatología, evaluación y tratamiento de los trastornos.

Aún en nuestros días el modelo médico sigue siendo el imperante, basado en considerar que los problemas psicológicos con debidos a un déficit estructural o funcional. Ya desde 2001 Wampol afirmaba: "El "modelo médico" versus el "modelo contextual" es actualmente el gran debate de la psicoterapia". (Wampol, 2001, en Pérez, 2006, pág. 166).

En contraposición a las categorías diagnósticas al uso se proponen alternativas desde el modelo contextual como el Trastorno por evitación experiencial (Wilson y Luciano, 2002, cap.3, en Pérez, 2006).

"Se trata del abandono de la lucha contra los síntomas y en su lugar la reorientación de la vida". (Pérez, 2006, pág. 166).

A continuación intentaremos dar respuesta a estas preguntas:

¿Qué es un modelo psicológico?
¿Qué modelos existen en la psicología de hoy en día?
¿Qué implicaciones tiene este cambio del modelo médico al contextual?

Hablamos en realidad de modelos del método científico para generar conocimientos.

La Ciencia siempre habla desde el convencimiento de que su saber es universal ya que está avalado por su método, aunque lo normal es que nunca se sostenga en el tiempo. Aquello que los científicos decían hace tan solo un siglo, hoy es en la mayoría de los casos, totalmente despreciado por la propia ciencia. (Por ejemplo la medicina, o la química, la biología, la física, todas las ciencias se desarrollan sobre las ruinas de los conocimientos que les precedieron). Y aquello que hoy es vilipendiado, tras unos cuantos siglos puede que sea tomado en cuenta y recuperado como verdadero.

También sucede que coexistan corrientes distintas de pensamiento mutuamente enfrentadas. Y es que generar conocimientos implica establecer una serie de premisas, de verdades centrales sobre las que partir en busca del conocimiento.

Para estudiar los fenómenos el científico ha de crear modelos sobre los que trabajar. Así ha de determinar qué es lo que se pretende estudiar (su objeto de estudio) y establecer qué es lo esencial y en base a ello adoptar un modelo. Una especie de abstracción de la realidad que nos ayude a concretar y organizar nuestros conocimientos de partida y los que se irán generando a partir de observaciones, hipótesis, teorías y fundamentos teóricos propuestos.

La psicología estudia "trastornos psicológicos" y su modelo explicativo se construye en base a lo que consideremos que estos son y por qué aparecen. A partir de aquí se propondrán métodos para tratarlos y erradicarlos o al menos reducirlos.

Existen dos modelos sobre los que últimamente se ha venido trabajando:

_El modelo médico (o del déficit) entiende que se producen trastornos psicológicos porque existen deficiencias en el individuo, ya sean de tipo biológico (por ejemplo su sistema nervioso presenta algún tipo de desequilibrio bioquímico de origen genético o sobrevenido debido a causas externas) o de tipo psicológico (como por ejemplo estructuras de pensamiento erróneas que producen problemas emocionales).

Este modelo lógicamente implica que para solucionar el problema ha de intervenir un experto en el tema (psicólogo o psiquiatra) y determinar dónde está el fallo, el déficit, o la disfunción, y proponer el tratamiento específico para repararlo y evitar de esto modo que se produzcan los síntomas. Evidentemente el terapeuta ha de contar con la cooperación del paciente, pero es quien determina qué está pasando y qué actuaciones son las pertinentes para tratar el problema que aqueja al "paciente".

_El modelo contextual (contextual-funcional) entiende que los problemas psicológicos no están en el interior del sujeto y se reflejan en su vida provocandole esos trastornos. Por el contrario este modelo nos invita a considerar que el entorno (el ambiente en el que se desarrolla la vida del) es una parte esencial a tener en cuenta).

Nuestro ambiente es más que nada el medio social ya que vivir y convivir son casi siempre sinónimos. Vivimos de cara a los demás, aún cuando estemos solos. Los otros nos importan y nos afectan poderosamente, al igual que nos afecta lo que decimos y nos dicen, aquello que nos decimos a nosotros mismos o incluso aquello que imaginamos que comunicamos a los otros.

Por lo tanto, el modelo contextual entiende que los trastornos psicológicos son problemas de la vida que no se han sabido tramitar o solucionar convenientemente.

Este modelo no considera que los problemas se solucionen "arreglando" el fallo interno del sujeto, sino afrontando los problemas de la vida con eficacia para evitar que se produzca el trastorno y se impida el desarrollo de la persona en los distintos ámbitos de la vida (familia, trabajo, relaciones sociales, etc.).

El papel del terapeuta ya no es el del "experto" sobre el recae la tarea de averiguar "qué está pasando" (qué es lo que está fallando en el sujeto y qué etiqueta diagnóstica corresponde) y "cómo solucionarlo" (qué tratamiento es el específicamente indicado para su "dolencia"). Sobre el terapeuta contextual recae la tarea de apoyar el proceso de "empoderamiento" de la persona que acude a él en busca de ayuda.

Si los problemas psicológicos no son causados por déficits internos, y se hayan envueltos en las circunstancias que rodean la vida del sujeto no será posible considerar que es tarea del psicólogo averiguar qué es lo que está fallando y cómo "repararlo".

La figura del "experto" que ha de averiguar qué está pasando y debido a qué, dónde está el fallo y cómo evitar que se siga produciendo, empieza a desdibujarse. Es el propio sujeto el que ha de tomar responsabilidad sobre su propia vida y circunstancias. El papel del psicólogo pasa a ocupar en cierto modo un segundo plano, a tomar un rol menos directivo y de toma de decisiones, otorgando un mayor protagonismo al sujeto.
El terapeuta ejerce como elemento que acompaña y alienta, propone y apoya en lugar de ser quien exclusivamente decide e implementa acciones para llevar a cabo el cambio con la colaboración del sujeto.

De este importante y radical cambio de planteamiento surge con fuerza el termino que da título a este libro: empoderamiento.

Cierto que es una palabra que ha entrado con calzador en nuestro idioma, y que a todos o a muchos de nosotros nos resulta algo extraña. Pero una vez puesta en uso, su significado importante y poderoso le ha otorgado y consolidado un puesto tanto en la terminología específica psicológica, como en el lenguaje coloquial.

El terapeuta tiene como misión capacitar al sujeto, tiene como objetivo el empoderamiento del individuo para superarse y lograr una vida satisfactoria y mantener sus problemas psicológicos bajo control, de manera que le impidan alcanzar sus metas, o al menos seguir en el camino que le aproxima a ellas.

Empoderar podría entenderse como contribuir al desarrollo de capacidades, habilidades y recursos, potencial las fortalezas del sujeto y ayudarle a detectar sus puntos débiles y a aprender a manejarlos de manera que interfieran lo menos posible en su vida.

Terapia de Aceptación y Compromiso

hablar de MF exige, por justicia, hablar de la **Terapia de Aceptación y Compromiso (ACT),** cuyo "principal creador", Steven C. Hayes, fue uno de los principales impulsores de la introducción de Mindfulness como herramienta terapéutica. Y esto fue así porque Steven a sus 29 años, siendo profesor adjunto de psicología en la Universidad de Carolina, sufrió extraño episodio en plena reunión de trabajo con sus colegas. Todo apuntaba a un ataque al corazón, se quedó literalmente sin habla y su corazón se aceleró extraordinariamente. Pero no, nada pasaba a su corazón, descartada por los médicos cualquier problema físico hubo de llegarse a la conclusión de que estaba sufriendo un ataque de pánico.

Durante dos años sufrió continuos episodios de pánico que dificultaban enormemente el desarrollo de su trabajo. MF entró en la vida de Steven Hayes desde la posición del paciente, tras probar sin éxito las terapias "al uso". Steven Hayes, de primera mano, comprobó que MF tenía un extraordinario potencial terapéutico que de ninguna manera debía ser ignorado y desaprovechado. Recuperó su salud, se acabaron sus ataques de pánico y MF es hoy en día una práctica aceptada y respetada porque ha sido incluida en estudios y validaciones científicas desde hace más de una década.

Hayes y otros de sus colaboradores presentan MD en el contexto de la Terapia de Aceptación y Compromiso (ACT) como práctica terapéutica alejada de las connotaciones religiosas budistas. Se trata de prácticas inspiradas en la meditación, en el observar los pensamientos propios sin dejarse "enredar" por ellos.

..."ACT intenta desarmar el poder de los pensamientos. En lugar de decir "estoy deprimido", propone decir "estoy teniendo el pensamiento de que estoy deprimido". (Entrevista de J. Cloud a Steven C. Hayes, 2006).

Gastar tanta energía en erradicar pensamientos que producen dolor nos impide seguir adelante con nuestras vidas y esas renuncias son fuente de insatisfacción y estancamiento. En lugar de luchar contra esos pensamientos puede "salirnos más a cuenta", no darles tanto poder y optar por seguir adelante aceptando su presencia mientras no podamos deshacernos de ellos, pero sin que ellos se pongan al mando y dirijan nuestras vidas. No quiere esto decir que nos resignemos sino que aceptando que están ahí seguimos comprometidos en perseguir en la vida aquello que tiene sentido y es importante para nosotros. Si nuestra vida fuera un jardín, plantaríamos aquellas flores que nos gustan y mantendríamos las malas hierbas en control, pero de ninguna manera nuestra actividad en el jardín va a limitarse a las malas hierbas. Aceptaremos que en el mundo real, siempre surgirán pequeños y hasta grandes inconvenientes y molestias en el día a día de las personas, pero no les daremos un lugar central en nuestra vida manteniendo un compromiso con nosotros mismos en no dejarnos enredar y seguir adelante con nuestros valores y planes de vida.

Vemos pues que en las premisas básicas de ACT la aceptación (de lo que no es perfecto en mi vida) y el compromiso (con nuestros valores personales) pueden verse beneficiados si nos movemos por la vida más conscientemente. Despertar y desarrollar consciencia gracias al MF tiene importantes beneficios y ventajas también para el común de los mortales incluidos los más recientemente llegados a la vida: los niños.

El terapeuta Act atendiendo a su modelo contextual-funcional propone preguntas del tipo:

¿Qué es lo que quieres hacer con tu vida? ¿qué es lo que es importante para ti?

Ante las conductas problemáticas, o síntomas que presenta la persona el terapeuta inquiere:

¿Esto te acerca o te aleja de aquello que deseas lograr en la vida?

La propuesta es dejar de centrarse únicamente en los síntomas y en su control para erradicarlos o reducirlos todo lo que sea posible, para abordar los problemas en el contexto de la vida de esa determinada persona, para lograr una redirección de la conducta hacia los valores de vida que elige y se compromete a seguir.

Actuar de esta manera implica que el sujeto ha de aclarar cuáles son sus valores y desarrollar flexibilidad psicológica para adecuar la conducta en la dirección que estos nos indican. Ver la realidad requiere aceptar que no todos los momentos de la vida son agradables, y pretender evitar a ultranza experiencias poco gratas (evitación experiencial) no logra nada positivo a largo plazo, y es una de las principales causas de problemas en la vida.

Esta evitación experiencial la encargamos habitualmente a nuestra mente que se ha dedicar a "protestar, tergiversar, buscar excusas, y levantar nubes de humo" para no aceptar la parte de la realidad que no es de nuestro agrado.

Perder la flexibilidad psicológica es la primera consecuencia de estos "manejos" que ponemos en práctica para evitar malas sensaciones y sentimientos y pensamientos incómodos a corto plazo. Estas evitaciones "salen verdaderamente caras", porque a la larga, es lo que verdaderamente nos causa problemas en la vida.

Pilar Andújar Rodríguez, 2012

4. Flexibilidad Psicológica: Escala HEXAFLEX de los seis procesos.

Teniendo en cuenta la centralidad de este concepto que refleja, en base a seis procesos los niveles de adaptabilidad y por tanto de adecuación de la conducta a la realidad de manera que se afrontan los retos de la vida de la mejor manera posible sin caer en la evitación experiencial.

Los procesos que se engloban dentro del concepto de flexibilidad psicológica han sido ampliamente expuestos en capítulos anteriores pero para recordarlos podemos presentarlos de forma sencilla como los siguientes:

1. Vivir el momento presente. Alejándose de vivir centrado en el pasado o en el futuro.

2. Defusión cognitiva. No permitiendo que aquello que me sucede, especialmente aquello que no es de nuestro agrado tergiverse la forma de interpretar la realidad, la conducta de los otros y la nuestra propia.

3. Aceptación experiencial. Aceptar la realidad tal y como es, tanto si son vivencias agradables como si no los son.

4. Establecimiento de valores. Qué es lo que más nos importa en la vida y qué es lo que queremos hacer en la vida.

5. Compromiso con los valores. Comprometernos a que nuestras acciones nos aproximen a lo que deseamos lograr en la vida.

6. Yo contexto. Establecer una diferenciación entre lo que pienso o siento (aquello que está como contenido en mente)y lo que soy.

Estos procesos pueden ser cuantificados y de este modo obtener una medida de nuestro grado de flexibilidad psicológica en nuestra labor educativa. Es decir se puede aplicar una escala, la ya previamente presentada conocida como HEXAFLEX adaptada a padres y profesores que a continuación presentamos.

5. Escala HEXAFLEX para Madres y Padres.

ESCALA HEXAFLEX PARA PADRES Y MADRES (Ruiz y Andujar. 2016)

Aunque me vengan preocupaciones y sentimientos negativos respecto a mis hijos, las acepto como parte del camino y sigo adelante con la vida que quiero compartir con ellos	10	9	8	7	6	5	4	3	2	1	Cuando me vienen preocupaciones sentimientos relacionados con mis hijos trato de hacer todo lo posible por controlarlos y evitarlos luchando por no tenerlos y negativos
Veo y vivo mis pensamientos y preocupaciones por mis hijos como algo normal y no me dejo llevar por ellos	10	9	8	7	6	5	4	3	2	1	Mis preocupaciones y pensamientos sobre mis hijos influyen mucho en lo que hago o dejo de hacer con ellos
La mayor parte del tiempo estoy centrado en lo que comparto en cada momento presente con mis hijos. Si juego con ellos me centro en el juego, si converso con ellos en la conversación de ese momento, si le ayudo en alguna tarea en la tarea del momento.	10	9	8	7	6	5	4	3	2	1	La mayor parte del tiempo que estoy con mis hijos mi mente está preocupada por lo que puede ocurrir en el futuro o recordando cosas pasadas
La idea o imagen que tengo de mi mismo como padre o madre no cambia demasiado con la marcha de la vida de mis hijos y la opinión de los demás personas de mi vida sobre como los educo	10	9	8	7	6	5	4	3	2	1	La idea o imagen que tengo de mi mismo como padre o madre cambia mucho con la marcha de la vida de mis hijos y la opinión de los demás personas de mi vida sobre como los educo
Tengo muy claro mis valores y lo que quiero transmitir con ellos a mis hijos	10	9	8	7	6	5	4	3	2	1	No tengo nada claro mis valores y lo que quiero transmitir con ellos a mis hijos
Cuando me comprometo con mis hijos cumplo con ellos aunque me cueste	10	9	8	7	6	5	4	3	2	1	Me cuesta cumplir con mis compromisos hacia mis hijos aunque sean importantes para mi

Esta escala nos permite explorar el grado de flexibilidad psicológica de padres y madres en su labor educativa en torno a los seis procesos del hexaflex. En capítulos anteriores se aportan explicaciones detalladas sobre esta escala de evaluación y herramienta terapéutica. A ellos remitimos a quienes deseen más información.

6. Escala HEXAFLEX para Profesores.

ESCALA HEXAFLEX PARA PROFESORES (Ruiz y Andujar. 2016)

	10	9	8	7	6	5	4	3	2	1	
Aunque me vengan preocupaciones y sentimientos negativos respecto a mis alumnos y trabajo docente, los acepto como parte del camino y sigo adelante con mi tarea educativa#	10	9	8	7	6	5	4	3	2	1	Cuando me vienen preocupaciones y sentimientos negativos relacionados con alumnos y trabajo como profesor trato de hacer todo lo posible por controlarlos y evitarlos luchando por no tenerlos. Veo y vivo mis pensamientos y preocupaciones por mis alumnos y trabajo docente como algo normal y no me dejo llevar por ellos
Mis preocupaciones y pensamientos sobre mis alumnos y trabajo docente influyen mucho en lo que hago o dejo de hacer con ellos. La mayor parte del tiempo estoy centrado en lo que comparto en cada momento presente con mis alumnos. Si les enseño algo estoy inmerso en la tarea, si converso con ellos conectado a la conversación	10	9	8	7	6	5	4	3	2	1	La mayor parte del tiempo que estoy con mis alumnos mi mente está preocupada por lo que puede ocurrir en el futuro o recordando cosas pasadas. La idea o imagen que tengo de mi mismo como educador no cambia demasiado con la marcha de mis alumnos y la opinión de ellos, sus padres u otros profesores
La idea o imagen que tengo de mi mismo como educador cambia mucho con la evolución de ellos la opinión de otras personas de como los educo o enseño. Tengo muy claro mis valores y lo que quiero transmitir con ellos a mis alumnos	10	9	8	7	6	5	4	3	2	1	No tengo nada claro mis valores y lo que quiero transmitir con ellos a mis alumnos. Cuando me comprometo con mis alumnos y colegas cumplo con ellos aunque me cueste
Me cuesta cumplir con mis compromisos hacia mis alumnos y colegas aunque sean importantes para mí	10	9	8	7	6	5	4	3	2	1	La idea o imagen que tengo de mi mismo como educador cambia mucho con la evolución de ellos la opinión de otras personas de como los educo o enseño.
Tengo muy claro mis valores y lo que quiero transmitir con ellos a mis alumnos	10	9	8	7	6	5	4	3	2	1	No tengo nada claro mis valores y lo que quiero transmitir con ellos a mis alumnos
Cuando me comprometo con mis alumnos y colegas cumplo con ellos aunque me cueste	10	9	8	7	6	5	4	3	2	1	Me cuesta cumplir con mis compromisos hacia mis alumnos y colegas aunque sean importantes para mi

Esta escala nos permite explorar el grado de flexibilidad psicológica del profesor en su labor educativa en torno a los seis procesos del hexaflex.

7. Beneficios del Mindfulness en los profesores y en los alumnos

Los principales efectos beneficiosos de la práctica Mindfulness en el docente:

_Mejora la consciencia sobre cómo educamos y las consecuencias que se producen en los alumnos.
_El docente puede conocer y centrarse más en la necesidades de los alumnos.
_Ayuda a un mejor equilibrio emocional del docente.
_Reducción del estrés y mejor manejo del mismo.
_Mejora las relaciones con otros compañeros.
_Favorece un mejor ambiente en el aula y un mejor clima de aprendizaje.
_Fomenta el bienestar y la autoestima del profesor.

Los principales efectos beneficiosos de la práctica de Mindfulness en el alumno:

_Mejor rendimiento académico
_Mejora la motivación y confianza en sí mismos de los alumnos.
_Mejores relaciones y mejor trato entre compañeros.
_Fomenta la creatividad.
_Mayor participación en el aula.
_Potenciar la memoria.
_Fomenta la atención y concentración.
_Menos ansiedad ante exámenes.
_Mejor actitud ante el aprendizaje.
_Favorece autorreflexión y el control de impulsos y la relajación.
_Más empatía y comprensión de los demás.
_Mejora el aprendizaje social y emocional.
_Mejorar de forma general la salud. (Información basada en el texto de García-Allen, sf)

8. Experiencias de Mindfulness en España en Educación.

Encontramos que en nuestro país se llevan a cabo en colegios e institutos experiencias Mindfulness. Así, en la Comunidad Canaria se incluye en la asignatura lectiva "Educación emocional", en Andalucía en la formación a profesores en un programa denominado Inteligencia Emocional Plena, de Olivia Redondo en colaboración con la Junta de Andalucía. En Cataluña el programa TREVA, y otros como Escuelas Conscientes en la Comunidad Valenciana, o Aulas Felices en Aragón, (García-Allen, sf).

A continuación incluiremos las experiencias educativas de docentes y otros profesionales de la educación que han utilizado prácticas Mindfulness en el día a día con los alumnos o en la formación de docentes.

También hemos querido preguntarles acerca de otras innovaciones educativas que despiertan su interés para obtener una imagen más completa sobre los cambios y los pasos que se están dando ya, y aquí en nuestro entorno más cercano en busca de una mejor educación del alumno.

Mejorar la educación precisa mejorar la formación del docente en los temas que le van a ser más necesarios, que coinciden lógicamente con las necesidades y carencias del sistema. Empoderar al docente es tremendamente importante para que la educación mejore, y para que a su vez sea capaz de empoderar también al alumno y le prepare mejor para la vida en todos sus ámbitos, tanto en lo personal, lo social, lo laboral y en todas las facetas de la vida.

"El niño es el padre del hombre" es una impactante frase de W. Wordsworth que encierra una gran verdad, porque de lo que hoy es un niño surgirá un adulto. De lo que el niño hoy viva, sienta, experimente, piense y haga, se irá formando el hombre que llegará a ser. En esa gestación, en esa evolución del niño al adulto, todo el entorno influye, pero especialmente aquello que se dedica expresamente a educarle como los padres y adultos que le cuidan y aquellos cuya labor es precisamente la docencia, una labor con especial transcendencia para las personas y para la sociedad.

1º Relato de experiencias profesionales en relación con la práctica de Mindfulness (MF) en educación.

Lourdes es maestra de primaria desde hace más de 20 años, actualmente trabaja en el CEIP Andalucía de Fuengirola. Trabaja con niños de 6 y 7 años. Hace ya 4 años que utiliza técnicas de Mindfulness en el aula. Amablemente se ha prestado a compartir su experiencia educativa.

1. ¿Cómo se te ocurrió empezar con técnicas Mindfulness (MF) en el aula?

Hace 6 años el CEP (Centro de formación de profesores) de Marbella organizó una jornada para informar sobre un proyecto que iban a realizar 2 profesoras de la universidad de Málaga para aplicar   Mindfulness en el aula y cómo esta técnica mejoraba la atención del alumnado. El tema me interesó y pensé en participar en el proyecto, pero las sesiones me coincidían con otra actividad; así no que pude asistir a la formación, pero ayudé a una compañera como grupo de control. Pasado un año convocaron un nuevo curso y pude participar en él.

2. ¿Qué principales dificultades encontrabas en el aula antes de utilizar MF?

La falta de atención del alumnado, a primera hora cada alumno venía con sus pensamientos (quiero dormir más, no me gusta esta camiseta, este desayuno no me gusta,...).
Dispersión a la hora de hacer la tarea, algunos no se centraban en el trabajo y jugaban con los lápices.
No sabían gestionar las emociones y estados de ánimo.

3. ¿Has notado mejoras en algunas de estas dificultades gracias a MF?
Sí, han mejorado en las tres: atención, concentración y gestión de las emociones.

4. ¿Cómo ha sido recibido por parte de los niños estos ejercicios y actividades? ¿te ha costado que aprendan a realizarlos? ¿los niños aceptan bien participar en ellos?

En general, bastante bien. Si alguno no quiere hacer el ejercicio no se le obliga, sólo se pide que no moleste a los demás. Al final lo hacen todos.

Los ejercicios son muy fáciles y duran de tres a cinco minutos. Cuando se acostumbran, ellos te lo piden. Es como una rutina.

5. ¿No es MF algo demasiado complicado para niños tan pequeños? ¿y los niños muy inquietos han sido también capaces de seguir los ejercicios?

No, también se hace Mindfulness en Educación Infantil con muy buenos resultados. Los más inquietos tardan más en unirse al grupo, pero acaban contagiados por los demás. Además estos ejercicios están recomendados para niños con déficit de atención y como se trabaja la respiración se tiende a un estado de tranquilidad.

6. Explícanos un poco cómo has utilizado en el día a día MF y explícanos algunos de los ejercicios y actividades para que nos hagamos una idea.

Lo más adecuado es hacerlo tres veces: al inicio del día, después del recreo y al terminar la jornada escolar. Aunque depende de los horarios de cada maestro.

Comenzamos preparándonos : apoyando los pies en el suelo, la espalda recta como si tiraran de un hilito de la cabeza, las manos en la mesa separaditas, cerramos los ojos y finalmente una respiración de aterrizaje grande y profunda.

A continuación hacemos una respiración de 4 x 4, entra el aire en cuatro tiempos y sale en cuatro tiempos. Mientras respiran escuchamos los ruidos externos y los dejamos pasar, nos centramos en la respiración.

Acabamos con tres respiraciones de aterrizaje. Este ejercicio dura cinco minutos.

Yo suelo marcar los tiempos con un triángulo de percusión. Algunas veces modifico el ejercicio y les digo en la respiración de 4x4 que el aire entra de un color y sale de otro.

Durante la jornada diaria si aumenta el nivel de ruido en clase, percibo que han perdido la concentración o hay un cambio de actividad, hacemos un Stop; paramos, dejamos la tarea y hacemos tres respiraciones de aterrizaje.

Al inicio y final de la semana nos chequeamos, comprobamos como nos sentimos, si hay algo que me preocupe y yo pueda cambiar intentaremos cambiarlo para sentirnos mejor.

6. ¿Qué opiniones sobre MF has recibido por parte de las familias? ¿Y de otros profesores de tu colegio?

Al inicio del curso le explico un poco lo que hacemos. Algunos padres me han comentado que han visto hacer los ejercicios a sus hijos en casa y que los niños le han explicado cómo se hacen.

Algunos compañeros también lo hacen y otros son más escépticos. Mi opinión es que para opinar primero hay que practicarlo, y en mi caso particular funciona.

7. Haciendo un balance de todos los cursos en los que has utilizado MF ¿crees que ha sido una ayuda importante? ¿Para qué cuestiones especialmente? ¿En qué no ha funcionado tan bien como tú pensabas?

Personalmente creo que sí, los alumnos están más tranquilos y mejoran su rendimiento; aunque hay que tener en cuenta la diversidad dentro del aula. En mi aula me ha servido de ayuda para mejorar la atención, gestionar mejor las emociones, son más empáticos, pacientes, tranquilos, amables...

Yo creo que ha cubierto mis expectativas, aunque no sé si serán igual los resultados con alumnos mayores; ya que con ellos no trabajo.

8. Crees que es más fácil enseñar lectura, o matemáticas gracias al MF o sólo le ves ventajas para el bienestar del niño? ¿Piensas que los niños han aprendido más gracias a MF?

Es más fácil porque trabajas la atención, que es fundamental en el proceso de aprendizaje. Sí, mayor atención es igual a mayor concentración y rendimiento.

9. ¿Te ha supuesto un esfuerzo extra en el día a día? ¿Lo recomendarías a otros profesores? ¿Qué consejos o sugerencias podrías darles?

No, como he dicho antes son 5 minutos. Por supuesto que lo recomiendo, hay que abrir la mente a las nuevas técnicas que ayudan en el proceso de enseñanza-aprendizaje. Cómo sugerencia propondría formarse en técnicas con Mindfulness haciendo un curso, ya que son prácticos.

10. ¿Hasta qué punto seguir formándose y buscando cosas nuevas te parece importante en educación?

La formación del profesorado debe de ser continua. No podemos pretender enseñar a nuestros alumnos como nos enseñaron a nosotros. La sociedad va cambiando y la educación debe adaptarse a ese cambio. Aunque dicen que cada maestrillo tiene su librillo a la hora de enseñar; si a ese librillo le añado algunas páginas más, será más efectivo.

11. ¿Hay otros nuevos proyectos de innovación en preparación?
Personalmente, estoy empezando a formarme para trabajar inteligencia ejecutiva en el aula.

2º Relato de experiencias profesionales en relación con la práctica de Mindfulness (MF) en educación.

Óliver Jiménez trabaja como psicólogo y formador, experto en Mindfulness e Inteligencia Emocional para la Universidad de Málaga y en la formación del profesorado. Miembro del equipo INEP, Socio fundador de Castillo Psicólogos y socio trabajador en Gabinete Psyke. Actualmente centrado en estudios de doctorado en Mindfulness y gestión emocional.

https://about.me/oliverjjimenez

1. ¿Recuerdas cómo entraste en contacto con MF?

Lo recuerdo muy bien, ya que ¡estaba "buscando" otra cosa!

Cuando todavía era estudiante de Psicología estaba muy interesado en el tema de las emociones, la inteligencia emocional y todo lo que tuviera que ver con la investigación. Di por casualidad con una profesora que a la larga sería mi directora de Tesis y una de mis grandes maestras en la atención plena, Natalia S. Ramos. Con ella comencé a practicar Mindfulness y a investigar sobre ello. Desde entonces sigo aprendiendo y practicando.

2. ¿Qué fue lo que más te llamó la atención o te resultó más impactante?

A nivel profesional descubrí que su práctica marcaba la diferencia en lo que hacía.

Estaba muy descontento con la aplicación práctica de la Inteligencia Emocional tras realizar algunas formaciones e interesarme por la temática, ya que en su aplicación no encontraba que se movilizaran emociones "reales". Cuando conocí a Natalia, ella precisamente estaba aplicando ya Mindfulness a la gestión emocional y descubrí la pieza que me faltaba. Desde la atención plena, trabajar las emociones es algo mucho más integrador y profundo y tomas conciencia de que antes te quedabas en el exterior.

En cuanto al ámbito personal, mi actitud frente al mundo que me rodea y frente a los otros ha cambiado para mejor. Aunque me queda mucho por aprender.

3. ¿Desde el primero momento tuviste claro que había algo que merecía la pena o tenías reservas con respecto al tema?

Tenía mis reservas, aunque más por todo lo que rodeaba al Mindfulness, que por la práctica en sí misma. Era algo nuevo que en el ámbito académico no me sonaba y que nunca había conocido. Al menos así lo creía en ese momento, ya que cuando he profundizado en el tema me he dado cuenta de que mucho de la filosofía budista (de donde parte Mindfulness) se encuentra en otros textos, etc.. que ya conocía.

4. ¿En qué consiste exactamente tu labor profesional en cuanto a la práctica MF?

Actualmente trabajo con Mindfulness como psicoterapeuta y como formador, integrado en el Programa Inteligencia Emocional Plena. Concretamente en la formación del profesorado a nivel personal, adquiriendo las habilidades para una práctica formal e informal en Mindfulness y aplicando éstas en la gestión de las emociones.

5. ¿Qué dificultades has encontrado en el camino en tu experiencia profesional con MF?

Principalmente desmentir las creencias que existen respecto al Mindfulness. Se suele asociar toda serie de elementos religiosos, místicos o por el estilo. Tanto en formación como en terapia, no es raro encontrar a alguna persona que te pregunte por la transcendencia del alma, la luz o la sanación a través de la meditación. Y si todo ello es imprescindible para practicar Mindfulness.

Igualmente, se encuentra también una gran dificultad en practicar de forma regular y el "aburrimiento" de la práctica formal. Es algo que suele pasarnos a todos y es cuestión de disciplina y llevar a tu día a día de forma gradual la práctica.

6. ¿Cuáles han sido los beneficios que según tu experiencia reportan las prácticas de MF?

En consulta te ayuda mucho como complemento de la terapia, cuando quieres una mayor exposición sin "barreras" y sin juicios o para afrontar situaciones difíciles que antes se abordaban desde la distorsión o la turbación emocional. En formación los alumnos te reportan toda clase de beneficios en sus vidas y a nivel laboral: desde la mejora en la comunicación con su pareja, la reducción del estrés en su día a día o la calma y objetividad con la que afrontan diversos retos en los que antes se sumían en un torbellino de emociones incontroladas.

7. ¿Crees que se precisa una condición especial o unas especiales habilidades para poder practicar MF?

No creo que haya que tener una serie de características para poder practicar Mindfulness. Cualquiera puede comenzar a practicar, pero no todos estamos en un momento adecuado de nuestras vidas para comenzar a practicar. Es algo normal encontrarse con personas que comienzan a interesarse por la práctica y la dejan a los pocos días o que ni siquiera están interesados en ella, y un tiempo después comienzan a practicar.... no lo hacen nunca. Practicar Mindfulness es algo muy sencillo y al alcance de todos, pero, al igual que hacer terapia o decidirte a ir a la primera consulta, depende del momento de tu vida en el que te encuentres.

8. ¿Qué es en tu opinión lo que hace MF por mejorar la educación?

Es un complemento muy potente para trabajar las emociones, la actitud, el clima en clase, la actitud (del profesor y del alumno), el autoconocimiento, el estrés, la comunicación, la autoestima... No quiere decir que Mindfulness sirva para todo en educación, pero puede aportar mucho a las intervenciones que se llevan en el aula. El trabajo estos años con los profesores me ha demostrado que las técnicas o los conocimientos no son suficientes si no llegas desde el corazón a los alumnos, y sobre todo a ti mismo. Y creo que Mindfulness es la clave para conseguirlo.

9. ¿Consideras que a nivel personal MF ha sido positivo para ti? ¿Y a nivel profesional?

Creo que se contesta con una pregunta anterior. ¡Rotundamente, sí!

10. ¿Has detectado limitaciones o has tenido dificultades en tu labor profesional con relación a MF?

Lo que comentaba antes en cuanto a la idea que se tiene de lo que es Mindfulness y realizar de forma regular la práctica.

11. ¿Cómo piensas tú que podría mejorar la utilidad de las prácticas MF en nuestro entorno educativo?

Me parece indispensable contar con la figura de los padres, ya que en muchas de las aplicaciones que se están implementando hoy día en educación la figura de la familia no cuenta y es muy complicado generar cambios solamente desde el colegio. En el caso de la practica de Mindfulness, actualmente se viene aplicando a los profesores y éstos entrenan a los niños, pero sin una practica regular en casa, con todo lo que ello implica, va a ser difícil generar cambios a largo plazo.

Padres, profesores y alumnos son indispensables para el cambio que entraña la práctica de Mindfulness.

12. ¿Existen otras innovaciones educativas que consideres beneficiosas en la educación?

La educación Montessori, así como las diferentes prácticas que se vienen realizando en mejorar las habilidades emocionales en los alumnos, me parecen muy beneficiosas, e incluso indispensables en muchos aspectos. Un gran conocimiento sin valores, empatía o amor, es una educación vacía.**3ª Relato de experiencias profesionales en relación con la práctica de mindfulness en educación.**

Francisco Aragón Madrid, es Jefe del Departamento de Música del I.E.S. Licinio de la Fuente, Coín (Málaga) y profesor en nuevas pedagogías musicales como Orff, Dalcroze, Willems y Kodály entre otras.

Desde hace cuatro años forma parte del equipo formado por cuatro profesores, de Universidad, Primaria, Secundaria y Pedagogía Terapéutica. Trabajando para los centros de profesores de la provincia de Málaga formando a docentes en "Inteligencia Emocional a través de la Atención Plena (Mindfulness)".

1. ¿Recuerdas cómo entraste en contacto con MF?

Bueno, en mi primer contacto no conocía el término mindfulness (MF).
Llevaba tiempo preguntándome qué podría pasarme. Empezaba a darme cuenta de que olvidaba fácilmente las cosas y tenía la sensación *como de no haberlas vivido*. En otras ocasiones pasaba las noches en vela dándole vueltas en mi cabeza a los proyectos en los que me encontraba inmerso. En algún momento pensaba que debería haber un botón que callase las voces del cerebro, que lo apagase o al menos lo dejase en "stand by" por un rato, pero no podía.

Pensaba que todo esto era algo que solo me ocurría a mí. Busqué respuestas a través de un amigo psicólogo, pero no las encontré hasta que un día alguien me habló del libro de Eckhart Tolle "El poder del ahora". Me llamó mucho la atención, aunque para entonces no podía comprender ese **poder** que tenía eso tan simple como es el **ahora**. Incluso después de leer el libro no sabía exactamente cómo aplicarlo a mi vida, hasta que un día el CEP de Marbella-Coín ofrecía un curso "Inteligencia Emocional a través de la Atención Plena" impartido por Olivia Recondo, especialista en MF, psicóloga profesional y profesora de Psicología en la Universidad de Málaga. Éste fue mi verdadero encuentro con MF.

2. ¿Qué fue lo que más te llamó la atención o te resultó más impactante?

En primer lugar me impactó el hecho de darme cuenta de que eso que a mí me pasaba, el tener la mente continuamente llena de ruido y de no vivir con intensidad las cosas, no era solo un mal que yo sufría, sino que le pasaba a todo el mundo. ¡Aunque nadie nos lo ha enseñado, todos lo hacemos! Nos ha tocado vivir una sociedad con tantos estímulos que nuestra mente siempre va por delante. Pocas veces está en lo que estamos haciendo. Mientras realizamos una tarea nuestra mente está planificando otra o reviviendo algo pasado (y proyectándolo a un futuro incierto) que el único peso que tiene en nuestras vidas solo reside ahí, en nuestra mente. Hemos aprendido a vivir entre el pasado y el futuro sin prestarle atención a lo único que tenemos realmente, ESTE MOMENTO. Y, en muchas ocasiones, esto es una de las causas de nuestro sufrimiento.

Olivia nos contaba que la sociedad tradicional japonesa tiene mal visto la sonrisa entre la gente de la clase alta. Por ello cuando ha llegado el comercio global y esa gente ha tenido que venir a Europa a vender sus productos, se ha visto obligada a asistir a cursos específicos para aprender a sonreír, puesto que para nosotros la sonrisa es un símbolo de cortesía. ¡Qué cosa más absurda! Podemos pensar la mayoría, con lo fácil que es sonreír… Igual de absurdo le resultaría a nuestro perro, por ejemplo, oír que nosotros tenemos que ir a cursos especiales para aprender a vivir lo único que existe, **ESTE MOMENTO**.

3. ¿Desde el primero momento tuviste claro que había algo que merecía la pena o tenías reservas con respecto al tema?

Desde el primer momento supe que éste era el camino, aunque no comprendiera exactamente cómo hacerlo, pero empezaba a tomar conciencia de la edad que iba alcanzando. Pensaba que ya me queda menos vida por vivir que la que ya he vivido y que, con toda seguridad, será de peor calidad (en cuanto a salud) que la que ya he disfrutado, así que merecía la pena hacer algo al respecto, estaba decidido a aprender a vivir ese resto de mi vida intensamente. MF era el camino.

4. ¿En qué consiste exactamente tu labor profesional en cuanto a la práctica MF?

Desde que empecé a observar el beneficio que MF me aportaba, vi claro que tenía que transmitirlo a mis alumnos. Pensaba que, aunque no me siento insatisfecho de la vida que he tenido, seguro que la habría vivido más intensamente si hubiese tenido un profesor que me hubiese mostrado este camino cuando era joven.

Soy profesor de Música de Secundaria. Trabajo con adolescentes a partir de los 12 años. Tengo con la mayoría de ellos dos horas a la semana y solo con un grupo tres horas. Dedico los primeros minutos de la clase (entre cinco y diez) a hacer diferentes ejercicios de MF llevando la atención a la respiración, a los sentidos, al cuerpo..., comenzando siempre con unas *respiraciones de aterrizaje* para aterrizar rápidamente AQUÍ y AHORA. Suelo poner algún vídeo breve, alguna imagen o alguna lectura que los haga reflexionar. Después, una vez que están centrados, dedico unos minutos de la clase a la parte que considere más difícil para ellos, siguiendo luego con lo más lúdico. En el momento que veo que se están dispersando hago sonar los crótalos, hacemos unas respiraciones de aterrizaje y continuamos la tarea.

5. ¿Qué dificultades has encontrado en el camino en tu experiencia profesional con MF?

Por una parte, resulta más difícil llegar al alumnado adolescente cuando no conocen nada al respecto. Cuando son niños, están abiertos a todas las experiencias. En la adolescencia, de entrada, todo, o casi todo, es un "rollo" para ellos. Muchos consideran estos ejercicios como un pasatiempo más, otros como algo que proviene de una secta, otros lo aceptan con escepticismo y otros muchos con más o menos ilusión. Pero con el paso de los días cada vez lo van comprendiendo mejor y cada vez son más los que se interesan en incorporarlos a sus vidas.

Por otra parte, durante mucho tiempo, yo he sido el único profesor de mi centro en trabajar con esta filosofía. Esto hace que este mensaje se vaya diluyendo cuando los alumnos llegan a las otras clases y continúan trabajando como siempre lo han hecho. Aunque esto frena mucho el avance, en cada una de nuestras clases seguimos *regando la semilla sembrada*.

6. ¿Crees que se precisa una condición especial o unas especiales habilidades para poder practicar MF?

Por supuesto que no. No hay que tener ninguna habilidad especial. Lo único que se necesita es creer en ello y tener fuerza de voluntad para cambiar los malos hábitos mentales adquiridos. Para muchos, dedicar un tiempo a callar la mente requiere un esfuerzo considerable que no siempre están dispuestos a hacer. Les resulta más fácil dejarse arrastrar. Solo se necesita superar esa "pereza mental".

7. ¿Qué es en tu opinión lo que hace MF por mejorar la educación?

El objetivo del MF en el contexto educativo es que el alumnado adquiera un estado de consciencia y calma que le ayude a aceptar el momento que le toca vivir y sacarle el máximo partido, a conocerse mejor (percibiendo sus virtudes, sus limitaciones, sus miedos...), a autorregular su comportamiento, a conocer y respetar a los demás, además de crear un ambiente propicio para el aprendizaje.

En los alumnos, entonces, mejora la atención, con lo cual mejora sustancialmente el rendimiento académico, mejora el autoconocimiento de sí mismo, sube la autoestima, reduce la violencia y agresividad en las aulas, potencia la empatía, favorece la disposición de aprender...

En el profesorado, entre otras cosas, MF le ayuda a gestionar y reducir el estrés, a mantenerse atento a las necesidades y talentos de sus alumnos, a disfrutar de las clases mejorando el clima y propiciando el entorno para aprender.

8. ¿Consideras que a nivel personal MF ha sido positivo para ti? ¿Y a nivel profesional?

Cuando MF entra en tu vida se produce un cambio a todos los niveles. A mí me ha hecho conocerme a mí mismo, aceptarme, quererme, vivir y disfrutar cada momento como único e irrepetible sin esperar nada (si llegan las vacaciones me alegro porque dispondré de más tiempo para dedicarlo a mí y a mi familia, pero me alegro igualmente cuando empiezan las clases porque agradezco mantener un puesto de trabajo, que no es poco en estos días, y porque es encantador, enriquecedor y gratificante el trabajo como docente. De la misma manera no estoy esperando, y deseando, que llegue el viernes, por ejemplo). Me ha hecho dejar atrás el pasado, no crearme expectativas sobre el futuro, no esperar nada, he aprendido a no juzgar, a no medir los actos de los demás según mi criterio, a disfrutar del proceso y no del resultado. MF me ha enseñado que la felicidad no está en el destino sino en el camino, que la felicidad no está en hacer en cada momento lo que te gusta sino hacer que te guste lo que haces en cada momento.

Todo esto es aplicable a nivel profesional. Las clases resultan más gratificantes porque el clima que se crea es propicio. Es la clave para mejorar el fracaso escolar al fomentar la disposición de aprender y la capacidad para hacerlo. Habitualmente si un alumno va mal, por ejemplo, en Matemáticas se le ofrece Refuerzo de Matemáticas y es lógico, es una manera de apoyar las deficiencias. Pero si analizamos más profundamente la situación, en la mayoría de los casos, estas deficiencias se producen porque al alumno se le llena continuamente la cabeza de "basura mental". Lee una y otra vez lo mismo y no se entera. Por más veces que lo repita el resultado es el mismo. MF le enseña a estar *ahí*, a no dispersar su mente, a conocer sus limitaciones y buscar otras salidas.

9. ¿Cómo piensas tú que podría mejorar la utilidad de las prácticas MF en nuestro entorno educativo?

De alguna manera ya está dicho en las cuestiones anteriores. Si conseguimos a nivel personal encontrarnos a gusto con nosotros mismos y con los que nos rodean, crearemos el ambiente propicio para hacer cualquier cosa que nos propongamos y estaremos abiertos para hacerlo lo mejor que cada uno es capaz. Las clases se convertirían en un lugar de enriquecimiento personal, un refugio de las duras situaciones personales, para aquellos que las atraviesan, donde sólo encontraremos apoyo y ayuda para sacar lo mejor de cada uno de nosotros.

Llevar MF a nuestras clases implica tener una mente abierta y realizar otros cambios. Es difícil pretender aplicar algo tan innovador en nuestro sistema educativo en un sistema tradicional donde el alumno (como mero receptor pasivo) solo tiene que repetir, sin cuestionarlo, lo más fielmente posible lo que el profesor transmite, lo que luego es traducido por un número (la nota) que, de alguna manera, lo etiqueta ya como "inteligente", "mediocre" o "torpe" y puede determinar, en cierta medida, su personalidad.

10. ¿Existen otras innovaciones educativas que consideres beneficiosas en la educación?

Nosotros trabajamos la **Inteligencia Emocional** a través de la Atención Plena.

Aunque son dos herramientas diferentes podemos pensar que van de la mano. Mucha gente lo trabaja por separado, pero nosotros pensamos que llegar a la Inteligencia Emocional es un paso más del MF. Cuando ya has aprendido a vivir el momento, a tomar conciencia de ti mismo, pasas a observar tu estado emocional (y el de los demás) y, sin juzgarlo, adquieres herramientas no para controlarlo, sino para regularlo.

Nuestras aulas habituales son un hervidero de emociones descontroladas. El fruto es la apatía por el estudio, la violencia, la falta de empatía, el mal ambiente de las clases… Hoy en día se considera muy importante el manejo adecuado de las emociones, tanto como el adquirir conocimientos. La sociedad cambia a un ritmo vertiginoso, pero la escuela se mantiene en el siglo pasado, va por detrás de la sociedad. Daniel Goleman, en su libro Inteligencia Emocional, observó que los que triunfaban en las empresas no eran siempre los alumnos brillantes de las Universidades sino aquéllos que manejaban sus emociones creando un ambiente agradable a su alrededor.

Uso adecuado del teléfono móvil y nuevas tecnologías como herramientas de aprendizaje.
Educar para un buen uso que permita aprovechar su potencial y evitar sus inconvenientes ya que en el futuro el teléfono móvil y las nuevas tecnologías van a convivir con ellos a lo largo de sus vidas, nos guste o no.

Aprendizaje basado en proyectos
Las llamadas metodologías activas están cada vez más presentes en el aprendizaje de muchos alumnos. En muchos centros educativos los profesores y maestros se lanzan a desafiar a sus alumnos a aprender a través de un proyecto de aula que puede consistir en desafíos tan diversos como crear vídeos divulgativos, organizar exposiciones científicas o construir objetos útiles para el aula.

Aprendizaje cooperativo aplicado a la enseñanza musical.

El aprendizaje cooperativo es un proceso en equipo en el cual los miembros se apoyan y confían unos en otros para alcanzar una meta propuesta. El aula es un excelente lugar para desarrollar las habilidades de trabajo en equipo que se necesitarán más adelante en la vida. Como muestra las jornadas musicales denominadas "Conviviendo con la Música" en las que hace ya unos años participa toda la comunidad educativa de la localidad de Coín invitando a alumnos, monitores y músicos de otras localidades.

4º Relato de experiencia personal en la práctica de mindfulness en educación.

En este caso presentamos la experiencia de **Rosa**, contable y madre dos hijos de 16 y 14 años. Hace unos dos años que empezaron a practicar mindfulness.

1. ¿Recuerdas cómo entraste en contacto con MF?

Constantemente busco información sobre educación, puesto que soy madre.
Di en internet con ejercicios de relajación, donde hablaban del MF. En youtube hay audios para hacerlo, con tu ordenador o móvil.
Comencé a hacerlo, y mis hijos como me veían quisieron probar.

2. ¿Qué fue lo que más te llamó la atención o te resultó más impactante?
Pues funciona como relajante, no solo del cuerpo, también de la mente. Creo que te ayuda a pensar mejor.

3. ¿Desde el primer momento tuviste claro que había algo que merecía la pena o tenías reservas con respecto al tema?
Empecé probando y poco a poco me fue convenciendo.

4. ¿Cuáles han sido los beneficios que según tu experiencia reportan las prácticas de MF?

Cuando en el MF introducimos una visualización, se pueden obtener muy buenos resultados. Primero tenemos que familiarizarnos con el MF. Y cuando aprendemos a relajarnos, practicamos la visualización.

Mis hijos hacen karate. Les propuse hacer MF con visualización antes de un campeonato (primero mente en blanco, luego buscamos el objetivo).

Las 15 noches previas al campeonato visualizaron el ejercicio perfecto que debían hacer.

Mi hija ganó una copa, y mi hijo tuvo muy buena puntuación.

5. ¿Crees que se precisa una condición especial o unas especiales habilidades para poder practicar MF?
Solo tiempo y paciencia
Hay un proverbio asiático, que dice que todos debemos meditar una hora al día. Y aquellos que no tengan tiempo, esos, dos horas.

6. ¿Qué es en tu opinión lo que hace MF por mejorar la educación?
En época de exámenes invito a mis hijos a practicar MF. Además de sentirse mas relajados, luego compartimos cómo nos ha ido. Es un momento que nos gusta compartir.

7. ¿Consideras que a nivel personal MF ha sido positivo para ti? ¿Y a nivel profesional?
Siempre que algo nos beneficia personalmente, eso repercute en todas las demás áreas.

8. ¿Cómo piensas tú que podría mejorar la utilidad de las prácticas MF en nuestro entorno educativo?
Si, puede ayudar como relajación.

9. ¿Existen otras innovaciones educativas que consideres beneficiosas en la educación?

Creo que sería beneficioso que todos los colegios tuvieran un diccionario emocional. Que pongan palabras a lo que sienten, lo que experimentan.
Los niños pueden conocerse mejor a sí mismos cuando verbalizan lo que llevan dentro. Tendríamos niños más abiertos, sin miedos a mostrase a sí mismos. Conociendo mejor a sus compañeros, fomentando el respeto entre ellos.

BIBLIOGRAFÍA

-Bregman, C. (2011). Entrevista con Steven C. Hayes. Revista Argentina de Clínica Psicológica, vol XX, nº3, noviembre 2011, pp. 279-282. Fundación Aiglé. Argentina.

-Cloud, J. (2006). Entrevista a Steven C. Hayes, *Revista Time 2006*. Disponible en http://www.psyciencia.com/2012/29/terapia-de-aceptacion-y-compromiso-entrevista-a-steven-hayes-1ra-parte/ Consultado el 15 julio 2016).

-Jonathan García-Allen. (sf). Mindfulness en la escuela: beneficios tanto para profesores como para alumnos ¿Cómo podemos aplicar la filosofía del Mindfulness en las aulas? *Revista online Psicología y Mente*. Consultado el 15 de Septiembre de 2016. Disponible en https://psicologiaymente.net/mindfulness/mindfulness-escuela-profesores-alumnos#!

-Mañas, I.; Franco, C.; Gil, M. D. y Gil, C. (2014). *Educación Consciente: Mindfulness (Atención Plena) en el ámbito educativo. Educadores conscientes formando a seres humanos conscientes.* Alianza de civilizaciones, políticas migratorias y educación. Aconcagua Libros: Sevilla.

-Pérez, M. (2006). La terapia de la conducta de tercera generación. *EduPsykhé, 2006, Vol.5, nº2, pág. 159-172.* Consultado el 17 de septiembre de 2016. Disponible en Dialnet-LaTerapiaDeConductaDeTerceraGeneracion-2147830.pdf

-Pérez, M. (2008). *Focad, Consejo General de Colegios Oficiales de Psicólogos.* Las terapias de conducta de tercera generación como modelo contextual de psicoterapia. Consultado el 10 de Septiembre de 2016. Disponible en http://www.morellpsicologia.com/guias/002-FOCAD-01.pdf

-Puente, I. (2011). Filosofía oriental y ciencias cognitivas: una introducción. Enrahonar. Quaderns de Filosofía 47, pág. 15-37. Consultado el 30 de julio de 2016. Disponible en https://ddd.uab.cat/pub/enrahonar/0211402Xn47/0211402Xn47p15.pdf

-Ramos, N.; Recondo, O. y Enriquez, H. (2012). *Practica la inteligencia emocional plena.* Editorial Kairós, S.A.: Barcelona

-Schoeberlein, D. y Sheth, S. (2009). *Mindfulness para enseñar y aprender. Estrategias prácticas para maestros y educadores*. Editado en español en 2011 por Gaia Ediciones: Madrid.

Bibliografía básica para ampliar *(muchas de las referencias, comentadas)*:

-Araya Veliz, C. y Moncada L. *Auto-compasión: origen, concepto y evidencias preliminares.* Revista Argentina de Clínica Psicológica · April 2016

-Baer, R. A., Smith, G. T., Hopkins, J., Krietemeyer, J., & Toney, L. *Using self-report assessment methods to explore facets of Mindfulness.* Assessment, 13, 27-45. 2006

-Baer, R.A. *Mindfulness para la felicidad. Libérate de las trampas de tu mente y construye la vida que deseas.* Ediciones Urano S.A. Barcelona, 2014

> *El libro describe como disminuir el impacto del estrés, la ansiedad y la depresión al mismo tiempo que aporta sentido, satisfacción personal a la vida. Plantea la felicidad no como un destino sino como una forma de viajar por la vida usando la herramienta del mindfulness.*

-Braehler, C., Gumley, A., Harper, J., Wallace, S., Norrie, J., Gilbert, P. *Exploring change processes in compassion focused therapy in psychosis: Results of a feasibility randomized controlled trial.* British Journal of Clinical Psychology, 52(2), 199-214. 2013

-Davidson RJ, Kabat-Zinn J, Schumacher J, Rosenkranz M, Muller D, Santorelli SF, Urbanowski F, Harrington A, Bonus K, Sheridan JF. *Alterations in Brain and Immune Function Produced by Mindfulness Meditation.* Psychosomatic Medicine, 65: 564-570. 2003

-Gil Sánchez, R. *Aplicación de la terapia cognitiva basada en mindfulness y compasión a personas en duelo.* Tesis doctoral presentada por Rafael Gil Sánchez. Director de tesis: Dr. Vicente Simón Pérez. Valencia, Febrero de 2016

-Gilbert, P. *The compassionate mind: A newapproach to life's challenges.* Oakland, Calif: New Harbinger Publications. 2009

-Gilbert, P. *Compassion focused therapy: Distinctivefeatures.* London: Routledge.2010 (Traducción: Terapia centrada en la compasión. Características distintivas. Desclée de Brouwers. Bilbao, 2015)

-Gómez Martín, S.-López Ríos F.-Mesa Manjón, H. *Teoría de los marcos relacionales: algunas implicaciones para la psicopatología y la psicoterapia.* International Journal of Clinical and Heald Psychology. Vol. 7 nº 2. Pp. 491-507. 2007

> *El artículo describe las principales características de la Teoría de los Marcos relacionales (RFT) y sus aplicaciones para comprender las causas de los trastornos psicológicos y su tratamiento. Las principales cuatro causas de los trastornos psicológicos desde esta perspectiva son la literalidad, la formación de categorías, el contexto de busca de coherencia-dar razones y el control de los eventos privados.*

-Goss, K. y Allan, S. *El desarrollo y la aplicación de la terapia focalizada en la compasión para los trastornos alimentarios (TFC-TA).* RET, Revista de Toxicomanías. Nº. 76 - 2016

-Harris, R. *La trampa de la felicidad. Deja de sufrir, comienza a vivir.* Editorial Planeta S.A. Barcelona, 2010

> Este libro propone de manera popular y cercana los aportes de la Terapia de Aceptación y Compromiso, una perspectiva radicalmente distinta de la felicidad

-Hasler G, Drevets W, Manji And HK, Charney DS. *Discovering Endophenotypes for Major Depression.* Neuropsychopharmacology. 29, 1765-1781. 2004

-Hayes, S.C; Barnes-Holmes, D. and Roche, B. *Relational Frame Theory: A Post-Skinnerian Account of Human Language and Cognition.* Kluwer/Plenum, 2001

-Hayes, S.C. *Sal de tu mente y entra en tu vida. La nueva terapia de Aceptación y Compromiso.* Descleé de Brouwers, S.A. Bilbao, 2011.

> Es un libro que expone la terapia de aceptación y compromiso de manera amena y atractiva para todo tipo de público, con multitud de ejemplos prácticos a los problemas emocionales y enredos de la vida cotidiana por su creador Steven C. Hayes

-Hayes, S.C; Strosalh, K. y Wilson, K.G. *Terapia de aceptación y compromiso. Proceso y práctica del cambio consciente (Mindfulness).* Editorial Desclée de Brouwers S.A. Bilbao, 2014

> El libro describe la terapia de aceptación y compromiso (ACT) como terapia puntera de la tercera generación de terapias, su base en el contextualismo funcional, como entiende los problemas psicológicos desde una perspectiva despatologizada, el papel de la evitación experiencial y el compromiso con los valores para llevar una vida significativa. Aporta gran cantidad de material de como evaluar los problemas psicológicos e intervenir en los mismos.

-Hayes, S.C. *¿Es la autocompasión más importante que la autoestima?* ACT. Argentina. Traducción Fabian Maero. 2014

-Lutz A, Greischar L, Rawlings N, Ricard M, Davidson RJ. *Long-Term Meditators Self-Induce High-Amplitude Gamma Synchrony During Mental Practice.* Pnas, 101: 16369-16373.2004

-López Méndez, E. y Costa Cabanillas, M. *Los problemas psicológicos no son enfermedades. Una crítica radical de la psicopatología.* Ediciones Pirámide. Madrid, 2014

> El libro hace de modo documentado, ameno y riguroso una crítica radical de la ortodoxia del modelo psicopatológico porque va a la raíz de las experiencias vitales y señala cómo desde los modelos o paradigmas de la psicología puede ser desvelado y comprendido su significado.

-López Méndez, E. y Costa Cabanillas, M. *Manual de consejo psicológico. Una visión despatologizada de la psicología clínica*. Editorial Síntesis S.A. Madrid, 2014

> *El libro se presenta como un manual que hace un análisis crítico de la ortodoxia del modelo médico psicopatológico que convierte los problemas de la vida en enfermedades y propone un modelo biográfico contextual alternativo. Propone el análisis funcional como herramienta de comprensión de la conducta en la vida del sujeto y expone de manera didáctica como realizar el trabajo del consejo psicológico como forma de empoderar a los consultantes*

-Luciano. C. *Evolución de ACT*. Análisis y modificación de conducta. Vo.42. Nº 165-166, pp. 3-14. 2016

> *Este artículo hace un repaso a la evolución histórica de la ACT desde sus inicios centrados en el desarrollo de un repertorio flexible ante el malestar, su juventud centrada en conceptos en torno a la flexibilidad y el actual que cuestiona la viabilidad de ciertos conceptos anteriores y la mayor necesidad de vincularla a la investigación básica derivada de la Teoría de los Marcos Relacionales*

-Neff, K. *The Development and Validation of a Scale to Measure SelfCompassion*. Self and Identity, 2(3), 223-250. 2003

-Neff, K. *Un estudio aleatorizado y controlado del programa Mindful Self Compassion (MSC)* ponencia presentada en el International Symposia for Contemplative Studies, Denver, USA.2012

-Pérez Álvarez. M. *Las cuatro causas de los trastornos psicológicos*. Editorial Universitaria, S.A. Madrid, 2003

> *El libro responde a las preguntas de qué están hechos los trastornos psicológicos, quién los hace, cómo se forman y para qué sirven. Se trata de las cuatro causas de Aristóteles que son respectivamente la causa material, la eficiente, la formal y la final. Sin la consideración de estas cuatro causas, no se puede hablar del trastorno psicológico con conocimiento de causa.*

-Pérez Álvarez. M. *Frente al cerebrocentrismo, psicología sin complejos.* Infocop. Madrid, 2012

Este artículo revisa y cuestiona el reduccionismo y moda actual de considerar que todos los asuntos humanos son cosas del cerebro. Sitúa el cerebro en el contexto de las interacciones humanas y defiende la psicología como disciplina no reducible a biología.

-Pérez Álvarez. M. *Las terapias de tercera generación como terapias contextuales.* Editorial Síntesis. Madrid, 2014

El libro ofrece una revisión actualizada y sistemática de las terapias de tercera generación y se ofrece además una posición crítica y razonada sobre el modelo médico y el cerebrocentrismo que domina el campo clínico y la alternativa contextual al mismo

-Pérez, M.A y Botella, L. *Instrumentos de Evaluación de la Conciencia Plena.* REVISTA DE PSIQUIATRIA Y PSICOLOGIA HUMANISTA 66, 84. 2006

-Polk.L.K. *The Idiots Guide to ACT in Groups.* Texto no publicado, 2009

-Polk, L. K. and Schoendorff, B. *The ACT Matrix. A new approach to building psychological flexibility across settings & populations.* New Harbinger Publications, Inc. Oakland, 2014

La matriz es un diagrama interactivo usado para aumentar la flexibilidad psicológica en cualquier contexto y momento. Es un diagrama del proceso de la terapia de aceptación y compromiso (ACT), que se refiere a como trabajar la aceptación y la formación de compromisos cuando se trabaja con el público en general

-Ruiz Sánchez, J.J. *Psicoterapia conductual-adleriana.* AEPA-Lulú Ediciones. 2015

Este libro parte de la base de las cuatro causas aristotélicas de la conducta para realizar un planteamiento de la psicoterapia que integra las aportaciones del conductismo radical contextual y la psicología adleriana. Destaca la importancia de la causa final de la conducta y la trayectoria de la vida como relación funcional entre la persona y su entorno socio-cultural.

-Pérez Fernández, V; Gutiérrez Domínguez, M.T; García, A. y Gómez Bujedo, J. *Procesos psicológicos básicos. Un análisis funcional.* UNED. Madrid, 2010

> En este libro se presenta una clasificación conductual (aprender, emocionarse, motivar, atender, percibir, hablar, pensar y recordar) y se explican las relaciones existentes entre esas conductas y la manera en que pueden ser abordadas a partir de un número relativamente pequeño de procesos psicológicos básicos.

-Simón V. *Mindfulness y Neurobiología. Mindfulness y Psicoterapia.* Revista de Psicoterapia. Vol. XVII- Nº 66/67, págs. 5-30. 2006

-Simón, V. y Germer C. *Aprender a practicar mindfulness.* Sello Editorial, Barcelona, 2011

-Skinner, B.F. *Verbal Behavior.* NY: Appleton Century Crofts. 1957. Traducción Editorial Trillas: *Conducta Verbal.* México, 1981)

-The Mindfulness Project: *Yo, aquí ahora.* Paidós, Barcelona, 2015

-Törneke, N. Aprendiendo TMR. *Una introducción a la Teoría del Marco Relacional y sus aplicaciones clínicas.* Editorial Didacbook, S.L. Úbeda, 2016

> En este libro se expone la teoría del marco relacional (RFT en inglés) como una nueva forma de entender el lenguaje y la cognición alternativa al paradigma cognitivo. La TMR es la base de la Terapia de Aceptación y Compromiso y sus aplicaciones clínicas se extienden a otros enfoques de terapias psicológicas desde una perspectiva conductual

-Valero Aguayo, L. y Ferro García, R. *Psicoterapia analítica funcional. El análisis funcional en la sesión clínica.* Editorial Síntesis. Madrid, 2015

> El libro describe para el estudiante o lector interesado las características, reglas, objetivos y técnicas que se utiliza a lo largo del proceso terapéutico en la psicoterapia analítica funcional. Profundiza en la

> relación terapéutica, el concepto de "yo" y los problemas de personalidad desde un punto de vista conductual

-Villatte, M.; Villatte, J.L and Hayes S. *Mastering the clinical conversation. Languaje as intervetion.* The Guilford Press. New York, 2016

> En este libro se analiza y se propone el uso de la Teoría de los Marcos relaciones en la terapia mediante el uso del lenguaje y las conversaciones con ellos para evaluar y producir cambios significativos en la conducta de los clientes

-Wilson, K.G. y Luciano Soriano, M.C. *Terapia de aceptación y compromiso (ACT). Un tratamiento conductual orientado a valores.* Ediciones Pirámide. Madrid, 2007

> *Es un libro que se presenta en forma de manual dirigido a profesionales clínicos (psicólogos, psiquiatras, estudiantes de psicología y medicina) interesados en conocer las bases teóricas e investigadoras de la ACT y como se aplica a múltiples problemas psicológicos.*

www.ingramcontent.com/pod-product-compliance
Lightning Source LLC
Chambersburg PA
CBHW060451290526
45791CB00001B/66